ELOGIOS PARA
O CONSELHEIRO CONFIÁVEL

"*O Conselheiro Confiável* é uma mensagem fundamental para qualquer profissional de consultoria que procure construir, sustentar e desenvolver relacionamentos com seus clientes. Aproveitei suas orientações e conselhos extremamente práticos para reinventar o significado de demonstrar confiança — e encorajei muitos colegas, aos quais presenteei com o livro, a fazer o mesmo. Vinte anos depois da primeira publicação, *O Conselheiro Confiável* está mais relevante e valioso que nunca, ao ajudar profissionais a navegar em disrupção constante — para que possamos fazer o mesmo por nossos clientes"

—Janet Foutty, diretora executiva da Deloitte nos EUA

"Uma fonte rica de exemplos e experiências que guiam o desenvolvimento de relacionamentos verdadeiramente especiais com seus clientes."

—Rich Lesser, CEO do Boston Consulting Group

"Repleto de sabedoria e conselhos aplicáveis, *O Conselheiro Confiável* ajudou a promover o trabalho de uma geração inteira de conselheiros, e sei que continuará a ser um recurso inestimável para as gerações futuras."

—Kelly Grier, sócia-diretora da EY nos EUA e Américas

"Por muitos anos *O Conselheiro Confiável* foi o manual da Forrester para proporcionar um excepcional atendimento ao cliente — sempre que nos perdemos, a sabedoria deste livro e uma conversa franca nos colocava de volta ao caminho certo. Este é o meu livro favorito para dar aos clientes — estou tão feliz de agora poder repassar uma nova edição atualizada."

—George Colony, presidente e CEO da Forrester Research

"Maister, Green e Galford compartilham sistemas intuitivos, conhecimentos baseados em evidências e medidas práticas para evoluir de um especialista em um conselheiro confiável. Este livro suporta o teste do tempo e é leitura obrigatória para qualquer um que queira relacionamentos profissionais (e pessoais) mais fortes."

—John J. Kalamarides, presidente da Prudential Group Insurance

"*O Conselheiro Confiável* será imprescindível para todos os profissionais, jovens e antigos. Qualquer um que ganhe a vida com aconselhamentos deveria ler este livro."

— John Quelch, Leonard M. Miller Professor Titular da Universidade de Miami

O CONSELHEIRO CONFIÁVEL

O CONSELHEIRO CONFIÁVEL

Edição de Aniversário de 20 Anos

David H. Maister
Charles H. Green
Robert M. Galford

ALTA BOOKS
EDITORA

Rio de Janeiro, 2022

O Conselheiro Confiável

Copyright © 2022 da Starlin Alta Editora e Consultoria Eireli.
ISBN: 978-65-5520-731-6

Translated from original The Trusted Advisor. Copyright © 2000, 2021 by David H. Maister, Charles H. Green, and Robert M. Galford. ISBN 9781982157104. This translation is published and sold by permission of Free Press an imprint of Simon & Schuster, Inc., the owner of all rights to publish and sell the same. PORTUGUESE language edition published by Starlin Alta Editora e Consultoria Eireli, Copyright © 2022 by Starlin Alta Editora e Consultoria Eireli.

Impresso no Brasil — 1ª Edição, 2022 — Edição revisada conforme o Acordo Ortográfico da Língua Portuguesa de 2009.

Dados Internacionais de Catalogação na Publicação (CIP) de acordo com ISBD

M231c   Maister, Por David H.

O conselheiro confiável / David H. Maister, Charles H. Green, Robert M. Galford ; traduzido por Thais Cotts. – Rio de Janeiro : Alta Books, 2022.
336 p. ; 16cm x 23cm.

Tradução de: The Trusted Advisor
Inclui índice e apêndice.
ISBN: 978-65-5520-731-6

1. Autoajuda. 2. Conselho. 3. Conselheiro. I. Green, Charles H. II. Galford, Robert M. III. Cotts, Thais. IV. Título.

CDD 158.1
2022-1307   CDU 159.947

Elaborado por Vagner Rodolfo da Silva - CRB-8/9410

Índice para catálogo sistemático:
1. Autoajuda 158.1
2. Autoajuda 159.947

Todos os direitos estão reservados e protegidos por Lei. Nenhuma parte deste livro, sem autorização prévia por escrito da editora, poderá ser reproduzida ou transmitida. A violação dos Direitos Autorais é crime estabelecido na Lei nº 9.610/98 e com punição de acordo com o artigo 184 do Código Penal.

A editora não se responsabiliza pelo conteúdo da obra, formulada exclusivamente pelo(s) autor(es).

Marcas Registradas: Todos os termos mencionados e reconhecidos como Marca Registrada e/ou Comercial são de responsabilidade de seus proprietários. A editora informa não estar associada a nenhum produto e/ou fornecedor apresentado no livro.

Erratas e arquivos de apoio: No site da editora relatamos, com a devida correção, qualquer erro encontrado em nossos livros, bem como disponibilizamos arquivos de apoio se aplicáveis à obra em questão.

Acesse o site www.altabooks.com.br e procure pelo título do livro desejado para ter acesso às erratas, aos arquivos de apoio e/ou a outros conteúdos aplicáveis à obra.

Suporte Técnico: A obra é comercializada na forma em que está, sem direito a suporte técnico ou orientação pessoal/exclusiva ao leitor.

A editora não se responsabiliza pela manutenção, atualização e idioma dos sites referidos pelos autores nesta obra.

Produção Editorial
Editora Alta Books

Diretor Editorial
Anderson Vieira
anderson.vieira@altabooks.com.br

Editor
José Ruggeri
j.ruggeri@altabooks.com.br

Gerência Comercial
Claudio Lima
claudio@altabooks.com.br

Gerência Marketing
Andréa Guatiello
andrea@altabooks.com.br

Coordenação Comercial
Thiago Biaggi

Coordenação de Eventos
Viviane Paiva
comercial@altabooks.com.br

Coordenação ADM/Finc.
Solange Souza

Direitos Autorais
Raquel Porto
rights@altabooks.com.br

Assistente Editorial
Mariana Portugal

Produtores Editoriais
Illysabelle Trajano
Maria de Lourdes Borges
Paulo Gomes
Thales Silva
Thiê Alves

Equipe Comercial
Adriana Baricelli
Ana Carolina Marinho
Daiana Costa
Fillipe Amorim
Heber Garcia
Kaique Luiz
Maira Conceição

Equipe Editorial
Beatriz de Assis
Betânia Santos
Brenda Rodrigues
Caroline David
Gabriela Paiva
Henrique Waldez
Kelry Oliveira
Marcelli Ferreira
Matheus Mello

Marketing Editorial
Jessica Nogueira
Livia Carvalho
Marcelo Santos
Pedro Guimarães
Thiago Brito

Atuaram na edição desta obra:

Tradução
Thais Cotts

Copidesque
Lívia Rodrigues

Revisão Técnica
Célia Linsingen
Mestre em Administração, PUC-PR

Revisão Gramatical
Carolina Freitas
Rafael Fontes

Diagramação
Joyce Matos

Capa
Paulo Gomes

Editora afiliada à:

Rua Viúva Cláudio, 291 – Bairro Industrial do Jacaré
CEP: 20.970-031 – Rio de Janeiro (RJ)
Tels.: (21) 3278-8069 / 3278-8419
www.altabooks.com.br — altabooks@altabooks.com.br
Ouvidoria: ouvidoria@altabooks.com.br

Para Kathy, Renée, Maddy, Ashley e Marshall, Susan, Katy e Luke

AGRADECIMENTOS

Primeiro temos que agradecer a nossas famílias pelo apoio e pelas lições que elas têm nos dado sobre a importância dos relacionamentos de confiança (e os benefícios de se obter bons conselhos!).

Somos também gratos aos muitos clientes de consultoria e participantes de workshops, seminários e programas de treinamento que se entediaram conosco enquanto tentávamos articular e comunicar nossas ideias.

Muitas pessoas ajudaram diretamente com o manuscrito deste livro, enquanto ele se desenvolvia, com o auxílio de inúmeros rascunhos. Nós três nos beneficiamos de percepções fornecidas por nossas esposas, e nossos agradecimentos pelas contribuições substanciais vão para Kathy, Renée, Maddy e Susan. A assistente de David e empresária, Julie MacDonald O'Leary, foi a única pessoa além dos autores a ler e criticar cada rascunho. Forneceu contribuições inestimáveis (como sempre) a cada estágio. Dos muitos leitores do manuscrito, Patrick McKenna e Gerald Riskin do The Edge Group (que colaboraram com David no programa PracticeCoach©) foram particularmente generosos com seu tempo e ideias. Estimamos a oportunidade de "pegar emprestado" as melhores.

Nosso agradecimento também para John Butman, que foi extremamente solícito com Charlie e Rob ao estruturar e organizar suas ideias, contribuindo com seu raciocínio e cuidado sobre como descrever o tema complexo de confiança, entre outras contribuições.

John Barch merece um agradecimento especial pelo incentivo precoce a Charlie e Rob.

x *Agradecimentos*

Além dos já mencionados, os seguintes conselheiros confiáveis praticantes foram generosos o suficiente para ler o manuscrito e contribuir com ideias:

Fiona Czerniawska, Tom Colleton, David Gaylin, Candace Harris, Marco Materazzi, Jon Moynihan, Scott Parker, Frances Sacker, Chris Starrett e Robbie Vorhaus.

Para concluir, gostaríamos de agradecer aos indivíduos que foram muito gentis em nos conceder entrevistas e compartilhar suas experiências, incluindo: George Colony, Jim Copeland, Richard Mahoney, David Nadler, Regina M. Pisa, Joe Sherman, Stephanie Weathered, Tim White e as equipes de direção na Digitas, Inc. e Forrester Research.

SOBRE OS AUTORES

David H. Maister é amplamente conhecido como a principal autoridade mundial na gestão de empresas de serviços profissionais. Por quase duas décadas ele tem assessorado empresas em uma ampla gama de profissões, abrangendo todas as questões estratégicas e de gestão.

David tem um escritório global, passando cerca de 40% do seu tempo na América do Norte, 30% na Europa Ocidental e 30% no resto do mundo.

Nativo da Grã-Bretanha, David tem graduações na Universidade de Birmingham, na Escola de Economia e Ciência Política de Londres e na Harvard Business School, onde foi professor por sete anos.

Autor dos best-sellers *Managing the Professional Service Firm* [*Gerenciando a Empresa de Serviços Profissionais*, em tradução livre] (1993) e *True Professionalism* [*Profissionalismo Verdadeiro*, em tradução livre] (1997), que são seus oitavo e nono livros. Muitos de seus artigos foram traduzidos nas principais línguas europeias (inclusive russo), e seus livros estão disponíveis em holandês, espanhol, indonésio, coreano, polonês, servo-croata e chinês (mandarim).

Vive em Boston, Massachusetts, e pode ser encontrado em:

Website: www.davidmaister.com

Charles H. Green é um palestrante e educador executivo focado na confiança em negócios complexos e empresas de serviços profissionais. Lecionou em programas de educação executiva na Kellogg Graduate School of Management da Universidade de Northwestern, na Columbia

University Graduate School of Business, assim como de forma autônoma na empresa que fundou, a Trusted Advisor Associates.

Além de *O Conselheiro Confiável*, Charlie escreveu *Trust-Based Selling* [*Venda Baseada na Confiança*, em tradução livre] e foi coautor (com Andrea Howe) em *The Trusted Advisor Fieldbook* [*O Conselheiro Confiável Trabalho de Campo*, em tradução livre].

Charlie é formado pela Columbia e pela Harvard Business School. Passou os primeiros vinte anos de sua carreira na The MAC Group e em sua sucessora, Gemini Consulting, onde suas funções incluíam consultoria estratégica e vice-presidência de planejamento estratégico. Fundador e ex-CEO da Trusted Advisor Associates. Charlie mora em Boca Raton, Flórida. Pode ser encontrado em:

Website: www.trustedadvisor.com

Robert M. Galford é sócio-gerente da Center for Leading Organizations. Divide seu tempo entre lecionar em programas de educação executiva e trabalhar com executivos seniores na interseção entre estratégia, organização e liderança. Seu foco principal inclui serviços profissionais e financeiros, assistência médica, instituições culturais e educacionais.

Ensinou Programas Executivos na Columbia University Graduate School of Business, na Kellogg Graduate School of Management da Universidade de Northwestern e na Graduate School of Design de Harvard, onde é Especialista em Liderança em Educação Executiva. Ele também é membro do corpo docente da National Association of Corporate Directors.

Rob trabalhou como advogado na Curtis, Mallet-Prevost, Colt & Mosle e na Citicorp com gerenciamento de investimentos. Foi sócio na The MAC Group e na empresa sucessora, Gemini Consulting, e trabalhou como diretor de recursos humanos da Digitas.

Além de *O Conselheiro Confiável*, Rob foi coautor em três livros: *The Trusted Leader* [*O Líder Confiável*, em tradução livre] (com Anne Drapeau); *Your Leadership Legacy* [*Legado de Sua Liderança*, em tradução livre] (com

Regina Maruca); e *Simple Sabotage* [*Sabotagem Simples*, em tradução livre] (com Bob Frisch e Cary Greene); e é contribuidor frequente para o *Harvard Business Review*, hbr.org., e várias outras publicações sobre negócios.

Rob é o diretor independente principal do Conselho da Forrester Research, Inc. e preside o conselho do Comitê da Compensation and Nominating. Ele também atende como conselheiro externo de diretoria para a empresa de arquitetura Shepley Bulfinch.

Sua formação acadêmica inclui Liceo Segre, em Turin, na Itália, bacharelado em Economia e Literatura Italiana na Haverford College, MBA na Harvard Business School e doutorado em direito no Centro de Direito da Universidade de Georgetown, onde foi editor associado na *The Tax Lawyer*.

Pode ser encontrado em:

Website: www.centerforleading.com

SUMÁRIO

Prefácio à Edição de Aniversário de 20 Anos .... *xvii*

Introdução .... *xxvii*

Como Usar Esse Livro .... *xxxi*

PARTE UM: Perspectivas Sobre Confiança 1

    1. Uma Prévia 3

        Quais seriam os benefícios se seus clientes confiassem mais em você?

        Quais as características principais de um conselheiro confiável?

    2. O que é um Conselheiro Confiável? 7

        O que grandes conselheiros fiéis provavelmente fazem?

    3. Conquistar Confiança 23

        Quais as dinâmicas de confiar e ser confiável?

    4. Como Aconselhar 35

        Como garantir que seu conselho é ouvido?

    5. As Regras da Construção de Relacionamento 49

        Quais os princípios da construção de relacionamentos sólidos?

    6. A Importância das Formas de Pensar 65

        Quais atitudes devemos ter para ser eficaz?

    7. Sinceridade ou Técnica? 79

        Você realmente se preocupar com aqueles que aconselha?

PARTE DOIS: A Estrutura da Construção da Confiança 91

    8. A Equação da Confiança 93

        Quais são os quatro componentes principais que
        determinam o grau de confiança?

xvi *Sumário*

    9. O Desenvolvimento da Confiança......117

    Quais são os cinco estágios da construção da confiança?

   10. Envolver-se......125

    Como fazer com que os clientes iniciem discussões com você?

   11. A Arte da Escuta......135

    Como melhorar sua capacidade de ouvir?

   12. Enquadrar a Questão......147

    Como ajudar os clientes a analisar suas questões de uma maneira nova?

   13. Prever Uma Realidade Alternativa......157

    Como ajudar os clientes a elucidar o que eles realmente procuram?

   14. Compromisso......163

    Como garantir que os clientes estejam dispostos a fazer o que for preciso para resolver seus problemas?

PARTE TRÊS: Usar a Confiança......173

   15. O Que É Tão Difícil Nisso Tudo?......175

    Por que os relacionamentos baseados em confiança são tão raros?

   16. Diferenciar os Tipos de Clientes......197

    Como lidar com diferentes tipos de clientes?

   17. O Papel da Confiança no Desenvolvimento Empresarial: Ser Contratado......211

    Como criar confiança no início de um relacionamento?

   18. Construir Confiança na Atribuição Atual......225

    Como conduzir sua tarefa de maneira que aumente a confiança?

   19. Reconquistar a Confiança Fora de Uma Atribuição Atual......235

    Como construir confiança quando não se está trabalhando em uma atribuição?

   20. O Caso da Venda Cruzada......245

    Por que a venda casada é tão difícil e o que pode ser feito sobre isso?

   21. A Lista de Efeitos Rápidos para Conquistar Confiança......259

    Quais as medidas principais que deve fazer primeiro?

Apêndice: Uma Compilação de Nossas Listas......269

Notas e Referências......293

Índice......297

PREFÁCIO À EDIÇÃO DE ANIVERSÁRIO DE 20 ANOS

De volta a 1995, Rob e Charlie foram chamados na Deloitte para trabalhar em um grande programa de educação executiva. Na noite anterior à primeira sessão, o gestor do programa, John Barch, disse que faria uma abertura de meia hora e perguntou se eles poderiam "lançar algumas reflexões juntos sobre a ideia de um 'conselheiro confiável'."

Eles concordaram rapidamente e fizeram-no — e correu tudo bem. O cliente perguntou se poderiam repetir na próxima sessão, e "ver se conseguiriam em uma hora." Na vez seguinte, passou para duas horas. Um dos frequentadores sugeriu: "acho que você pode fazer um livro disso." Rob e Charlie perceberam que ele estava certo e começaram a pensar em organizar seus conhecimentos.

Inicialmente, editores e agentes não estavam interessados na ideia. O modelo de livro de negócios vigente na época era *Empresas Feitas Para Vencer*, que era carregado de dados — este era mais um livro sobre "senso comum".

Então, Rob conheceu David. Ele já tinha publicado nove livros, dos quais três estavam no tópico de serviços profissionais e disse, "estou tra-

xviii *Prefácio à Edição de Aniversário de 20 Anos*

balhando basicamente na mesma ideia. Vamos unir forças." David nos conectou com sua editora, Simon & Schuster, e entramos no negócio.

O livro foi, portanto, menos intencional do que fortuito. David se concentrou em serviços profissionais e o componente consultivo do negócio representava uma oportunidade para explorar. Para Charlie e Rob, saindo de vinte anos de experiência em consultoria e serviços profissionais, a oportunidade de compartilhar conhecimento (e escrever o primeiro livro) era sedutora. Olhando para trás, nenhum de nós descreveria a abordagem de um livro escrito por três autores como fácil, mas ofereceu os benefícios de exemplos mais ricos e de nos forçar a examinar as ideias entre si.

Ainda: se não fosse por John Barch... se não fosse por Rob e David se esbarrando... se não fosse por vários eventos, este livro não teria acontecido. Talvez outra pessoa o tivesse escrito; afinal, o termo "conselheiro confiável" era popular, já sendo utilizado em textos publicitários e muito além do ponto de ser passível de direitos autorais. Entretanto, estávamos confiantes que seria uma daquelas frases intuitivamente atraentes que ninguém se incomodaria de levar a sério o bastante para explorar, rigorosamente, os porquês e "comos" que a tornaram tão poderosa.

Pode ter sido fortuito, mas tivemos algumas opiniões comuns do que queríamos que o livro fosse. Sobretudo, queríamos que ele fosse enraizado de senso comum — mais baseado em prática do que em teoria. Nosso grande foco em listas (ideia de David) passou a ser um dos componentes mais atrativos do livro, como muitos leitores nos contaram posteriormente.

A parte mais popular do livro acabou sendo a "equação da confiança" — um formato inspirado em uma antiga empresa de consultoria, mas que popularizamos com nosso conteúdo (mais rico). A ideia de descrever um conceito "leve" ao usar linguagem de matemática simples resultou ser bastante atraente para o nosso público.

Para tornar mais simples, a reação mais comum ao livro era, "eu meio que já sabia ou acreditava em grande parte disso; mas nunca tinha visto

Prefácio à Edição de Aniversário de 20 Anos xix

isso elaborado tão bem. Tudo faz sentido; me faz pensar porque não fazia isso tudo antes e me deu o mapa de como começar a fazê-lo."

Mas houve uma série de reações. Um CEO nos disse: "você transformou essa empresa." Muitas pessoas comentaram que o livro as ajudou a lidar com relacionamentos pessoais fora do trabalho. Muitos mais descobriram ser útil para alinhar-se com pessoas voltadas para o contato com o cliente, simplesmente, por criar linguagem e cultura compartilhadas. Ainda outros declararam variações no tema, como "o livro me ajudou a mudar a maneira que penso sobre o relacionamento com meus clientes e como interajo com eles." As pessoas destacaram uma vontade maior em ouvir; uma compreensão das várias maneiras nas quais é possível aumentar sua credibilidade; mudanças na maneira que abordam o desenvolvimento empresarial; e o desenvolvimento de uma perspectiva externa mais paciente e focada no que os seus clientes pensam. Todas elas nos são, certamente, gratificantes.

Avançando vinte anos (e várias centenas de milhares de cópias depois), reconhecemos que nos apegamos a algo, verdadeiramente, especial. Nós também nos demos conta de que o mundo mudou consideravelmente desde que começamos a escrever.

Recordamos o famoso conto de Jorge Luis Borges que descreve os esforços de um autor do século XX para escrever o melhor livro do mundo. Considerando que *Dom Quixote* de Cervantes *é* o melhor livro do mundo, ele se propôs a reescrever *Dom Quixote* — exatamente, palavra por palavra.

No entanto, assim que o escreve — uns quatro séculos após o original — percebe que o contexto histórico torna tudo diferente para o leitor moderno. Dessa forma, o seu *Dom Quixote não* era o mesmo do original — e então, ele falhou em escrever o melhor livro do mundo.

Sob o risco de nos compararmos com essa grandeza autoral, nem *O Conselheiro Confiável* é o "mesmo" livro que escrevemos vinte anos atrás — o contexto mudou.

xx *Prefácio à Edição de Aniversário de 20 Anos*

Particularmente, "o digital" aconteceu — com efeitos que vão desde triviais a profundos.

Para contextualizar, quando *O Conselheiro Confiável* foi lançado em 2000:

- Mark Zuckerberg ainda não tinha entrado na faculdade, onde começaria o Facebook no seu quarto, em Harvard, quatro anos depois;
- Uma pequena empresa chamada Google foi fundada apenas dois anos antes;
- O primeiro iPhone estava a sete anos no futuro.

Dizer que a revolução digital mudou, fundamentalmente, os negócios seria eufemismo de várias décadas. Apenas para listar alguns exemplos:

- Muito mais informação está disponível e é usada no curso dos relacionamentos empresariais. Em particular, cada parte de qualquer interação de negócios é, significantemente, "mais inteligente" nos primeiros estágios de interação por causa da onipresença de informações disponíveis. Isso afeta o desenvolvimento das relações, processos de tomada de decisão e as dinâmicas de influência.
- As comunicações mudaram radicalmente desde telefones, mensagem de voz, faxes e jornais para todos os tipos de veículos digitais.
- Big Data, ferramenta de busca, IA e serviços de nuvem transformaram as vendas e o marketing, a publicidade e os processos de compra.
- A tecnologia em si expandiu-se em uma indústria enorme, ao criar novos clientes e novos conselheiros.
- As mídias sociais afetaram quase todos os aspectos empresariais, sem falar da vida, propriamente dita.

Cada um desses exemplos tem implicações em potencial para a ideia do conselheiro confiável. Brincamos com a ideia de um capítulo separado, especificamente, para abordar coisas eletrônicas, mas acabamos incluindo essas questões em toda a estrutura original. Essa decisão reflete

Prefácio à Edição de Aniversário de 20 Anos xxi

nossa crença de que, ao mesmo tempo em que o eletrônico é dominante, ele não altera, fundamentalmente, os princípios e dinâmicas da confiança pessoal. O desafio não é adaptar a confiança ao eletrônico, mas adaptar o eletrônico à confiança.

Mas os efeitos digitais não são a única forma em que o contexto mudou.

Nosso público também mudou. No início, escrevíamos, especificamente, para consultores, advogados, contadores e outros serviços de consultoria profissional. Hoje, as funções de aconselhamento das empresas estão difundidas para fora do local de prestação de serviços profissionais tradicionais. Por exemplo, o que costumava ser chamado de "suporte técnico" se transformou em uma unidade de negócios muito maior e estrategicamente relevante. Unidades organizacionais totalmente novas como "customer success" tornaram-se universais. Aqueles que trabalham no campo de dinâmicas de equipe e gerenciais descobriram que os relacionamentos de conselheiros confiáveis têm muito a dizer sobre mentores, coaches, pessoas e desenvolvimento de liderança. Coaches e conselheiros financeiros descobriram o livro e sua utilidade. Somos gratos, é claro, por ter encontrado novos públicos; mas isso nos faz pensar sobre quantos mais novos leitores em potencial ainda podem descobrir o livro. Como resultado, incluímos exemplos de todos esses campos e, quando pertinente, adaptamos a linguagem para torná-la mais obviamente aplicável a eles.

A natureza dos relacionamentos empresariais também mudou. Há vinte anos, modelos hierárquicos de organização e liderança ainda eram dominantes, afetando a dinâmica entre as partes. Hoje, relacionamentos empresariais horizontais são muito mais a regra — tanto dentro como entre organizações. Liderança é menos uma questão de competência e carisma e mais uma função da habilidade de influenciar. E desde que a habilidade de influenciar está na essência da parte "conselheiro" do "conselheiro confiável", a mudança dos relacionamentos de hierárquico para horizontal torna o livro ainda mais relevante.

Os dados demográficos dos leitores também mudaram. Um típico leitor do livro original no ano 2000 poderia ter 35 anos — provavelmente,

xxii *Prefácio à Edição de Aniversário de 20 Anos*

do sexo masculino, nascido em 1965. Um típico leitor em 2020 pode estar próximo dos trinta anos, nascido em 1990, com leitores equilibrados em termos de gênero (o último ponto reflete ganhos feitos na indústria de serviços profissionais em si). Isso é um intervalo de 25 anos — uma geração culturalmente significante. Os primeiros leitores conheciam John, Paul, George e Ringo como parte de suas vidas; para os leitores de hoje, os Beatles são, literalmente, figuras históricas.

Dadas todas essas mudanças, estamos gratos que o livro esteja se saindo tão bem quanto está. As vendas têm permanecido, admiravelmente, constantes ao longo de duas décadas — devido em parte, suspeitamos, pela ampliação do público descrito acima —, e acreditamos que podemos fazer melhor, na medida em que os abordamos mais especificamente. Além disso, o livro é particularmente relevante para a parte intermediária da carreira de um profissional — o que sugere que o público relevante está constantemente sendo renovado. Mais de um leitor nos contou que chegou ao livro por meio da recomendação de um pai que se deparou com ele em um momento parecido de sua própria carreira.

Igualmente, quando lançamos a ideia dessa nova edição para os leitores, eles nos disseram claramente, que se nós atualizássemos o livro, ele teria que falar com a nova geração nos termos dela. Concordamos. Isso significaria desde ações como se livrar de um velho capítulo sobre o Tenente Columbo (se precisar perguntar...) e referências a faxes (de novo...), revisar pronomes — e muitos outros pontos, como tomar cuidado ao explicar alguns pontos de maneiras diferentes, enquanto acrescentar mais em algumas questões e menos em outras. Só depois que começamos o trabalho, que reconhecemos outra mudança — este na compreensão da própria palavra "confiança". Há vinte anos, "confiança", no contexto empresarial, geralmente se referia a confiança interpessoal — incluindo o relacionamento pessoal entre conselheiro e cliente.

A confiança interpessoal, entretanto, não é o único tipo que existe. Em particular, existe a confiança institucional — o tipo de confiança que nos

Prefácio à Edição de Aniversário de 20 Anos xxiii

referimos quando dizemos algo como "Confio mais na Apple do que no Facebook," ou "a confiança no sistema de justiça criminal diminuiu."

No atual ambiente empresarial e geral, a confiança institucional é mais frequentemente discutida do que era há vinte anos. Muitos de nossos clientes perguntam agora, "como nossa empresa pode se tornar mais confiável?" Ao usar "confiança" dessa forma, a palavra começa a se sobrepor a termos como "branding" ou "reputação".

Nós também encontramos cada vez mais a palavra "confiança" usada em questões de privacidade e segurança de dados. O maior exemplo pode ser o modelo Zero Trust para segurança de rede, da Forrester Research. Para deixar mais simples, ele sugere que a rede digital mais confiável é aquela que tem zero dependência na confiança pessoal, porque a confiança pessoal implica em risco, e a intenção é eliminar o risco. Desde que a confiança, em todas as definições, *implica* correr riscos, essa aparente contradição apenas destaca as várias camadas de significado da palavra em uso frequente hoje.

Toda essa variação linguística sugere a necessidade de sermos mais precisos sobre o que *nós* queremos dizer com a palavra "confiança".

Para esclarecer, esse livro é, *primordialmente*, sobre confiança interpessoal, não confiança institucional. O fato que a confiança interpessoal nos dias atuais ocupa, proporcionalmente, menos espaço em diálogos públicos ou empresariais não significa que sua importância tenha diminuído. Pelo contrário, afirmamos, o oposto é verdadeiro.

É tentador pensar que a necessidade de confiança interpessoal é diminuída pela redução no tempo que gastamos com comunicações face a face, por processos automatizados ou por colocar informações em sites em vez de comunicá-las pessoalmente. Mas a necessidade humana de lidar com uma contraparte humana, *em algum momento* em um relacionamento empresarial, é inalterada.

Se procuramos por conselhos, se vamos assumir um compromisso significativo com outra entidade, queremos uma contraparte que, em algum

xxiv *Prefácio à Edição de Aniversário de 20 Anos*

nível, nós "conhecemos", a fim de ter confiança. Queremos responsabilidade; queremos saber quem está por trás do relacionamento; queremos nomes e queremos colocar rostos, profundidade e valores a esses nomes.

Se existem menos interações pessoais então o peso que colocamos nas interações restantes se torna ainda maior. Dessa forma, a importância da confiança interpessoal é realmente intensificada.

Outro momento de definição é importante. Desde 2000, houve uma explosão de pesquisas e literatura empresarial sobre "confiança". Muitas delas tratam a confiança como algo em si mesmo, sem revelar muito sobre como é criada. Isso resulta em uma forma muito prática de confusão.

Eis o problema. Se "a confiança está baixa" (seja para um relacionamento pessoal ou institucional), então o problema reside na *confiabilidade* reduzida de uma parte? Ou ela reside na *vontade de confiar* reduzida da outra parte? Simplesmente observar o resultado final — confiança reduzida — oculta a raiz do problema e, consequentemente, as soluções práticas para ele.

Por exemplo: se virmos uma declaração como "a confiança no serviço bancário está baixa", não importa quão rigoroso o estudo estatístico possa ser, ele levanta uma questão fundamental: a confiança no serviço bancário está baixa porque: (a) os bancos têm se tornado menos confiáveis, ou (b) porque as pessoas têm passado a confiar menos em bancos? Se você vê um banco particular, financiamento imobiliário ou empresa de financiamentos frequentemente nos noticiários em questão de anos por práticas de vendas ruins, são boas as chances de que você veja evidência de uma falha de credibilidade.

Mas considere outro caso. Nos Estados Unidos, a incidência de crimes violentos tem (comprovadamente) diminuído nas últimas duas décadas. Ao mesmo tempo, o *medo* de crimes violentos aumentou igualmente. Isso é um problema de percepção; uma relutância em confiar.

Se tudo que mensuramos é "confiança", então não temos uma maneira prática de abordar o problema — é a propensão em confiar por parte de

Prefácio à Edição de Aniversário de 20 Anos xxv

quem confia, ou é a confiabilidade da pessoa confiável? Visto que o nosso objetivo era escrever um livro, que é acima de tudo prático, esse é um ponto importante.

Então aqui estão nossas definições, distinguir confiança, credibilidade e confiar. "Confiança" é um tipo de relacionamento entre duas pessoas. A confiança cresce quando uma parte (o "depositário da confiança") corre o risco de confiar no outro e a outra parte (a "pessoa confiável") prova ser uma pessoa de confiança.

Aspirantes a conselheiros confiáveis são muitas vezes tentados a focar somente em ser uma pessoa de confiança e não confiar. Isso é um erro. Assim como no mundo das vendas "agressivamente esperar o telefone tocar" não é uma estratégia, assim é com a confiança. Se quiser construir confiança, você tem que aprender a ser proativo, aprender a desempenhar o papel de correr risco como depositário da confiança, bem como o da pessoa confiável.

Enquanto olhamos para os primeiros vinte anos de vida desse livro (e ousamos pensar sobre os próximos vinte), uma coisa acima de todas as outras parece clara para nós: como diz a música, "as coisas fundamentais vigoram, enquanto o tempo passa." A tecnologia muda; mercados e organizações mudam, dados demográficos, funções empresariais e meios de comunicação mudam. O que permanece constante são as dinâmicas humanas, incluindo as dinâmicas de confiança. Tentamos separar o sinal do ruído, confiantes que o sinal permaneça forte.

Somos gratos aos leitores antigos e esperamos que possam desfrutar de um novo olhar, junto com as pessoas que leem o livro pela primeira vez.

David H. Maister, Boston, MA

Charles H. Green, Boca Raton, FL

Robert M. Galford, Concord, MA

INTRODUÇÃO

Escrevemos este livro porque, ao longo de nossas carreiras como consultores, e como conselheiros a outros profissionais, cometemos todos os erros que descrevemos nele e deixamos de seguir todos os conselhos que ele contém. Qualquer sabedoria contida nesse livro foi aprendida da pior forma.

Nossa educação formal nos serviu bem, mas nada nela nos preparou para o mundo real de tentar servir eficazmente os clientes. Ao longo do caminho, aprendemos que se tornar um conselheiro confiável leva mais do que ter um bom conselho a oferecer. Existem habilidades adicionais envolvidas, aquelas que ninguém nunca te ensina, que são cruciais para o seu sucesso.

Mais importante, aprendemos que você não tem a chance de empregar suas habilidades de aconselhamento até que tenha alguém que confie o suficiente para compartilhar seus problemas com você. Ninguém nos ensinou como fazer isso também. No entanto tivemos que aprender. De alguma forma.

Por vários anos, Rob Galford e Charlie Green conduziram workshops, seminários e programas de treinamento para algumas das mais proeminentes empresas profissionais do mundo, sob o título de "Ser um Conselheiro Confiável." Enquanto isso, David Maister prestava consultoria e escrevia sobre profissionalismo, aconselhamento, relacionamento com clientes e outros tópicos relacionados. Nos conhecemos quando nos apresentávamos na mesma conferência e percebemos que, separadamen-

xxviii *Introdução*

te, cada um tinha uma peça do quebra-cabeças. Juntos, pensamos ter um cenário completo para apresentar.

O tema desse livro é que a chave do sucesso profissional não é apenas o domínio técnico da própria disciplina (que é, sem dúvida, essencial), mas também a habilidade para trabalhar com clientes de forma a conquistar sua confiança e ganhar sua confidência.

Desse modo dirigimos esse livro tanto para futuros conselheiros quanto para conselheiros já existentes que procuram criar confiança nos seus relacionamentos de negócios. Nós o escrevemos principalmente para *indivíduos* que trabalham em profissões de assessoria: consultoria, contabilidade, direito, engenharia, relações públicas, recrutamento, corretor de seguros, bancos de investimento, arquitetura e atividades similares. Escrevemos dessa forma porque é o mundo que conhecemos.

Entretanto, esperamos que profissionais que trabalham dentro de corporações e outras organizações, que também tenham clientes e projetos, descubram que esse livro é relevante para seu trabalho.

A confiança ocorre entre dois indivíduos. Ela pode, é claro, ocorrer dentro de organizações, em equipes e em grupos de outras configurações, mas escolhemos nesse livro focar no principal aspecto da confiança, aquele que ocorre entre dois indivíduos, um conselheiro que serve a um cliente.

Profissionais ambiciosos investem energias tremendas em melhorar habilidades de negócios, incluindo aperfeiçoar seus conhecimentos específicos, adquirir experiência, ampliar seu conhecimento e fazer contatos, todos requerem trabalho pesado. De qualquer forma, raramente dão atenção suficiente em criar relações de confiança com os clientes e pouca orientação é fornecida por suas empresas sobre como realizar isso. Muitos profissionais não sabem como pensar sobre ou avaliar relações de confiança.

Infelizmente, existem muitos sinais de que a confiança é escassa. Com uma frequência cada vez maior, os clientes conduzem um exame microscópico das contas do profissional prestador, contestam despesas, questionam como os projetos foram contratados e quanto tempo várias tarefas demandaram. Os clientes muitas vezes excluem advogados, contadores, consultores e outros profissionais desde o início das discussões porque a sua concepção do papel do profissional é muito limitada. Relatórios detalhados dos profissionais são frequentemente solicitados para que os clientes possam monitorar sua atividade. Que mudança isso representa! Havia um tempo em que os clientes confiavam nos profissionais automaticamente, baseados somente em sua vocação honrosa. Caráter sadio e reputação eram considerados e os negócios eram conduzidos com confiança, selados por um aperto de mão. Grandes firmas e instituições nasceram e foram construídas nessa expectativa natural de confiança.

Embora esse mundo tenha acabado, a necessidade de confiança não desapareceu. O que tomou seu lugar foi a necessidade de conquistar confiança (e mantê-la) ao longo da carreira de um profissional.

Cada um de nós realizou inúmeros seminários e workshops com uma ampla variedade de profissionais sobre vários aspectos de como lidar com clientes. Entre as perguntas mais comuns que recebemos nesses encontros estão:

1. Como posso acessar meus clientes com maior frequência?
2. Como posso persuadir meu cliente a me apresentar a outras pessoas em sua empresa?
3. Como posso fazer vendas casadas?
4. Como posso evitar ser estereotipado, rotulado como especialista somente na minha área principal?
5. O que faço sobre não ser um expert em áreas correlatas?
6. Como faço para obter clientes menos focados no preço?
7. Como faço para que os clientes sejam justos comigo?

As respostas para estas questões (e muitas outras similares) têm o mesmo fundamento. Você precisa conquistar a confiança do seu cliente! Sem ela, nenhuma dessas ambições pode ser realizada. Todas essas questões

xxx *Introdução*

requerem tanto que o cliente faça algo para você ou decida lhe dar algo que você quer. Acreditamos que um cliente esteja mais propenso a lhe dar o que você quer se ele ou ela confia em você.

Acreditamos que conquistar confiança é uma atividade que pode ser gerenciada e melhorada, sem trivializar ou mecanizar a relação de consultoria.

Nesse livro, provemos um novo entendimento da importância e o potencial da confiança nos relacionamentos com os clientes e mostramos como a confiança pode ser empregada para alcançar uma ampla gama de recompensas. Examinamos a confiança como um processo, que tem começos e términos, que podem ser rejeitados e encorajados e que acontecem através de tempo e experiência. Analisamos os componentes principais da confiança e o processo pelo qual a confiança se desenvolve num relacionamento.

Nós também exploramos as capacidades principais que são demonstradas pelo conselheiro confiável, mapeamos o processo de desenvolvimento da confiança e revelamos as atitudes e comportamentos que precisam ser desenvolvidos para orientar o processo com êxito. Ajudamos a determinar o nível de confiança em seu relacionamento atual e mostramos a você como ser mais digno de confiança e como fazer esse merecimento se manifestar para seus clientes.

COMO USAR ESSE LIVRO

Os termos *confiança* e *conselheiro* são palavras aparentemente simples, mas têm significados que contém muitas camadas e complexidades. Consequentemente, esse livro aborda nosso tópico por uma série de perspectivas.

O livro é como uma ampulheta: ampla e diversificada nas Partes Um e Três, focada e mais bem integrada na Parte Dois.

Os capítulos na Parte Dois são cheios de anedotas, sugestões práticas, ilustrações e histórias. São desenhados para estimular seu pensamento sobre uma variedade de questões inter-relacionadas, conceitos e habilidades que os conselheiros confiáveis devem considerar.

Os capítulos da Parte Dois representam nosso esforço de trazer estrutura ao tópico e uma abordagem mais formal, se não na linguagem.

A Parte Três é sobre aplicações específicas. Contém capítulos construídos nas Partes Um e Dois e aplicam conceitos e técnicas introduzidas previamente.

Você irá rapidamente descobrir que gostamos de usar listas. Elas não somente transmitem informação de maneira concisa, mas também (esperamos) o convidam a reagir e modificar as listas baseados em sua própria forma de pensar e sua experiência contínua.

Para sua conveniência, duplicamos todas as listas do livro no Apêndice.

xxxii *Como Usar Esse Livro*

Pode ser que você considere útil usar o Apêndice em qualquer uma das três formas:

1. Comece a leitura desse livro folheando o Apêndice, que lhe dará uma amostra do que o livro contém e para onde ele vai.

2. Use as listas reunidas nele para identificar um tópico de interesse particular para você e vá diretamente para a seção relevante do livro.

3. Use-o depois que tenha terminado a leitura do livro como uma referência rápida (agora e no futuro), modificando as listas baseado na sua própria experiência contínua.

PARTE UM

PERSPECTIVAS SOBRE CONFIANÇA

Começamos com uma "prévia" dos temas do livro, definindo o que queremos dizer com o termo *conselheiro confiável* e explorando os benefícios que cabem a ele.

Focamos então em três habilidades básicas que um conselheiro confiável precisa: (1) conquistar confiança; (2) aconselhar efetivamente; e (3) construir relacionamentos.

O Território do Conselheiro Confiável

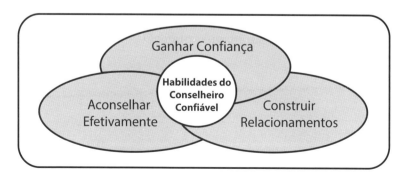

Em seguida discutimos maneiras de pensar ou atitudes que são essenciais para se tornar um conselheiro confiável. Para concluir, exploramos se o argumento de construir confiança é uma questão de técnica ou sinceridade (ou ambas).

1
UMA PRÉVIA

Vamos começar com uma pergunta: quais benefícios obteria se seus clientes confiassem mais em você?

Aqui está nossa lista. Quanto mais seus clientes confiam em você, mais eles irão:

1. Recorrer aos seus conselhos;

2. Estar inclinados a aceitar e agir de acordo com suas recomendações;

3. Trazer a você questões mais avançadas, complexas e estratégicas;

4. Tratá-lo como gostaria de ser tratado;

5. Respeitá-lo;

6. Compartilhar mais informações, que o ajudem a ajudá-los, e melhorar a qualidade do serviço prestado;

7. Pagar seus honorários sem questionar;

8. Indicá-lo aos seus amigos e colegas de negócios;

9. Diminuir o nível de estresse em suas interações;

10. Dar-lhe o benefício da dúvida;

11. Perdoá-lo quando cometer um erro;

12. Protegê-lo quando necessário (mesmo de sua própria empresa);

13. Alertá-lo de perigos que possa evitar;

14. Estar confortáveis e permitir que você fique confortável;

15. Envolvê-lo desde o início quando seus problemas começarem a se formar, em vez de tardiamente no processo (ou talvez até contactá-lo primeiro!);

16. Confiar em seus instintos e julgamentos (incluindo aqueles sobre outras pessoas, tais como colegas de trabalho seus e deles).

Todos nós gostaríamos de ter relações profissionais assim! Este livro é sobre o que você deve fazer para obter esses benefícios.

Que mudanças *você* gostaria de fazer nessa lista? O que adicionaria? O que deletaria?

Em seguida, vamos considerar três perguntas adicionais:

Você tem um conselheiro confiável, alguém a quem recorrer regularmente para aconselhá-lo em todos os seus negócios importantes, carreira e talvez até em decisões pessoais?

Se tem, quais as características dessa pessoa?

Se não tem, quais características *procuraria* para selecionar *seu* conselheiro confiável?

Aqui está uma lista de características que nossos conselheiros confiáveis têm em comum. Eles:

1. Parecem nos entender facilmente e gostam de nós;

2. São coerentes (podemos depender deles);

3. Sempre nos ajudam a ver os fatos por novas perspectivas;

4. Não tentam nos forçar a nada (a decisão é nossa);

5. Nos ajudam a pensar;

6. Não substituem seu julgamento pelo nosso;

7. Não entram em pânico ou ficam sentimentais demais (eles permanecem calmos);

8. Ajudam-nos a pensar e separar a razão da emoção;

9. Nos criticam e nos corrigem delicadamente;

10. Não têm reservas (podemos confiar que nos contem a verdade);

11. Não é uma relação passageira (o relacionamento é mais importante que a questão atual);

12. Nos dão racionalidade (ajudam-nos a pensar), não apenas as suas conclusões;

13. Nos dão opções, aumentam a nossa compreensão acerca dessas opções, nos dão sua recomendação e nos deixam escolher;

14. Contestam nossas premissas (nos ajudam a revelar as falsas premissas sob as quais trabalhávamos);

15. Nos fazem sentir confortáveis e intimamente despreocupados (ao mesmo tempo que levam as questões a sério);

16. Agem como uma pessoa real, não alguém desempenhando um papel;

17. Estão confiantemente ao nosso lado e sempre parecem estar preocupados com nossos interesses;

18. Lembram-se do que dissemos a eles (sem anotar);

19. São sempre respeitáveis (não criam rumores sobre outras pessoas para nós e confiamos em seus valores);

20. Ajudam-nos a contextualizar nossos problemas, muitas vezes com o uso de metáforas, histórias e anedotas (poucos problemas são completamente únicos);

21. Têm um senso de humor que dispersa (nossa) tensão em situações difíceis;

22. São inteligentes (algumas vezes de maneiras que não somos).

O que *você* adicionaria (ou deletaria) dessa lista?

Ao usar a tradicional Regra de Ouro (devemos tratar os outros da maneira que gostaríamos de ser tratados), podemos provavelmente fazer uma suposição justa (ou pelo menos uma boa primeira aproximação) de que essa lista, ou a sua lista, não é muito diferente da que seus clientes fariam.

Então, se você quer que seus clientes lhe tratem como seu conselheiro confiável, precisa satisfazer o maior número de "testes" possível dessa lista.

Pergunte a si mesmo: quais dessas características meus clientes acham que possuo? (Não o que *você* pensa que possui, mas o que *eles* pensam que você tem!) Se você suspeitar que não pode demonstrar todas essas características, então como melhorar em cada uma delas? Isso é o que este livro tentará responder.

Note que este livro não é (apenas) sobre os maravilhosos benefícios que estão no final do arco-íris para o conselheiro confiável pleno, que faz (ou é) tudo o que foi listado aqui. Os benefícios iniciais de começar a conquistar confiança são substanciais e podem ser obtidos rapidamente. A capacidade de conquistar confiança é uma habilidade apreensível, e tentaremos mostrar, nas páginas seguintes, "a estrada de tijolos amarelos" que leva ao sucesso.

2
O QUE É UM CONSELHEIRO CONFIÁVEL?

Nenhum de nós começou a carreira como um conselheiro confiável, mas esse é o status que muitos de nós almejamos. Nós geralmente começamos como fornecedores, executando uma tarefa específica ou um serviço "pontual", empregando nossas habilidades técnicas (veja a Figura 2.1). Podemos executar com excelência e perícia, mas nossas atividades são limitadas em seu escopo. O papel consultivo fundamental nesse nível é funcionar como uma base de dados poderosa para prover respostas especializadas para as perguntas dos clientes. À medida que esse papel baseado em expertise se transfere cada vez mais para o online e — de alguma forma — automatizado, a criticidade do próximo nível aumenta.

No próximo nível, o cliente pode sentir que possuímos capacidades não relacionadas diretamente a nossa área de expertise. Adicionalmente, começamos a focar em nossa habilidade em definir (e resolver) problemas mais gerais, e não exclusivamente dar respostas baseadas em nosso domínio técnico. Como David diz, "o problema raramente é o que o cliente disse que era na primeira reunião." Por exemplo: Charlie foi consultado por uma cadeia de lojas de conveniência com mais de 100% de rotatividade no nível de gerentes de loja. O cliente queria que Charlie desenvolvesse um melhor critério de contratação que fosse de encontro ao perfil desejado de funcionários de longo prazo.

Como veio a se revelar, a cadeia — que era amplamente gerenciada por ex-militares — aplicava testes em detectores de mentira em todos os gerentes de loja, *todos os meses,* para se garantirem contra "encolhimento" (mais conhecido como roubo). O resultado perverso foi que, após alguns meses, os gerentes começaram a pensar que *alguém* deveria estar levando *alguma coisa,* e que talvez eles deveriam tentar fazer o mesmo também. Foram pegos tentando, reforçando assim a percepção da necessidade de mais testes em detectores de mentiras, etc., em um ciclo que se autorrealizava. Nem é preciso dizer que o "problema" não era o que o cliente disse que havia no início — o critério de contratação —, senão as práticas de gerenciamento da organização do cliente.

A definição conjunta de problemas abre a porta para uma percepção compartilhada do valor em risco. Nossos clientes nos veem cada vez mais dessa forma também e começam a recorrer a nós para a definição do problema como o precursor da sua solução, assim como para problemas de maior amplitude.

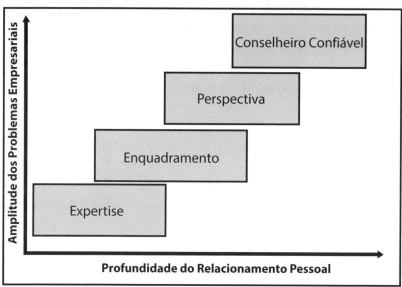

Figura 2.1 Papéis em um Relacionamento Cliente-Conselheiro

No terceiro nível devemos ser consultados em questões gerais de estratégia relacionadas a nossa especialidade específica, mas não limitados somente a ela. Não somos mais vistos pelos olhos do cliente como tendo somente a perícia técnica, ou habilidade de definição do problema, ou de solução do problema, mas somos vistos como um recurso valioso em termos de nossa habilidade de colocar os problemas em contexto e oferecer uma perspectiva. Começamos a oferecer conselhos proativamente e identificar os problemas em seus contextos organizacionais.

O nível mais elevado, o auge, é aquele em que o conselheiro confiável fica; e no qual há a discussão e exploração de praticamente todos os problemas, sejam eles pessoais ou profissionais. O conselheiro confiável é a pessoa a quem o cliente recorre quando um problema aparece pela primeira vez, geralmente em tempos de grande urgência: uma crise, uma mudança, uma conquista ou uma derrota.

Problemas desse nível não são mais vistos meramente como problemas de negócios ou organizacionais, mas também envolvem uma dimensão pessoal. Tornar-se um conselheiro confiável no nível de excelência requer uma integração de domínio de conteúdo com habilidades organizacionais e interpessoais. A confiança não apenas "acontece" com a passagem do tempo. Normalmente requer um tipo de coragem pessoal — a vontade e as habilidades de levantar questões difíceis, comunicar empatia e compreensão e a habilidade de considerar ideias diferentes e complexas.

Esses níveis, descritos na Figura 2.1, são uma função tanto da "amplitude dos problemas empresariais" quanto da "profundidade do relacionamento pessoal". Por "amplitude dos problemas empresariais" entendemos como a variedade de problemas empresariais nos quais o conselheiro se envolve. Por "profundidade do relacionamento pessoal" nos referimos a medida que o cliente nos permite direcionar seu relacionamento pessoal aos problemas iminentes (e aos negócios como um todo).

Nós não queremos dizer que um profissional que opera no nível 1 esteja errado. Longe disso. A maior parte de nossas vidas profissionais diárias é gasta operando nos níveis 1 e 2; relativamente pouco do nosso tempo é gasto, de fato, trabalhando nos níveis 3 e 4. A questão não é quantas horas por dia, mas a habilidade de mudar instantaneamente e com facilidade para qualquer nível quando necessário.

Outra maneira de olhar para as formas de relacionamento entre cliente--conselheiro é mostrada na Figura 2.2. Ela usa os mesmos eixos: amplitude dos problemas empresariais e profundidade do relacionamento pessoal.

As pessoas que trabalham com marketing gostam de apontar três tipos de relacionamentos profissional-cliente, que correspondem a três abordagens para ganhar negócios. Elas são abordagens baseadas em produto/serviço (também conhecida como "características e vantagens"), baseadas em necessidades (por vezes caracterizadas como "soluções") e baseadas em relacionamentos (que tendem a enfatizar não somente a afinidade com o cliente, mas também facilidade organizacional de implementação).

Consideramos que as distinções sejam úteis, mas as conclusões não são muito certas. Como sugerimos na Figura 2.1, há momentos em que é perfeitamente apropriado e certo que um relacionamento seja baseado em serviço ou baseado em necessidade. E há momentos em que um tipo particular de relacionamento *não* é o apropriado.

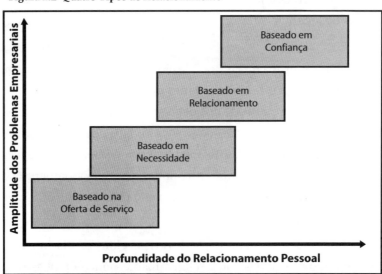

Figura 2.2 Quatro Tipos de Relacionamento

O que é um Conselheiro Confiável? 11

E o mais importante, sentimos falta de um quarto tipo de relacionamento na tipologia, o relacionamento baseado em confiança. A diferença entre esse e os outros níveis é a dimensão humana, o reconhecimento dos aspectos interpessoal e individual do relacionamento.

A Figura 2.3 resume as características de operar nos diferentes níveis mostrados na Figura 2.2. Cada nível tem implicações diferentes pelo foco, o tempo e a energia gastos, pelo que o cliente recebe do relacionamento e pelos indicadores de sucesso.

O AUGE DOS RELACIONAMENTOS

Exemplos extremos são geralmente úteis para destacar os principais aspectos de um problema.

Um conselheiro que atingiu o auge da confiança de seu cliente foi David Falk, agente da superestrela do basquete, Michael Jordan.

Falk ajudou a criar e construir Michael Jordan como uma das "marcas" de maior sucesso no mundo, a começar com um grande contrato publicitário com a Nike, valendo US$2,5 milhões mais royalties (na época, um número bem grande). Posteriormente, Jordan apoiou dezenas de produtos, desde serviços telefônicos a capas de tacos de golfe e passou a valer muitos milhões de dólares. Falk, igualmente, lucrou generosamente com esse relacionamento. Com Jordan como cliente, ele foi capaz de desenvolver uma agência que posteriormente foi vendida por cem milhões de dólares.

12 *O Conselheiro Confiável*

Figura 2.3 Características dos Níveis de Relacionamento

	O Foco É em	Energia Gasta em	O Cliente Recebe	Indicadores de Sucesso
Baseado em Serviços	Respostas, expertise, contribuição	Explicar	Informações	No prazo, alta qualidade
Baseado em Necessidade	Problema empresarial	Definição e solução do problema	Soluções	Problemas resolvidos
Baseado em Relacionamento	Organização Cliente	Fornecer perspectivas	Ideias	Negócios repetidos
Baseado em Confiança	Cliente como indivíduo	Compreender o cliente como pessoa	Refúgio seguro para problemas difíceis	Ganho mútuo

Henry Louis Gates, Jr., ao escrever para *The New Yorker,* relatou como Falk estava em "perfeita sintonia" com as atitudes de Jordan sobre o dinheiro e a comissão de Falk. Em duas ocasiões, Falk reduziu ou dispensou comissões específicas (sem Jordan pedir) porque ele sabia que era aquilo que Jordan queria, mesmo que Michael nunca tenha feito tal pedido. Falk acreditou que essa era uma das razões pela qual trabalharam juntos por tanto tempo — ele representou Jordan durante toda sua carreira profissional.

O conselheiro confiável age diversas vezes como um espelho, um porto seguro, um confessor, um mentor e inclusive, às vezes, como palhaço ou tolo. É uma grande variedade — no entanto, se torna evidente quando líderes poderosos a descobrem.

Em 1998, as duas pessoas mais ricas do mundo — Bill Gates e Warren Buffett, na época — realizaram um diálogo aberto, franco e abrangente em Seattle, em frente a uma seleta multidão de trezentas pessoas, coberta pela *Fortune* e NPR. O trecho seguinte é revelador:

> **GATES:** É importante ter alguém em quem possa confiar totalmente, que é totalmente comprometido, que compartilha de sua visão e ainda tenha um conjunto um pouco diferente de habilidades, e que também age como se tivesse algum controle sobre

O que é um Conselheiro Confiável? 13

você. Algumas das ideias que você apresenta a ele, você sabe que ele dirá, "Ei, espere um minuto, você pensou sobre isso e aquilo?" O benefício de provocar alguém que tem aquele tipo de brilhantismo não é somente o que torna os negócios mais divertidos, mas realmente conduz ao sucesso.

BUFFETT: Eu tive um parceiro como esse, Charlie Munger, por muitos anos, e aconteceu comigo exatamente como Bill fala. É preciso ponderar com Charlie, porque ele diz que tudo que eu faço é estúpido. Se ele diz que é realmente estúpido, eu sei que é, mas se ele apenas diz que é estúpido, eu tomo como um voto afirmativo.

Implícito em ambas descrições dos conselheiros confiáveis de Gates e Buffett está algo fácil de subestimar: a habilidade de seus conselheiros em prestar profunda atenção em seus "clientes". Essa habilidade de focar em outra pessoa é evidente em praticamente todos os conselheiros confiáveis que encontramos. Nós não temos consciência de qual abordagem usaram para chegar lá. Alguns parecem ter nascido assim, com uma mistura de curiosidade, serenidade e uma autoconfiança tranquila, que permite a eles focar facilmente sua atenção nos outros. E nós temos que aprender isso, que não é a coisa mais fácil de se aprender; requer maturidade emocional e ego forte o suficiente para compartilhar seu locus de atenção com outro.

Nos relacionamentos mais profundos e mais completos do conselheiro confiável há poucos limites no relacionamento, pouca separação entre questões profissionais e pessoais. Ambos os membros do relacionamento conhecem plenamente um ao outro e entendem o papel que o outro desempenha em sua vida.

Regina M. Pisa, Presidente Emérita da Goodwin, uma das 50 maiores firmas de direito do mundo, descreve o relacionamento mais incomum e especial com um conselheiro confiável:

Um cliente CEO me ligou. Ele saía de uma reunião no Hospital Geral de Massachusetts e queria me ver imediatamente. Ele entrou com sua esposa e disse que lhe informaram que ele tinha uma doença terminal, e pouco tempo lhe restava. Disse: "Estou receoso por minha esposa. Ela não tem alguém como você na vida dela, alguém com quem possa contar para qualquer coisa, e eu quero que faça por ela o que fez por mim. Estamos nos colocando em suas mãos, para que nos ajude a passar por tudo isso."

Colocar em ordem o planejamento do patrimônio era a parte fácil. O que eles me pediam era para ajudá-los a lidar com tudo aquilo, antes e depois da morte dele. Não há definição maior de um conselheiro confiável, nenhuma recompensa maior do que desenvolver laços com seus clientes que sejam tão profundos.

Essa história permanece como um exemplo prático do que pode ser alcançado quando queremos nos expandir no território do conselheiro confiável. Nem todos nós podemos escolher almejar relacionamentos tão profundos quanto esse. Mas a história revela que não há limites para a profundidade que um relacionamento de confiança pode alcançar, além daqueles impostos pelo conselheiro e pelo cliente.

Clientes como os da Sra. Pisa são os melhores, porque eles entendem o valor do que você oferece. No processo do trabalho, há sempre pressões para acordos, prazos perdidos e assim sucessivamente. Os clientes não são sempre compreensivos. Eles podem ser irracionais em suas expectativas. Mas quando você tem relacionamentos assim, os clientes o tratam bem.

CARACTERÍSTICAS DE CONSELHEIROS CONFIÁVEIS BEM-SUCEDIDOS

Os profissionais que usam a confiança com maior sucesso são aqueles que estão à vontade com conceitos como:

- Faça bem, fazendo o bem.
- O que vai, volta.
- Você colhe o que planta.
- Pegar ou largar.

Essas máximas sempre sugerem que o sucesso vem para aqueles que *não* fizeram do sucesso seu objetivo principal. A maneira de ser tão rico quanto Bill Gates é se preocupar mais em escrever um código do que a riqueza em si. E a maneira de ser um ótimo conselheiro confiável é se preocupar com o seu cliente.

Uma característica comum a todos esses relacionamentos de conselheiros confiáveis é que o conselheiro deposita um valor mais elevado na manutenção e preservação do relacionamento em si do que nos resultados da transação financeira atual ou de outra forma. Frequentemente, o conselheiro fará um investimento substancial no cliente (sem garantia de retorno) antes que o relacionamento, na verdade, gere algum rendimento, muito menos qualquer lucro. Considere, por exemplo, Margery Ziffrin, por quarenta anos uma proeminente consultora de investimentos para indivíduos e famílias de alto poder aquisitivo no Havaí:

No início da minha carreira, aprendi que construir relacionamentos com outros conselheiros é tão importante como construir relacionamentos com clientes. Entender as necessidades e níveis de conforto dos clientes são o primeiro passo. Ajudá-los a construir uma equipe de conselheiros profissionais que trabalhem juntos forja relacionamentos profundos, não somente com os clientes, mas também com os conselheiros. Entender as necessidades deles e seu estilo de colaboração é igualmente importante. Minha abordagem é colaborar e coordenar. Para esse fim, eu compareço a quantas reuniões forem possíveis com clientes e conselheiros. Sirvo como a "capitã" da equipe — mantendo todas as partes informadas.

Colaboro com clientes e conselheiros para compreender cada uma de suas necessidades. Conheço e entendo, de verdade, meus clientes e suas famílias. Eu também tenho conhecimento do que os outros conselheiros precisam para fornecer suas contribuições e expertise. Não é incomum que os clientes me peçam referências sobre outros consultores, das mais diversas áreas. Eu não tento substituir relacionamentos existentes. Meu papel é alavancar e apoiar relacionamentos importantes, desenvolvidos com os clientes ao longo dos anos. Por exemplo, se o cliente tem um corretor de investimentos, mesmo eu sendo licenciada em investimentos, eu simplesmente prestarei serviço como consultora/coordenadora. Estou lá para incrementar, encontrar formas de adicionar valor, ser a capitã que pode transmitir as jogadas aos outros, não carregar a bola sozinha (para continuar com a analogia ao futebol). É na coordenação, organizando as tarefas. É como em um quebra-cabeças, e esses relacionamentos são verdadeiramente complexos. Eu vejo isso muito mais como confiança sagrada do que referência profissional.

Baseado nos exemplos citados acima, e nos muitos conselheiros confiáveis que encontramos em nossas carreiras, acreditamos que os seguintes atributos descrevem os conselheiros confiáveis. Os conselheiros confiáveis:

1. Têm predileção em focar no cliente em vez de em si mesmos. Eles têm...

   - autoconfiança suficiente para ouvir sem prejulgar;
   - curiosidade o suficiente para perguntar sem supor uma resposta;
   - vontade de ver o cliente como igual em uma jornada conjunta;
   - autoconfiança suficiente para subordinar seu próprio ego.

2. Focam no cliente como um indivíduo, não como uma pessoa cumprindo um papel.

3. Acreditam que foco contínuo na definição e resolução do problema é mais importante que domínio técnico ou de conteúdo.

4. Mostram um forte impulso "competitivo" voltado não aos concorrentes, mas em constantemente encontrar novas formas para ser de maior utilidade para o cliente.

5. Consistentemente focados em fazer a próxima coisa certa, em vez de aspirar por resultados específicos.

6. São motivados mais por um impulso internalizado a fazer a coisa certa do que nas próprias recompensas e dinâmicas da sua organização.

7. Veem metodologias, modelos, técnicas e processos de negócios como meios para um fim. Eles são úteis se funcionarem e descartados se não forem; o teste é a eficácia com o cliente.

8. Acreditam que o sucesso no relacionamento com o cliente está ligado ao acúmulo de experiências de qualidade. Como resultado, procuram experiências de contato com o cliente e correm riscos pessoais com eles em vez de evitá-los.

9. Acreditam que tanto a venda quanto à prestação de serviços são aspectos do profissionalismo. Ambos provam aos clientes que você está dedicado a ajudá-los com seus problemas.

10. Acreditam que há distinção entre a vida empresarial e a vida privada, mas que ambas são muito pessoais (ou seja, humanas). Eles reconhecem que habilidades refinadas de lidar com outras pessoas são decisivas na vida empresarial e na pessoal; os dois mundos são muitas vezes mais parecidos do que diferentes, e para alguns, eles se sobrepõem de forma extraordinária.

OS BENEFÍCIOS DE SER UM CONSELHEIRO CONFIÁVEL

Para começar com o ponto comercial óbvio, um conselheiro confiável se beneficia de ter relacionamentos de confiança, porque eles levam a repetir negócios com o mesmo cliente. Esses relacionamentos também levam a novos negócios, por meio de referências de clientes existentes.

Eles também são menos atormentados por procedimentos pró-forma, tais como propostas, apresentações, estudos, relatórios de atividades e afins. Nesse tipo de relacionamento, as partes encontram uma maneira de reconfigurar esses processos para uma maior eficiência e efetividade. Ou seja, esses relacionamentos podem ser altamente lucrativos e mais agradáveis para o conselheiro confiável.

Outro benefício é que, em um relacionamento de confiança, o conselheiro é capaz de empregar as habilidades e poderes individuais mais valorizados (escuta, racionalidade, solução de problemas e imaginação) e aplicá-los em assuntos que verdadeiramente importam.

O tempo pode ser gasto com uma tomada de decisão com poder substancial para afetar uma organização: criar novas iniciativas, aproveitar os recursos e realizar tarefas. A confiança nos liberta da necessidade de gastar tempo em projetos inconsequentes ou questões processuais tediosas.

O mundo da produção de mídia fornece um exemplo dos benefícios de eficiência dos relacionamentos de confiança. Considere as histórias de dois (disfarçados) produtores de documentários. O produtor Thomas tem, ao longo dos anos, desenvolvido relacionamentos de confiança com um pequeno número de executivos de aquisição (encarregados de desenvolver e fazer os programas de comissionamento), e criou vários shows de sucesso com e para eles.

Agora, para vender um programa novo, eles simplesmente fazem um documento curto (de duas ou três páginas) descrevendo a ideia básica. "Não há nenhum assunto no qual um executivo experiente não tenha recebido uma proposta", diz. "Para o programador, não se trata de receber uma proposta volumosa e dispendiosa. Trata-se de trabalhar com um produtor que confiem. Se gostam da ideia e precisam de mais informações, eles as pedirão. Se não precisarem, simplesmente me darão o sinal verde."

O produtor Atkins, por outro lado, tem uma reputação muito menos estabelecida e, após um relacionamento sem sucesso com um programador, não teve nenhum outro relacionamento de confiança. Como resultado, é forçado a dedicar grande parte do tempo em produzir propostas significativas que contenham tratamentos completos de programas, biografias dos membros principais da equipe, orçamentos detalhados e cronogramas complexos, todos produzidos cuidadosamente.

O que é um Conselheiro Confiável? 19

Ele esgota a si mesmo (e seus funcionários) na criação dessas propostas, e somente uma fração delas são, ou podem ser, bem-sucedidas. Como resultado, ele produziu menos documentários que o produtor Thomas, e ganha menos dinheiro.

Finalmente, uma das recompensas mais significantes do relacionamento de um conselheiro confiável, tanto para o cliente quanto para o consultor, é que nele é permitido aos indivíduos serem plenamente quem eles são. Os membros do relacionamento não despendem energia protegendo a si mesmos, e ambos podem ser abertos com informações sobre suas vidas, suas virtudes e fraquezas. Compartilham informações e ideias, sentem-se confortáveis consigo mesmos e têm grande acesso às suas emoções e inspirações. Acima de tudo, isso significa que nós, como conselheiros confiáveis, temos uma excelente chance de sintonizar nossos conselhos e ofertas de serviços às reais e completas necessidades de nossos clientes.

Isso é válido em todos os relacionamentos de conselheiros confiáveis, embora seja mais evidente em alguns. O guru da indústria do planejamento financeiro Michael Kitces (do blog *Nerd's Eye View*, XY Planning Network e mais — acesse Kitces.com) diz:

> Uma recomendação ruim pode destruir quarenta anos de economias e responsabilidade fiscal de alguém. Um bom conselheiro pode mudar a trajetória da vida de alguém. Dinheiro pode levar ao divórcio, suicídio — ou à grande felicidade. Isso é muito humano. É difícil não vincular seus ganhos e seu valor líquido financeiro com o que você vale como ser humano. Dizer às pessoas o que você faz é um tabu maior do que falar sobre política, religião e sexo.

Comportar-se com um colega de profissão como faria com um amigo (se comportando no escritório como se estivesse fora dele) é uma recompensa extremamente valiosa para o relacionamento de um conselheiro confiável. Há um pouco de pretensão. Muito trabalho pode ser feito sem perder tempo ou palavras. Não há necessidade para o cliente ou para o conselheiro de se posicionarem diante um do outro. Eles são quem eles

20 O Conselheiro Confiável

são (tão imperfeitos quanto cada um pode ser) e não permitem que seus conflitos e incompatibilidades desgastem sua confiança mútua.

A EVOLUÇÃO DO PAPEL DO CONSELHEIRO CONFIÁVEL

Desde a edição original deste livro, os fundamentos da consultoria de confiança não mudaram — mas eles estão sendo aplicados em formas maiores e diferentes — para novos públicos, em novas aplicações de negócios, em novos mercados. Por um lado, os conceitos têm se tornado relevantes para mais pessoas. Walt Shill — sócio-gerente da ERM e ex-sócio da McKinsey and Accenture, diz:

> A questão de quem é ou pode ser um "conselheiro confiável" é diferente de vinte anos atrás.
>
> O velho paradigma da consultoria de McKinsey como um sumo sacerdote dos conselheiros confiáveis, uma vocação, é menos comum e francamente menos relevante. A consultoria em geral tornou-se mais uma trivialidade e menos uma profissão.
>
> Para começar, muitas das habilidades básicas de solução de problemas foram produtizadas. As empresas marcam suas ofertas de X, Y e Z em um processo e é mais difícil construir um relacionamento quando se executa um processo do que quando se tenta dar definição ao problema.
>
> Também, para o velho modelo de aprendizagem funcionar, você precisa organizar uma grande pirâmide — mas empresas online são o padrão agora. Poucos conselheiros acabam em uma reunião de CEO, então exemplos são difíceis de encontrar.
>
> Finalmente, uma empresa de aquisições é sua nova cliente. Se você está preso na antiga mentalidade de "a compra é o inimigo", você está perdendo um lugar importante no relacionamento com conselheiros confiáveis.

O que tudo isso significa é que os conceitos principais do conselheiro confiável não são mais apenas funções de aconselhamento tradicional. O profissional de experiência com o cliente precisa desses conceitos; assim como o pessoal do suporte técnico, de contratações — praticamente qualquer um com interações importantes com clientes.

Concordamos. Ser um conselheiro confiável não é uma proposta de tudo ou nada; é uma mistura de muitos componentes. Aprimorar-se em várias matérias, em diferentes combinações, pode melhorar muitas funções empresariais. Asheet Mehta, sócia majoritária e diretora da Parceria de Aprendizagem da McKinsey, descreve esse fenômeno:

> O modelo central do "conselheiro confiável" ainda é válido, mas as aplicações estão mudando. Por um lado, você não consegue sobreviver com somente um relacionamento desse; muitos executivos corporativos, modelos de governança, atualmente exigem que se tenha conexões baseadas em confiança com várias pessoas importantes na empresa, para que impulsionem a mudança e sejam partes interessadas, importantes em qualquer iniciativa maior.

DANDO INÍCIO

Poucos de nós começam com as habilidades dos conselheiros confiáveis descritas aqui. Na verdade, esses indivíduos não *começaram* suas carreiras com essas habilidades totalmente desenvolvidas. Se quisermos desenvolver nossa habilidade de criar confiança, devemos ser honestos com nós mesmos sobre o quão bom nós somos hoje. Esse é um exemplo direto do efeito Dunning-Kruger, no qual as pessoas frequentemente superestimam suas próprias capacidades comparadas a como são, de fato, percebidas pelos outros. Muitas pessoas supõem que são melhores em ganhar confiança do que realmente são.

Um estudo foi feito uma vez com pares de estudantes de graduação e seus conselheiros de faculdade. A cada grupo foram feitas uma quantidade de questões sobre eles mesmos e suas duplas. As perguntas resumiam-se nas seguintes:

1. Quão confiável você tem sido em seu relacionamento com a outra pessoa?
2. Quão confiável tem sido a outra pessoa no relacionamento com você?
3. Quão confiável você acha que a outra pessoa acha que *você* tem sido?

Os resultados foram que cada grupo percebia a si mesmo como mais confiáveis que o outro grupo. Não somente isso, eles previam que a autopercepção de si mesmos como mais confiável seria compartilhada pela outra pessoa, o que obviamente não era.

Se esse estudo puder ser generalizado (e achamos que pode), ele revela que devemos trabalhar continuamente para convencer os outros que somos realmente dignos de sua confiança. Como uma posição inicial, eles pensam que nós somos menos confiáveis do que pensamos ser, e temos nossas dúvidas sobre a confiabilidade deles. Há trabalho a ser feito!

Começaremos nossa investigação em como começar por meio da análise de três habilidades: ganhar confiança, aconselhar efetivamente e construir relacionamentos. Primeiro: ganhar confiança.

3
CONQUISTAR CONFIANÇA

Para ver como o sucesso da sua carreira profissional depende da confiança, considere suas próprias aquisições de serviços profissionais. Seja na contratação de alguém para tratar das suas questões legais, impostos, cuidar de seu filho ou de seu carro, esse ato exige que você coloque seus assuntos nas mãos de outra pessoa. Você é forçado a um ato de fé, e a você só resta esperar que eles o tratem de maneira apropriada.

Você pode pesquisar seus antecedentes, habilidades técnicas e tentar examinar seus resultados anteriores. Mas, no final do dia, quando chegar a hora da decisão final de quem contratar, você finalmente deve decidir confiar seu filho a alguém, o que nunca é algo confortável de se fazer.

Ao contratar um profissional, o que você (e seus clientes) querem é alguém que compreenda seus interesses e que não colocará os interesses dele diante dos seus, enquanto trabalhar para você. Você quer alguém em quem possa confiar para fazer a coisa certa. Você quer alguém que se preocupará. Ser contratado (e recontratado) se trata de ganhar e merecer aquela confiança.

COMO CONQUISTAR A CONFIANÇA

Se a confiança é tão importante, como se faz para conquistá-la? Como fazer alguém confiar em você? Claramente, não é feito dizendo "confie em mim!" É mais provável que isso faça o ouvinte armar suas defesas! (Da mesma forma, pedimos aos leitores que nunca façam propaganda de si mesmos como "conselheiros confiáveis." É maravilhoso se outra pessoa rotulá-lo dessa forma, mas contar vantagem é semelhante a dizer: "a humildade é minha melhor qualidade.")

O ponto principal é que a confiança deve ser *conquistada* e *merecida*. Tem que fazer algo para dar às pessoas evidências nas quais elas possam basear sua decisão de confiar em você. Você deve estar disposto a *dar* para *receber*.

Por exemplo, David, uma vez, teve que contratar um advogado para legitimar o testamento de um parente. Os primeiros advogados com quem falou tentaram ganhar o serviço contando a ele quando a empresa foi fundada, quantos escritórios possuíam e quanto cobrariam. Nada disso inspirava muita confiança. Na verdade, quanto mais falavam sobre si mesmos e sobre suas empresas, menos eles pareciam estar interessados em David e em seus problemas.

Finalmente, ele encontrou um advogado que, na ligação inicial, perguntou quanto David sabia sobre legitimar um testamento. A resposta de David foi: "Nada!" O advogado, então, ofereceu enviar-lhe uma descrição completa das etapas envolvidas, o que precisaria fazer de imediato e o que poderia esquecer, por enquanto, por não ser urgente. O advogado também forneceu os telefones de todos os órgãos governamentais que David deveria notificar, embora isso não tivesse nada a ver com o trabalho legal (ou com os honorários advocatícios).

Toda essa informação (extremamente útil) foi fornecida livremente (e de graça), antes que o advogado fosse contratado. Naturalmente, ele conseguiu o serviço. Ele construiu confiança ao demonstrar que sabia quais informações eram mais relevantes para David, embora algumas não tivessem nada a ver com a prática de direito imobiliário. Conquistou confiança ao ser generoso com seu conhecimento e provando que estava disposto a ganhar o serviço do cliente em potencial.

A confiança pode ser conquistada nos gestos mais simples. David tem um dentista chamado Andrew que, no início do relacionamento, recomendou a David que o permitisse executar vários procedimentos em seus dentes. Como muitos clientes, ele não tinha certeza se Andrew recomendou procedimentos adicionais porque eram realmente necessários ou somente porque queria aumentar seus rendimentos (ou seja, venda casada).

A visão que David tinha de Andrew foi significativamente afetada, porque todas as vezes que ele (ou sua esposa, Kathy) ia ao seu consultório, Andrew *sempre* telefonava, mais tarde, para perguntar se ele (ou ela) sentia dor, se precisava de alguma prescrição e etc. David e Kathy ficaram muito impressionados com isso. Andrew agia como se realmente se preocupasse, o que os surpreendeu por ser um comportamento incomum para um dentista.

No começo, David e Kathy estavam um pouco céticos. Ele realmente se preocupava ou apenas agia "como" se importasse? Ele fez curso de marketing odontológico ou leu um livro de relacionamento com clientes? Eles não sabiam. Com o tempo, entretanto, conforme os pequenos gestos de Andrew continuavam e se acumulavam, eles passaram a acreditar que eram sinceros. Hoje, geralmente aceitam suas recomendações para serviços adicionais. Eles passaram a acreditar nele.

CHARLIE E A LIXA

Logo após Charlie ter sido promovido para uma posição de gerência em uma empresa de consultoria, ele conseguiu um cliente promissor em potencial com uma fábrica de abrasivos. Sua empresa, como todas as empresas de consultoria, valorizavam aqueles que poderiam trazer novos negócios, e ele estava ansioso em deixar sua marca. Agendou uma reunião com o possível cliente e convidou um sócio sênior para acompanhá-lo na conferência.

Ele e o sócio foram apresentados no escritório do cliente, onde se cumprimentaram, aceitaram café, trocaram cartões de visita na mesa de reunião; tudo enquanto conversavam e sondavam sobre pontos de conexão e interesses mútuos: amigos em comum, experiências ou educação compartilhadas, atitudes parecidas em relação à vida ou negócios.

Quando enfim se voltaram para o trabalho a ser feito, o cliente focou sua atenção total em Charlie e perguntou: "Diga-me, qual experiência a sua empresa tem em fazer estudos de marketing para insumos industriais?" No mesmo instante, a mente de Charlie parecia ter ficado vazia. Ele não fazia ideia do que seriam *insumos industriais*. Então, um pensamento revelador lhe veio à mente: o homem falava sobre *lixas*! Mas aquele conhecimento somente serviu para aumentar o medo de Charlie. Ele estava certo que sua empresa não havia feito estudos sobre isso.

Charlie tinha certeza que, se contasse a verdade ao cliente, não ganharia o negócio e provavelmente passaria o resto da sua carreira em sua firma acorrentado e em humilhação pública. No milissegundo seguinte, seu treinamento como consultor entrou em ação e começou a formular a resposta em sua cabeça. "Não exatamente," planejou dizer, "mas fizemos muitos estudos de marketing, alguns deles para produtos muito similares a insumos industriais."

Exatamente quais produtos poderiam ser muito similares a insumos industriais, ele descobriria depois.

Mas, assim que Charlie respirou fundo para falar, seu sócio sênior inclinou-se para frente. Ele olhou diretamente para o cliente e disse:

"Nenhuma, que eu me lembre."

Fez uma pausa por um longo momento. Então olhou nos olhos do cliente e continuou:

"Com isso, há mais alguma coisa que consideraria útil discutirmos?"

O cliente pareceu indiferente, e então perguntou quais experiências similares a empresa teve que poderiam ser relevantes. Eles, então, foram capazes de proceder com grande parte do plano original.

Se Charlie tivesse dado *sua* resposta, teria sacrificado sua credibilidade e revelado seu foco no próprio interesse. Ele teria sinalizado ao cliente que estaria disposto a falsificar suas qualificações. Quem confiaria em tal pessoa?

A resposta que o sócio sênior deu, continha uma conotação bem diferente. Dizia:

"Responderei suas perguntas, direta e verdadeiramente, mesmo que signifique perder uma chance em seu negócio."

Naquele momento, Charlie aprendeu duas coisas importantes sobre construir confiança. Primeiro, é preciso manter o interesse próprio sob controle; segundo, confiança pode ser conquistada ou perdida muito rapidamente.

A empresa de Charlie ganhou o negócio. Ele não foi acorrentado.

E aprendeu muito sobre lixas.

MOMENTOS DA VERDADE

Rob decidiu trocar de consultores financeiros. Baseado somente em sua reputação e na descrição de seu serviço, escolheu, na época, o recém-lançado Flagship Personal Advisor da Vanguard. Como Rob o descreve:

> Inicialmente, acabou sendo mais fácil falar do que fazer. O que me pareceu uma simples transferência de ativos — feita em questão de horas — ficou atolado em documentos, verificações, assinaturas, reenvios de formulários e mais. As horas tornaram-se dias, depois semanas. Comecei a questionar minha escolha pela Vanguard. Apesar de tudo, se esse seria o futuro de um ponto de vista administrativo, o que isso implicava no relacionamento real de consultoria de investimento?
>
> Na minha primeira videoconferência com o novo consultor da Vanguard, Joe Haney, o pobre coitado mal teve a chance de dizer olá antes de eu começar a minha bronca. Lancei todas as minhas frustrações sobre todo o processo, o tempo que estava levando, o que deveria ter sido feito de maneira diferente e como isso me colocava

em dúvida quanto à minha escolha da Vanguard. Joe esperou que eu parasse (finalmente!) para respirar; a essa altura ele expirou, me olhou nos olhos e disse calmamente: "Eu posso ver o quanto está irritado com isso tudo. Você deixou bem claro. Então agora, nesse instante, isso está lhe incomodando demais para conversarmos e nos conhecermos um pouco?"

Surpreendi-me com a pureza e simplicidade de sua resposta. Eu estava tão focado em descarregar minha frustração, que fui incapaz de reconhecer que esse poderia ser o cara que poderia, na verdade, abrir caminhos onde outros não o fizeram. Mas a calma de Joe, sua natureza simpática e habilidade em me fazer sentir pessoalmente ouvido de forma verdadeira e reconhecido (apesar do meu sarcasmo), me fez perceber, de imediato, que aquilo era exatamente o que eu procurava. Desde então, ele tem sido meu conselheiro confiável e não posso imaginar ninguém melhor.

Nenhum de nós repara quando uma oportunidade incomum se revela. Nem teremos rapidez ou confiança para respondê-la. Mas se ouvirmos bem, observarmos com precisão e falarmos com sinceridade (e se há um grau de afinidade pessoal), o cliente pode aceitar a extensão da conversa. Ele pode, de fato, aproveitar a oportunidade de abrir a janela ainda mais, revelando ao profissional todos os tipos de questões e preocupações, aspirações e medos.

ALGUMAS PERCEPÇÕES SOBRE A CONFIANÇA

Como podemos aumentar a confiança? Podemos nos tornar mais confiáveis?

Para responder a essas questões, convém destacar algumas características da confiança. Especificamente, ela:

1. Cresce, em vez de somente aparecer;
2. É tanto racional quanto emocional;

3. É uma relação bilateral;

4. É intrinsecamente sobre risco percebido;

5. É tão diferente para o cliente quanto é para o conselheiro;

6. É pessoal.

A CONFIANÇA CRESCE EM PEQUENAS QUANTIDADES

A confiança plena raramente se desenvolve instantaneamente, exceto ao enfrentar uma forte experiência. Entretanto, podemos muito rapidamente dizer, "eu *não* confio nele".

No entanto, a velha frase "confiança leva tempo" também não é exatamente verdade. A confiança não se acumula automaticamente com o passar do tempo (embora um componente, credibilidade, seja relacionado ao tempo). Pelo contrário, a confiança cresce em funções de etapas — momentos importantes. Estes são os momentos nos quais a pessoa que confia responde uma pergunta de uma determinada maneira, escolhe levantar uma questão (ou não), até mesmo levanta a sobrancelha de uma certa forma em um momento em particular.

Assim como a sorte favorece os preparados, logo a confiança cresce com o trabalho que colocamos nela. Se você fez seu trabalho de casa, geralmente surge uma oportunidade de demonstrá-lo. Entretanto, no momento, às vezes há uma escolha entre fazer ou não fazer algo, dizer algo ou se comportar de certa maneira. A escolha certa — que pode muitas vezes sentir ou parecer ser arriscada — também é uma questão de coragem.

A CONFIANÇA É TANTO RACIONAL QUANTO EMOCIONAL

A confiança cruza os caminhos entre o racional e o emocional. Por outro lado, ela é baseada na experiência direta do conhecimento trazido sobre os problemas dos clientes. Conselheiros sem conteúdo são logo identificados e rejeitados. Em compensação, como vimos no Capítulo 1, valorizamos os conselheiros confiáveis pelo seu apoio, sua dedicação aos nossos interesses, sua coragem em nos desafiar (com delicadeza), e outros fatores emocionais. Como um exercício, volte a esse capítulo e divida as características dos conselheiros confiáveis listados ali em categoria racional e emocional. Você poderá se surpreender com o que descobrir!

O significado disso para qualquer um no mercado que precise lidar com relacionamentos de confiança é profundo. Muitos dos negócios são efetuados "como se" estivessem todos na esfera racional. Isso é, talvez, em nenhum lugar mais certo do que nos serviços profissionais. Em nossa experiência, há muitos profissionais que ficam *ofendidos* com a ideia de que seus relacionamentos e a eficácia com o cliente possam se basear em algo além de pura competência técnica.

Mas, mesmo assim, isso é somente metade da história. Enquanto a competência técnica extraordinária (ou o conteúdo) é um ingrediente negociável e essencial para o sucesso, não é o *suficiente*. A confiança é muito mais rica do que somente a lógica e é um componente significativo do sucesso.

Mark Hawn, Gestor Principal para Desenvolvimento de Negócios e Contas da EY, relata a dinâmica dessa forma:

> Eu penso nos relacionamentos como pessoais, de negócios e de negócios pessoais. Para cada um deles, você pode lidar com o "público" (fatos e incógnitas) e "particular" (sentimentos e incógnitas).
>
> Minha visão é que uma dessas interseções é mais importante que outras — e que é o de negócios pessoais que diz respeito às questões particulares dos sentimentos. Isso é o que descreve o papel do comprador. Não é a pessoa que compra, nem é o negócio — é a *pessoa que desempenha o papel* de fazer a compra.
>
> E é a informação privada que diferencia e permite a alguém saber que você a conhece — e que é alguém confiável para zelar por essa informação.

A CONFIANÇA É UMA RELAÇÃO BILATERAL

A confiança é uma relação bilateral. Um pode amar, odiar ou respeitar o outro sem que a pessoa sinta o mesmo. O mesmo não acontece com a confiança.

Enquanto houver algo que puder fazer para melhorar sua credibilidade, você não tem capacidade de criar um relacionamento de conselheiro confiável sozinho. Seu cliente deve participar e retribuir. Isso significa que você pode ter que selecionar cuidadosamente aqueles com quem gostaria de construir um relacionamento desse tipo. Nenhuma parcela de interação se adicionará à confiança, se os esforços forem todos unilaterais. Você não pode forçar a confiança.

O relacionamento do conselheiro confiável acontece entre dois indivíduos e é altamente pessoal. Envolve emoção tanto quanto intelecto. É dinâmico e fluido. Construir tal relacionamento envolve não somente conversas diretas, tomadas de decisão rigorosas e consultoria convencional, mas também momentos de revelações, inspirações no meio da noite e atos de conexão ímpares e momentos de epifania.

CONFIANÇA IMPLICA EM RISCO

Confiança sem risco é como um refrigerante sem gás; simples assim... Se a parte A confia que a parte B fará algo, significa que a parte B: (1) *poderia* fazer algo diferente, (2) possivelmente *deveria* fazer algo diferente; mas, (3) por causa do relacionamento, muito provavelmente *não* fará algo diferente.

Se a parte B não pudesse e não fizesse nada além do que a parte A espera, então o relacionamento se trataria apenas de probabilidades e capacidades, não de confiança.

A potencial violação de confiança está sempre presente em uma relação de confiança. A escolha por parte do conselheiro em *não* violar essa confiança é que torna o relacionamento especial.

Os níveis de risco podem, é claro, variar de caso para caso. O risco de escolher o advogado errado para assistir a um CEO em uma fusão multibilionária é muito diferente da escolha, do mesmo CEO, de um advogado para preparar seu testamento. Não obstante, enquanto o segundo possa envolver menos dinheiro em jogo, envolverá, normalmente ainda, um risco perceptível (e portanto, uma necessidade de confiança), que é não trivial.

Ao encontrar pela primeira vez algumas das técnicas de melhoria de confiança que discutimos neste livro, é provável que muitas pessoas digam: "Mas isso é arriscado."

Elas geralmente exageram o grau de risco, quando na verdade estão corretas. Criar confiança exige correr alguns riscos pessoais. Essa é a essência de confiar. Se você não está um com um pouco de medo na ocasião, então você não corre risco. E se você não corre um risco, você provavelmente não criará confiança.

A CONFIANÇA É DIFERENTE PARA O CLIENTE E PARA O CONSELHEIRO

Duas pessoas que se amam compartilham a experiência do amor. Uma pode amar mais ou menos que a outra, e seu grau de amor pode variar de tempos em tempos, mas o que estão fazendo (amar) é a mesma coisa, em essência.

Isso não acontece com a confiança. Em uma interação de confiança, um confia e o outro é confiável. Observamos antes que a pessoa que confia também deve ser confiável, mas isso não é feito ao mesmo tempo. Os jogadores devem revezar e de tempos em tempos desempenhar o outro papel. A qualquer momento, a confiança é mais como uma dança de salão. Uma pessoa deve conduzir (confiar) e uma deve seguir (ser confiável), se for funcionar. Se houver ambiguidade sobre quem conduz e em quem segue, então a dança colapsa em (no máximo) dois exercícios paralelos de um movimento solo.

Essa característica da confiança tem uma implicação interessante. Apenas porque você pode confiar não quer dizer que você pode ser confiável. Porém, se você é incapaz de confiar, provavelmente não poderá ser confiável. A habilidade de confiar em alguém é necessária, embora não seja condição suficiente para ser confiável.

A CONFIANÇA É PESSOAL

A verdade é que a "confiança institucional" é uma meia-verdade. Nós não confiamos em instituições ou em processos da mesma maneira complexa e rica em que confiamos nas pessoas; dizer isso é antropomorfizar instituições. Podemos dizer que os comportamentos de uma empresa são previsíveis e assim chamarmos essa empresa de "confiável"; embora, mesmo assim, geralmente queiramos dizer de forma simples que a maioria ou todas as pessoas dessa empresa podem se comportar de determinadas maneiras. Podemos, assim, associar pessoas confiáveis com uma determinada instituição. Mas ainda estamos confiando em uma pessoa e não dando confiança generalizada a uma instituição em particular.

Ademais, confiança requer ser pessoalmente entendido/a e ter alguma capacidade de agir sob essa compreensão. Organizações são incapazes de compreender — muito menos de se importar ou de prestar atenção; somente o seu pessoal pode fazê-lo. O reconhecimento e a reputação da marca podem colocar uma instituição na lista restrita de qualquer um, mas somente uma pessoa pode dar o passo final.

Conclui-se que se a confiança tem um papel significante para as firmas de serviços profissionais, então ela se expressará não em campanhas publicitárias ou em citações de experiência ou qualificações, mas em interações humanas entre pessoas dessas firmas e seus clientes.

Nesse sentido, o filme *O Poderoso Chefão* estava errado quando se disse: "Não é pessoal — são estritamente negócios." A verdade é: "São negócios; e *é* pessoal."

No fundo, confiança se trata de relacionamentos. Eu confiarei em você se eu acreditar que você está nisso por muito tempo, que você não está apenas tentando maximizar uma vantagem de curto prazo sobre você em cada uma de suas interações. Confiança se trata de reciprocidade: você me ajuda e eu o ajudarei. Mas preciso saber que posso contar com você para fazer a sua parte e que nosso relacionamento está baseado em valores e princípios compartilhados.

Se eu sou o cliente, então confiar em você requer que eu acredite que você fará o que disse que fará, que suas ações combinarão com suas palavras.

E, talvez o mais crucial de tudo, eu confiarei em você se você exibir alguma forma de preocupação, se fornecer alguma evidência de que os *meus* interesses são tão importantes para você quanto seus próprios interesses.

O fato da confiança ser pessoal dessas maneiras, ao que parece também foi responsável em expandir nosso número inicial de leitores além dos relacionamentos centrais de profissional/cliente que focamos. Por exemplo, Larry Murphy, que tinha formação em investimentos bancários e subsequentemente uma longa carreira em educação executiva, atualmente na UVA, nos conta:

> Quando você escreveu sobre isso tudo pela primeira vez, seu foco evidente era em clientes e consumidores. Mas as entrelinhas estiveram sempre ali, de que as mesmas ideias aplicam-se internamente. Se você consegue fazer essas coisas bem com seus clientes, por que não fazer o mesmo com os membros da equipe?
>
> É particularmente importante hoje, de uma maneira que não era há vinte anos, antes de todas essas grandes organizações estarem "defasadas." Agora, muitos representantes da força de trabalho de hoje deveriam ter — mas não têm — gestores que realmente sejam conselheiros confiáveis para eles, que os oriente, guie e treine, e não apenas supervisione seu trabalho à espera de resultados. Por que temos que inventar palavras para algo que já deveríamos fazer como gestores de outras pessoas? Você já as escreveu.

4
COMO ACONSELHAR

Tendo examinado a primeira das três habilidades (conquistar confiança, aconselhar efetivamente e construir relacionamentos), agora abordamos a segunda habilidade: aconselhar.

Muitos profissionais abordam a tarefa de aconselhar como se fosse um exercício objetivo e racional baseado em seu conhecimento técnico e expertise. Mas aconselhar quase nunca é um processo exclusivamente lógico. Pelo contrário, é quase sempre um "dueto" emocional, interpretado entre o conselheiro e o cliente. Se você não consegue aprender a reconhecer, responder e lidar com as emoções dos clientes, nunca será um conselheiro eficiente.

No início da carreira de David, a equipe de gestão de uma grande firma de serviços profissionais pediu sua opinião sobre como conduzir seus assuntos. Ele deu uma resposta bem direta e sincera. "Aqui estão as coisas em que está errando e essas são as que deveria fazer!" Para sua surpresa, David foi demitido por ser uma influência inovadora. Isso foi difícil de entender, desde que ele soube (e soube que *eles* sabiam) que estava correto em seus diagnósticos e prescrições.

Consequentemente, David aprendeu a lição óbvia. Não é suficiente para um profissional estar *certo*: o trabalho de um conselheiro é ser *útil*.

36 O Conselheiro Confiável

Ele tinha desenvolvido a habilidade de dizer aos clientes que eles estavam errados de maneira que o agradeceriam por ter dado um conselho útil! Ele tinha "ganhado o direito" de ser crítico. Provar para alguém que está errado pode ser satisfatório intelectualmente, mas não é produtivo tanto para o cliente quanto para o conselheiro.

Criticar o cliente é, por *definição*, parte do trabalho de todo profissional. Sugestões sobre como melhorar sempre carregam a crítica implícita de que tudo não está sendo bem feito no momento. Pior, a pessoa que o contratou é normalmente a responsável pela situação atual!

Advogados são geralmente contratados pelo conselho geral interno; contadores pelo diretor financeiro; consultores de marketing, relações públicas e comunicações tipicamente pelo gestor de marketing; e atuários pelo gestor de recursos humanos. Normalmente, a pessoa que o contrata é agente decisivo nas questões que está sendo pedido para se encarregar. O consultor, portanto, precisa agir com cautela!

Por causa disso, o diagnóstico e a solução de um problema do cliente nunca podem ser executados sem considerar as susceptibilidades, emoções e princípios da realidade do cliente. Não importa quão técnico seja o campo ou a disciplina, o ato de aconselhar é fundamentalmente dependente de uma compreensão profunda das personalidades envolvidas e na habilidade de adaptar o processo de aconselhamento aos indivíduos específicos envolvidos.

A PERSPECTIVA DO CLIENTE

Para compreender algumas das emoções que envolvem o uso de profissionais pelo cliente, pense nos riscos pessoais (reputação, oportunidades de promoção, bônus, talvez até a carreira de alguém) que acompanham a responsabilidade de escolher (e trabalhar com) qualquer fornecedor externo para lidar com um assunto corporativo arriscado ou caro. Você gostaria de ser conhecido como a pessoa a culpar se a sede corporativa projetada pelo arquiteto que *você* escolheu não funcionasse? Se um grande processo fosse perdido? Se a nova campanha de marketing falhou ao entregar os produtos?

Visto por essa perspectiva, o cliente tem todo o direito de ingressar com um alto estado de ansiedade no processo de usar um estranho. O que é pior, a precaução inevitável do cliente e a apreensão são reforçados pelo fato de que profissionais externos geralmente veem complicações em um projeto que o cliente não vê. Na verdade, revelar nuances, problemas, barreiras e questões as quais o cliente desconheça é parte essencial do ofício do profissional. Se eles não são transmitidos com tato e habilidade, o cliente poderia facilmente acreditar (ainda que injustamente) que, em vez de aliviar os medos e ser útil, o profissional gera complicações.

Há, geralmente, outras questões emocionais presentes também. No curso normal de suas vidas empresariais, os clientes executivos são pessoas de realizações, autoridade e respeito dentro de sua organização. Quando contratam um conselheiro, são forçados a colocar seus assuntos, por um certo período de tempo (e custo), nas mãos de um praticante de uma arte impenetrável, que normalmente usa jargões indecifráveis e se envolve em atividades misteriosas e inexplicáveis (mas provavelmente caras). De forma previsível, o cliente mediano experimenta sentimentos indesejáveis de dependência ou de perda de controle.

O que os clientes frequentemente querem é alguém que elimine suas preocupações e absorva todos os seus aborrecimentos. No entanto, regularmente encontram profissionais que adicionam preocupações e criam dores de cabeça extras, forçando-os a confrontar dificuldades que prefeririam ignorar. ("Doutor, vim até você por causa de dores nos pés e você está me dando sermão por causa do meu peso. Você não pode somente tratar dos meus pés e me deixar em paz com meu peso?") Uma vez que os clientes estão geralmente ansiosos e indecisos, eles estão, acima de tudo, procurando alguém que os tranquilize, acalme seus medos e inspire confiança.

Modos de aconselhamento, como conquistar confiança, mudaram em resposta à digitalização. O que agora nos referimos como o negócio de aquisição de talentos (formalmente conhecido como "recrutamento") é

38   *O Conselheiro Confiável*

um bom exemplo — a variedade de conselhos possíveis é muito mais ampla nos dias de hoje. Aqui está Jo-Ann Feely, diretora global de inovação da Alexander Mann Solutions:

> A realocação da mão de obra existente é agora mais viável, até desejável. Nós não costumávamos lidar com isso; agora apreciamos. Se as habilidades certas estão difíceis de achar, então proporcionar ação para aperfeiçoamento profissional, requalificação e ampliar o leque de talentos de modo a incluir habilidades adjacentes ou equivalentes pode ser mais impactante a longo prazo, e leva à mão de obra mais diversificada.
>
> Isso também muda a forma como você se envolve com os candidatos. Eles querem se candidatar pelo telefone celular em três minutos, com uma experiência de alta qualidade. Aceitam chat bots — se eles forem bem feitos — porque já os viram em outros contextos.
>
> Esse é um verdadeiro ponto de inflexão na indústria de aquisição de talentos. Os vencedores serão aqueles que possam apresentar e navegar por alternativas plausíveis — que por sua vez é possibilitado pela habilidade de construir relacionamentos ricos, diferenciados e de confiança.

Há ainda mais um ponto importante a ser considerado sobre tomar a perspectiva do cliente: a sua natureza humana básica. Uma das características da maioria das pessoas é não gostarmos que nos digam o que fazer — a não ser que quem fale tenha demonstrado primeiro que nos entende e nos respeita. Essa sabedoria simples é refletida no provérbio igualmente simples, "As pessoas não se importam com o que você sabe até saberem que você se importa." Pode ser banal, mas não é menos verdade por isso.

Isso significa que seguir uma sequência é uma questão importante para o aconselhamento. Atos de compreensão e respeito devem preceder o aconselhamento. Em termos práticos, é por isso que a escuta intensa é tão importante para o papel consultivo. Para ser ouvido, primeiro você precisa ouvir. Para ter seu conselho seguido, o cliente deve primeiro acreditar e sentir que você tirou um tempo para entender sua situação específica.

Isso soa como um ponto simples, e é. Mas é fácil ignorar no calor do momento, quando um cliente o pressiona para chegar a uma resposta com urgência. É fácil ignorar quando você viu o mesmo problema cem vezes e você *sabe* a resposta. Mas estar certo não é o ponto. O ponto é o cliente aceitar seu conselho. Ele pode até tê-lo procurado *porque* você viu esse problema umas cem vezes. Ainda assim, eles não aceitarão totalmente seu conselho até que sintam que tenha entendido sua situação em específico. Somente depois de fazê-lo eles aceitarão de bom grado ser o seu centésimo primeiro caso.

Um jovem consultor de tecnologia escreveu uma resenha sobre o livro* *O Conselheiro Confiável,* na qual uma de suas conclusões principais foi: "Um dos erros de iniciante que cometi muitas vezes durante os primeiros anos foi pular direto para a solução assim que ouvia a descrição do problema. Acontece que essa não é a melhor maneira de apresentar uma solução." Ele não é o único a cometer esse erro.

Pode demorar um tempo para que muitos conselheiros percebam que desenvolver essas habilidades interpessoais é uma parte essencial de sua profissão. Certamente, não é dado como foco principal na maioria dos treinamentos empresariais, nem na universidade ou dentro da típica empresa profissional.

UMA CONVERSA COM A MÃE OU O PAI

O essencial para ser um conselheiro eficiente é ter uma grande compreensão do seu papel. Isso é ilustrado por um advogado amigo nosso, que disse uma vez: "Algumas vezes sinto como se estivesse explicando coisas a uma criança. Meu cliente parece não entender nem a lógica básica do que tento expressar. Tenho vontade de dizer: 'Pare de falar. Apenas aceite o que eu digo! Eu sou o expert aqui!'"

---

* https://aylwinwong.wordpress.com/2020/06/11/the-trusted-advisor/

40 O Conselheiro Confiável

O que torna os comentários desse advogado tão compreensíveis é que, em muitos relacionamentos de aconselhamento, o cliente é inexperiente na especialidade do profissional, enquanto o profissional deve ter visto o problema do cliente (ou variações dele) muitas vezes antes. Há, portanto, uma ameaça quase constante de ser interpretado pelo cliente como condescendente, pomposo e arrogante.

É compreensível que os conselheiros possam se sentir dessa forma, e é igualmente claro porque os clientes ficam ressentidos. Afinal, quando eu sou o cliente, sou eu que estou no controle. Se eu não entender o que você diz, então talvez o problema seja você, não eu.

Talvez você não saiba como transmitir o que sabe para uma pessoa leiga. Seu cliente pensará então "*Óbvio* que eu não conheço sua área; por isso que eu o contratei! *Explique-me* em uma linguagem que eu possa compreender. Ajude-me a entender! Seu trabalho não é somente assegurar conclusões, mas me ajudar a *entender* porque seu curso de ação recomendado faz sentido. Dê-me razões, não apenas instruções!"

Embora o aconselhamento de clientes algumas vezes se pareça com explicar coisas para uma criança, o segredo para se tornar um bom conselheiro é fazer exatamente o oposto.

Nós deveríamos agir como se tentássemos aconselhar nossa mãe ou nosso pai. Se tentamos convencer mamãe ou papai a fazer algo, estamos mais propensos a encontrar as palavras certas para transmitir nosso propósito de modo que se apresente com grande respeito e qualquer crítica implícita é suavizada o máximo possível.

Isso não significa evitar a questão ou virar e se fingir de morto para qualquer coisa que digam. Pode ser que o que estejam fazendo esteja perturbando o resto da família ou é contra seus próprios interesses. Nós *temos* que encontrar uma maneira de transmitir nosso ponto de vista. Entretanto, temos também que entrar neste confronto com a atitude certa e com especial atenção ao se expressar.

Quando falar com um membro da família ou um cliente, a tarefa principal é desarmar a defesa (a qual, deve-se salientar, está *sempre* presente). Se vamos influenciar um dos pais ou um cliente, precisamos encontrar uma forma de provar que tentamos ajudar, não criticar.

Deve ficar claro que nós não dizemos aos nossos pais o que fazer (mesmo se eles nos pedirem diretamente). Em vez disso, focamos menos no conselho (ou conclusão) em si e mais em criar um diálogo ou conversa que os ajude a ver o problema sobre uma nova perspectiva.

> "Você tem todo o direito de fazer isso, pai, mas minha irmã tem alguns encargos adicionais pelo que está acontecendo. Você pode diminuir a pressão sobre ela? Há algo que possamos fazer para ajudá-la?"

Um equivalente empresarial a esse seria:

> "Essa é uma decisão sensata. Antes de nos ajustarmos a isso, vamos pensar sobre algumas das implicações. É muito provável que os comerciantes fiquem insatisfeitos, e precisamos da cooperação deles para termos êxito. Há alguma maneira de atender suas necessidades, para que possamos mantê-los apoiando o novo plano com entusiasmo?"

ENCONTRAR AS PALAVRAS CERTAS

A excelência no aconselhamento requer não somente a atitude certa, mas também atenção especial à linguagem. Sempre há uma variedade de formas de expressar o mesmo pensamento, cada uma difere em como é recebida pelo ouvinte. Dizer "Você tem que fazer X", mesmo quando está certo, é bem provável que desperte resistência emocional. Ninguém gosta que lhe digam que *tem* que fazer alguma coisa (mesmo quando realmente precisam).

42 *O Conselheiro Confiável*

Normalmente, é melhor dizer algo como:

> "Vamos ver as opções juntos. Estas são as que vejo. Você pode pensar em mais alguma coisa que deveríamos considerar? Agora vejamos os prós e contras de cada plano de ação. Baseado nesses prós e contras, o plano X parece mais provável de funcionar, não? Ou você pode pensar em uma solução melhor?"

Se o cliente não quer fazer X, a conversa ainda está ativa. Se você dissesse "você tem que fazer X" e o cliente dissesse "não, não farei", você não tem para onde ir. Sua eficácia como conselheiro acabou de ser perdida e você se colocou do lado oposto ao do cliente. As chances são de que o que virá em seguida será uma briga e não uma discussão. (Naturalmente, a frase exata que oferecemos acima não é o ponto principal. Você deve encontrar as palavras que funcionem para você.)

Vários outros exemplos de expressões "pesadas" e "leves" podem ser dados. Tome algo tão simples como: "quais são seus problemas?" Aparentemente, uma pergunta simples pode ser facilmente tomada como agressiva e desafiadora. Uma boa substituta pode ser: "o que tem maior necessidade de melhoria?" Como regra de ouro, geralmente é melhor tentar transformar afirmações em perguntas. Em vez de dizer "essa é a melhor solução", tente o seguinte: "Meus outros clientes normalmente fazem X pelas seguintes razões. Você acha que esse raciocínio se aplica aqui?"

Muitos anos atrás, quando David lecionava estatística, estava de frente para a classe, escrevendo no quadro. Parando de tempos em tempos, perguntava aos alunos: "todos entenderam isso?" Havia um silêncio na sala e, portanto, presumiu que estava indo bem como professor. Na hora do exame, entretanto, ninguém foi aprovado. Ele falhou como professor! Estava frustrado porque pensou ter criado muitas oportunidades para verificar a compreensão de seus alunos.

Um colega ressaltou que sua atitude era boa, mas suas habilidades estavam fracas. Ao perguntar: "todos entenderam isso?", ele criava uma atmosfera na qual os alunos teriam que confessar publicamente fraqueza, caso dissessem não. Seu amigo recomendou que mudasse a pergunta para *"eu* fui claro nesse ponto?"

Expressando-se dessa maneira, seria mais fácil para alguém dizer: "Não, não foi." Mesmo que fosse mais desafiante para o ego de David, lhe daria a chance de garantir que sua disciplina estava sendo entendida. Outra maneira de lidar com essa situação seria perguntar: "gostariam de continuar nesse ponto ou mudar para o próximo tópico?" Essa é uma maneira neutra de deixar os alunos (ou clientes) expressar confusão sobre um tópico (ou falta de aceitação) sem ameaçar seus egos ou envergonhá-los. O princípio aqui é que o conselheiro de sucesso assume a responsabilidade pela compreensão mútua adequada.

Aspirantes a conselheiros confiáveis podem, frequentemente, aprender algo de profissões relacionadas; coaching, por exemplo. Alan Booth, Sócio em Consultoria e Liderança em uma grande empresa de serviços profissionais, diz:

> Em um coaching de nível mais elevado, você nunca começa uma pergunta com "por que". Isso é o que perguntariam na Toyota se a pintura não estivesse correta, quando o carro saísse da linha de montagem. *"Por que a pintura está falhada?"* é uma pergunta perfeitamente racional para fazer sobre *um processo*. Mas isso não é um procedimento de pintura. Processos não têm sentimentos — mas as pessoas têm. Para o *pessoal* de coach, "por que" tem uma ponta de julgamento. Isso muda a investigação de "por que uma *coisa* é assim?" para "por que você fez/não fez...?" Em coaching, como na consultoria, você busca curiosidade, não julgamento. Curiosidade é o que sustenta e abre as portas para a intimidade.
>
> Acho que aconselhar é apropriado para conselheiros, mais do que para coaches. Mas conversas de conselheiros *confiáveis* precisam ser tão íntimas e pessoais como conversas de coaching. O princípio é o mesmo. Você está lá para ajudá-los a fazer o que, em última análise, deve ser uma decisão pessoal. Pode muito bem levar a um resultado comercial, ao qual o conselheiro deve oferecer sugestões de maneira adequada; mas sempre haverá o interesse pessoal, sobre o qual você tem que ser curioso a fim de compreender e honrar.

Tudo isso mostra que não estamos sempre cientes de como somos interpretados em nossas conversas com clientes. Sabemos o que pretendemos expressar, mas nem sempre sabemos como estamos sendo recebidos.

Um recurso para ajudar nesse processo de construção de habilidade é ensaiar uma conversa com o cliente, com um amigo ou colega fazendo o papel do cliente. O simples ato de assistir outro na conversa imediatamente revela oportunidades de identificar aquelas ocasiões em que alguém poderia ter se expressado de maneira diferente para evitar a percepção de ser pomposo, assertivo, ameaçador ou confuso. E se as perdermos, a outra pessoa pode, provavelmente, identificá-las.

Se além disso for gravado um vídeo do ensaio, você terá ainda outra oportunidade de perspectiva. Quando ouvimos a outras pessoas ou vemos nós mesmos no vídeo, as áreas de melhorias, em geral, ficam claramente evidentes. Como o poeta Robert Burns observou, não há benefício maior do que "ver a nós mesmos como os outros nos veem."

AS HABILIDADES DE UM PROFESSOR

De muitas formas, as habilidades de aconselhamento são similares àquelas de um bom ensino. A tarefa de um professor é ajudar o aluno a chegar do ponto A (o que eles sabem, entendem e acreditam) ao ponto B (um estado avançado de profunda compreensão e conhecimento). Ensino ruim é aquele em que o professor fica na frente da classe e diz, "B é a resposta certa!" (Como diz a velha piada, uma aula é o meio mais rápido conhecido de transferir as ideias das anotações do professor para as anotações do aluno, sem passar pelas mentes de ambos.)

Um professor precisa de duas habilidades para ser realmente efetivo. Primeiro, ele deve ter uma boa compreensão do ponto A: de onde o aluno (ou cliente) está começando? O que ele ou ela entende agora? No que acreditam e por que acreditam? Para quais mensagens estão prontos? O que fazem agora e por que fazem dessa maneira? Essa compreensão do estudante (ou cliente) somente pode vir de muitos questionamentos e escutas, guardando as reações para o final do processo de ensino (ou consultoria).

Tendo entendido o ponto A, o professor não pode pular direto para a discussão do ponto B, seu objetivo. A segunda habilidade requerida é desenvolver um processo de raciocínio passo a passo que leve o aluno/cliente em uma jornada de descoberta. O objetivo aqui é influenciar a compreensão do aluno/cliente para que, posteriormente, o aluno/cliente diga: "você sabe, pensando bem, acho que B é uma resposta melhor", a qual o professor/conselheiro pode responder: "ok, isso é o que faremos!"

Esse processo é normalmente chamado de "ensino socrático." É realizado em sua maior parte por meio de perguntas como as que seguem:

- Por que você acha que temos esse problema?
- Quais opções temos para fazer as coisas de maneira diferente?
- Quais vantagens você prevê para as diferentes opções?
- Como você acha que os agentes relevantes reagiriam se fizéssemos isso?
- Como sugere que lidemos com as consequências adversas subsequentes dessa ação?
- Outras pessoas encontraram as seguintes dificuldades quando tentaram isso. O que podemos fazer para evitar que elas ocorram?
- Quais benefícios podem advir se tentássemos a seguinte abordagem?

O raciocínio socrático requer muita paciência. É normal para o professor sentir uma tentação quase irresistível de gritar: "mas a resposta está clara: deveríamos fazer a B! Ouçam-me!" Isso seria inteiramente correto intelectualmente como resposta, mas um fracasso completo em aconselhamento.

LIDAR COM OS PRINCÍPIOS DO CLIENTE

Entre outras coisas, aconselhar efetivamente requer uma habilidade de suprimir o próprio ego e necessidades emocionais. A maneira mais eficaz de influenciar um cliente é ajudar a pessoa a sentir que a solução foi (em grande parte) ideia dela, ou pelo menos decisão dela.

Uma maneira de fazer isso é ajudar o cliente a entender todas as opções disponíveis ao conduzir uma exploração minuciosa de vantagens, desvantagens, riscos e custos. Você pode, então, gentilmente guiar o cliente para a solução preferida. Repare que isso geralmente significa evitar a tentação de se posicionar muito cedo durante o processo. O papel de um conselheiro é ser um guia especializado no processo de raciocinar sobre o problema. Nossa habilidade de sermos aceitos como guias confiáveis pode ser danificada se nosso cliente acreditar que alcançamos nossa própria conclusão inflexível.

Um bom processo para o conselheiro seguir é:

1. Dar-lhes suas opções;
2. Instruir-lhes sobre as opções (incluindo discussões suficientes para considerarem cada opção com profundidade);
3. Dar-lhes uma recomendação;
4. Deixe-os escolher.

Alguns clientes podem querer que você escolha por eles. Mas isso também é escolha deles. Se pedirem que escolha, uma forma delicada de responder a isso é dizer: "se isso fosse um negócio ou dinheiro meu, eu faria X."

Em casos extremos, seu cliente pode escolher um caminho que você não se identifica, daí você pode optar por se abster/retirar. Por mais doloroso que possa parecer, é melhor do que continuar a tentar forçar sua conclusão para o cliente. Se suas habilidades de persuasão falharam e você não consegue viver com o que o cliente planeja fazer, então não há outra escolha.

O papel do conselheiro como guia no processo de raciocínio se torna ainda mais crítico quando lida com comitês, grupos ou outras situações em que mais de uma pessoa está envolvida na decisão. Nesses casos, é preciso aprender como auxiliar o cliente ao apresentar e esclarecer diferentes pontos de vista e ao desenvolver consenso entre os funcionários do cliente. Raramente um conselheiro tem somente uma pessoa como cliente. Mesmo se você se reporta a um CEO, geralmente este é o caso em que os outros devem ser "conquistados" para que qualquer ação ocorra.

Mesmo poderosos tomadores de decisões como CEOs tendem a envolver seu diretor financeiro, o conselho geral ou outros membros corporativos antes da decisão final ser tomada. Não é de se surpreender que, desde que essas pessoas representam círculos diferentes, cada uma traz uma perspectiva diferente para o problema ao qual foi solicitada ajuda. Entende-se que os princípios do cliente são inevitáveis em qualquer situação de consultoria. Se você não pode lidar com os princípios do cliente, não pode ser um conselheiro eficaz.

Consequentemente, todos os conselheiros devem aprender as habilidades e metodologias para engajamento de diferentes agentes. Por exemplo, em muitas (se não a maioria) das situações de aconselhamento, os clientes agendam reuniões envolvendo uma série de agentes importantes, cada um (geralmente) com a sua própria pauta. Alguns conselheiros aparecem nessas reuniões e tentam facilitar a sessão e lidar com os diferentes interesses, pautas e perspectivas em tempo real. Poucos conselheiros, entretanto, são habilidosos ou rápidos o suficiente para lidar com tantas objeções e interesses que surgem durante essas reuniões.

Mas se você for cuidadoso, para descobrir quem estará na reunião, e disciplinado o suficiente para ligar para cada um deles, um de cada vez, com antecedência, pode pedir a cada um para compartilhar suas questões, preocupações e objetivos. Preparado dessa forma será mais fácil planejar e conduzir as reuniões seguintes e ajudar a levar o grupo a um consenso. Mesmo que os objetivos individuais nem sempre sejam reconciliados, é provável que seja feito, de forma significativa, maior progresso na tomada e na aceitação de decisão. Enquanto o custo inicial do investimento possa parecer significante, o retorno é geralmente substancial.

Muitas reuniões também se beneficiam de um rápido resumo do que foi decidido. As pessoas frequentemente deixam a mesma reunião com impressões diferentes do que foi decidido. Construir confiança também requer reduzir ambiguidades. É tentador (e provavelmente verdade) pensar que interesses, prioridades e objetivos conflitantes são culpa do cliente e não nossa. Entretanto, a não ser que desenvolva a abordagem e as habilidades necessárias para lidar com eles, seu conselho não fará efeito e você não será visto como um conselheiro prestativo e eficaz.

PERSONALIZAR SUA ABORDAGEM

Aconselhar é uma arte, não uma ciência. Jeswald Salacuse (em *The Art of Advice* [*A Arte de Aconselhar*, em tradução livre]) merecidamente a chama de uma "arte performática". Muitos de nós têm que aprender essas três habilidades por tentativa e erro, conforme nossa carreira progride. Dicas individuais e táticas são úteis, mas aplicar qualquer uma delas sem pensar globalmente com todos os clientes seria um erro enorme. A essência do aconselhamento é a capacidade de projetar um processo e meios de interagir que se adequem a cada situação específica do cliente. Todos nós temos clientes que têm pouca tolerância com o raciocínio socrático e dizem; "Deixe de rodeios; apenas diga-me o que pensa." Se isso é o que funciona com esse cliente, então isso é o que faremos. (Discutiremos diferentes tipos de clientes no Capítulo 16.)

O ônus, entretanto, ainda é sobre o conselheiro entender rapidamente o estilo preferido de interação de cada cliente em particular, e ser suficientemente flexível para lidar com ele da forma que o cliente ache mais confortável e eficaz. A única coisa que o conselheiro não deve fazer é se comprometer com um único estilo consultivo e dizer: "bom, esse é o meu estilo. Os clientes podem aceitar ou não." Isso seria verdadeiramente pomposo, condescendente e arrogante!

5
AS REGRAS DA CONSTRUÇÃO DE RELACIONAMENTO

Nós agora nos voltamos para a última das três habilidades essenciais de um conselheiro confiável: construir relacionamentos.

Algumas vezes, nossas visões inconscientes de ser um "profissional" são baseadas em distinguir nós mesmos de nossos clientes. Essas práticas são frequentemente benignas, ou apenas boas — pensar em regras de vestuário, usar linguagem apropriada, sempre ser respeitoso. Mas de algumas maneiras esse foco no "profissional" pode nos separar de nossos clientes. Se nós os interpretarmos como "nunca deixe o cabelo solto" ou "não faça alusão à sua vida pessoal", o efeito pode ser eliminar nossa humanidade e a habilidade de nos conectarmos, em uma base humana.

A construção de relacionamento nos exige encontrar interesses em comum. Como nosso amigo Johnny Beamish diz, "não existe algo como 'relacionamentos de negócios,' somente relacionamentos com pessoas com as quais você faz negócios."

Todas as formas de relacionamentos pessoais, sejam eles profissionais, empresariais, amigáveis ou românticos, compartilham certas característi-

50 *O Conselheiro Confiável*

cas. Com frequência, as melhores metáforas para desenvolver relacionamentos profundos com seus clientes provavelmente são encontradas ao desenvolver relações profundas com pessoas desses outros aspectos de nossas vidas. (Nós confiamos no julgamento razoável de leitores maduros para assinalar os limites e restrições que, esperamos, sejam óbvias, de algumas dessas metáforas.)

Por exemplo, pense em como se comporta (ou já se comportou) ao tentar construir um relacionamento com um parceiro romântico. Para construir um relacionamento forte, você tenta ser compreensivo, cuidadoso, atencioso, sensível às emoções e acolhedor. Todos esses adjetivos aplicam-se igualmente bem ao que é necessário para construir um forte relacionamento de negócios.

Felizmente, há alguns princípios fundamentais da construção de relacionamento, que se aplicam tanto na vida pessoal quanto na profissional. Entre eles estão os seguintes:

1. Seja o primeiro;

2. Demonstre, não fale;

3. Ouça o que é diferente, não o que é familiar;

4. Tenha certeza que seu conselho está sendo solicitado;

5. Conquiste o direito de oferecer conselhos;

6. Continue perguntando;

7. Diga o que quer dizer;

8. Quando precisar de ajuda, peça;

9. Mostre interesse na pessoa;

10. Use elogios, não bajulação;

11. Demonstre apreço.

SEJA O PRIMEIRO

Para conquistar um relacionamento, você deve ser o primeiro. Você tem que fazer um favor para ganhar um favor. A pessoa que está tentando influenciar tem que perceber, visivelmente, que você está disposto a ser o primeiro a fazer um investimento no relacionamento, a fim de ganhá-lo e merecê-lo. Isso parece arriscado? Deveria, porque é. Trata-se de correr o risco de receber rejeição. O sentimento do risco nos negócios deveria parecer familiar — não é extremamente diferente da maneira que nos sentimos no ensino médio ao explorar novos relacionamentos.

DEMONSTRE, NÃO FALE

Para fazer alguém acreditar em você, então deve demonstrar, não impor. O que você declara sobre si mesmo, seus colegas ou sua empresa será sempre recebido de maneira cética, isso se for ouvida. Nas palavras de Emerson: "suas ações falam tão alto, que não posso ouvir o que você diz."

Afirmações sem demonstrações por si só não são boas nem más. Elas *podem* ser eficazes, mas somente se são parte de um padrão de gestos, que reforçam a mensagem! Táticas isoladas rapidamente serão vistas como falsas.

Um objetivo principal de qualquer atividade de construção de relacionamento é criar oportunidades para *demonstrar* que você tem algo a contribuir. Não há melhor forma de fazer isso do que começar a contribuir.

Alguns desafios surgirão. Como demonstrar de maneira eficiente (não somente impor):

1. Que você ouviu o que o cliente disse?
2. Que você valoriza a importância que os clientes atribuem ao que eles têm dito?
3. Que você entende os aspectos exclusivos da situação dele/dela?
4. Que você entende o negócio dele/dela?

52 O Conselheiro Confiável

5. Que você será uma pessoa confortável e acolhedora para se trabalhar?

6. Que será capaz de fazer uma contribuição singular?

7. Que pode confiar nele para manter sua palavra?

8. Que tem experiência em lidar com o tipo de problema dele/dela?

Nós não sugerimos (nem supomos) que você tem as respostas imediatas para todas essas questões (ou que nós temos todas elas). Entretanto, nós temos um conselho: antes de entrar em qualquer reunião com um cliente (ou cliente em potencial), descubra duas ou três características que você quer que o cliente acredite totalmente sobre você até o final da reunião. Então descubra antes como demonstrará precisamente que você *tem* aquelas características. Não lhes diga, mostre. Não improvise. Se o cliente for convencido de algo, você precisa estar muito preparado para *demonstrar* isso convincentemente. Por exemplo, suas perguntas podem revelar que você fez uma pesquisa antes:

> "Eu sei que a sua fusão com a ABC ainda está em andamento. O que eu gostaria de saber mais sobre isso é o que vocês concluíram ser os maiores desafios de integração de colaboradores de tantas culturas e experiências diferentes."

Ou:

> "Eu li o discurso que você fez à sua associação comercial sobre esse assunto. Revisei os comunicados de imprensa de sua empresa. O que eu não sei é quais tipos de opções você considera que possam ser muito delicadas para consumo público..."

Essas perguntas demonstram que você é cuidadoso, que respeita o tempo do cliente o suficiente para se preparar e que está pronto para ir direto para os problemas.

Pequenos gestos podem contar tanto quanto os grandes, desde que não se tornem rotineiros demais. Faça questão de provar que se importa e valoriza o relacionamento. Usaremos novamente o paralelo com as relações românticas. Você ganha uma certa quantidade de crédito por se lembrar do aniversário do seu parceiro romântico, aniversário de casamento e assim por diante.

Mas considere o efeito de aparecer em casa, em um dia de semana aleatório sem significado, com um presente para seu cônjuge. Você o entrega e diz: "Não há nenhuma razão em particular para isso, mas eu só estava pensando no quanto te amo e te valorizo e queria fazer um pequeno gesto de 'obrigado' por tudo que você faz por mim."

Então, isso que é construir relacionamento!

O equivalente nos negócios deveria ser óbvio. Em um dia aleatório, sem significado em particular, ligue para o seu cliente e diga, "estava pensando em você e me deparei com algumas informações que poderiam lhe interessar. Não acho que nos envolva, apenas queria compartilhar a ideia com você." O que você demonstra com essa ação? Que se importa, que pensa no cliente nos termos dele, não nos seus, que você é uma fonte de ideias (algumas boas, algumas não tão boas) e que você é alguém com quem eles manterão contato. Não é um resultado ruim para ações tão simples.

OUÇA O QUE É DIFERENTE, NÃO O QUE É FAMILIAR

Na essência de ganhar a confiança de alguém reside convencê-la de que você está lidando com ela como um ser humano, não como membro de um grupo ou classe ou subcategoria. Assim, enquanto ouve um cliente falar, a pergunta em sua mente deve ser: "O que faz essa pessoa diferente de qualquer outro cliente que atendi? O que isso significa para o que eu deveria dizer e como deveria me comportar?"

Infelizmente, esse trabalho é difícil. A tendência natural da maioria de nós é fazer exatamente o oposto: nós ouvimos as situações que reconhecemos, para que possamos aproveitar as experiências passadas para usar as palavras, abordagens e ferramentas que já conhecemos bem. Essa é a maneira como muitos de nós fazemos, mas nem sempre nos serve bem.

Antes que possa ajudar alguém, você precisa entender o que se passa na mente *dele*. Você deve criar situações nas quais as pessoas lhe dirão mais sobre seus problemas, preocupações e necessidades.

Quando está em um encontro e quer impressionar a outra pessoa, você não pensa apenas em truques destinados a fazer com que a outra pessoa faça ou pense em algo. (Isso é manipulação e é facilmente detectável e rejeitada.) Seu objetivo é (ou deveria ser) descobrir o máximo que puder sobre os interesses, gostos, preferências, desejos e aversões desse indivíduo, experimentá-los nos seus próprios termos, não nos seus ou de qualquer outra pessoa.

Somente ao descobrir mais sobre o indivíduo você pode decidir se quer um relacionamento (esse é um cliente que *você* quer?). Somente descobrindo mais sobre eles você pode achar o que será verdadeiramente apreciado (ou seja, como fazê-los gostarem de você!).

Uma das frases mais perigosas em qualquer linguagem é aquela que começa com: "O que o cliente quer é..." Não importa como termina essa afirmação, você estará errado. O ponto principal é que os clientes são e querem ser tratados como indivíduos únicos.

TENHA CERTEZA QUE SEU CONSELHO ESTÁ SENDO SOLICITADO

Um dos maiores erros que os conselheiros cometem é pensar que o cliente sempre quer seu conselho. Isso é perigosamente errado. Novamente, os segredos de um grande casamento estão elucidados aqui.

Conhecemos um casal, altamente educado e ambos profissionais de sucesso, que não consegue resistir a resolver os problemas (ou tentar resolver) um do outro. Um deles chega em casa do escritório, claramente conturbado e sob estresse, e relata alguns problemas no trabalho. Imediatamente, o outro parceiro muda para o modo de solução, "Bom, o que você deveria fazer é X, Y e Z." O outro responderá, "Você não entende. Eu não posso fazer isso por causa de A, B e C.", "Então faça 1, 2 e 3" é o próximo comentário.

Muito rapidamente, a briga (e isso *é* uma briga) começa a esquentar, os ânimos se exaltam e ressentimentos são criados. Embora quem dá o conselho esteja bem intencionado (quando for apresentado um problema, resolva-o!), quem recebe o conselho fica chateado porque não *queria* nenhum conselho!

O que a pessoa que recebe o conselho queria era uma combinação de um ombro amigo, apoio emocional, compreensão das dificuldades enfrentadas e a oportunidade de reunir seus próprios pensamentos ao falar sobre eles em um ambiente inofensivo.

Esse cenário se aplica, sem modificações, aos ambientes empresariais. Todas as pessoas, incluindo os clientes, querem afirmação, aprovação, apoio e apreço. Para fazer o cliente ouvir e aceitar seu conselho, você deve desenvolver habilidades e padrões de comportamento que assegurem que você forneça afirmação, suporte, aprovação, apoio e apreço, junto com o seu conselho.

Como o cônjuge ansioso, você tem que aprender a conter a tentação de dizer, logo de início, "Eu sei como resolver seu problema. Você precisa fazer o seguinte." Você pode estar certo, mas falhará como conselheiro confiável e seu conselho provavelmente não será aceito. Os clientes nem sempre querem seu conselho; eles frequentemente querem apenas um ombro amigo.

CONQUISTE O DIREITO DE OFERECER CONSELHOS

Na amizade e no romance, assim como nos negócios, há regras de sequência. Certos estágios da relação não são apropriados até que os outros estágios tenham sido conhecidos e ultrapassados. Assim como existem certas expectativas que são irracionais em um primeiro encontro, mas não após meses de encontros, existem expectativas em negócios que variam de acordo com o estágio da relação.

A violação mais comum dessa sequência é a pressa em dar respostas. Presumimos, frequentemente e com cumplicidade por parte do cliente, que o relacionamento cliente-conselheiro se trata de perguntar e receber conhecimento técnico.

A verdade é que receber respostas para perguntas importantes não é algo que qualquer um faça gentilmente. Todos queremos ouvir soluções para nossos problemas, mas não estamos inclinados a levá-las a sério, a não ser que a pessoa que dê as respostas tenha "conquistado o direito" de dá-las.

Conquistar o direito tem três partes:

1. Entender a situação do cliente;
2. Compreender como o cliente se sente sobre isso;
3. Convencer o cliente que entendemos ambos itens anteriores.

CONTINUE A PERGUNTAR

A recomendação para "perguntar várias questões, calar-se e ouvir" tem sido dada com frequência, mas nunca é demais salientar. Em conversas de negócios, assim como em conversas entre amigos ou românticas, as pessoas nem sempre dizem o que querem dizer. Quando seu cônjuge pergunta "Você gostaria de comida chinesa essa noite?", não é necessariamente uma pergunta. Assim como, frequentemente, é um pedido ("Por favor, vamos pedir comida chinesa hoje"), ou mesmo uma instrução ("Podemos, para variar, por favor, finalmente, pedir comida chinesa em vez de italiana sempre!"). A vida seria mais fácil se as pessoas sempre dissessem precisamente o que querem dizer, mas elas não o fazem: as pessoas insinuam demais. Da mesma forma, há alguma ambiguidade em declarações do cliente tais como: "Não estou certo de que isso funcionará." Isso poderia ter centenas de significados, incluindo:

As Regras da Construção de Relacionamento 57

- "Eu não gosto da ideia."
- "Eu gosto, mas não sei se posso vender isso para meus colegas."
- "Isso poderia funcionar, mas não da forma que você apresentou."
- "Eu ainda não estou convencido, mas conte-me mais."
- "Mude de assunto agora ou começará a me irritar."

A habilidade do conselheiro confiável está em definir a pergunta complementar certa (gentil), que esclareça a ambiguidade. Como soa a seguinte, comparado com um severo "Por que não?"

"Sim, posso ver algumas formas, nas quais essa ideia pode não funcionar aqui. Você poderia falar mais sobre ela, por favor? O que, em particular, faz você ficar desconfortável sobre ela?"

Isso deve fazer com que o cliente esclareça suas reações e nos dê orientação sobre onde ir em seguida.

Para seu cônjuge, você pode dizer:

"Se você quer comida chinesa, está bom para mim. Pessoalmente, eu nunca me canso de comida italiana, mas se você quer mudar, vamos nessa!"

Isso funcionaria? Como *você* diria isso? Quais são as palavras que funcionariam para você?

DIGA O QUE QUER DIZER

É claro, não são somente os clientes que são ambíguos e que insinuam demais. Conselheiros também o fazem. Para ser um conselheiro eficaz, você deve trabalhar para garantir que o que pretende dizer será de fato ouvido daquela maneira.

58 *O Conselheiro Confiável*

A maneira mais comum de quebra de comunicação (e uma fonte maior de perda de confiança) é a má interpretação sobre o que foi dito. Quantas vezes na vida profissional ocorre a seguinte conversa:

"Você perdeu o prazo."

"Não era um prazo, lhe dei uma estimativa sobre quando eu pensei que estaria pronto."

"Bom, isso não é o que achei que tinha dito. Por que não falou dessa forma desde o início?"

Nunca suponha que a pessoa leia mentes: diga o que você quer e pensa. Insinuações não funcionam. "O bebê está chorando de novo, querida." "Sim, como é frustrante para você ter que sair da cama de novo. Boa sorte!"

Se você precisa de algo da outra pessoa, peça (educadamente). Não basta dizer: "Estou com um pouco de dificuldade para conseguir que seu pessoal me dê a informação que eu preciso." (Insinua, insinua!) Essa declaração isolada não irá sempre lhe dar o que quer. ("Bom, eles estão ocupados com outras coisas; contorne isso.") Você precisa ser claro e inequívoco:

"Você estaria disposto a enviar-lhes um memorando ou a falar com eles sobre a importância disso? Se temos que contorná-los, isso atrasará o trabalho e aumentará o orçamento e nós, na verdade, não queremos que isso aconteça, a não ser que seja o que quer que façamos. Como gostaria que procedêssemos?"

Note que, com essa linguagem, o consultor não está somente "virando e fingindo de morto" para o cliente. Ser um conselheiro confiável *não* significa fazer tudo o que o cliente quer: isso é bajulação. De fato, a verdade é exatamente o oposto. Ótimos conselheiros confiáveis podem ser confiáveis para dar más notícias aos clientes, junto com as boas. Pode-se confiar neles para dizer a verdade, sempre com tato e cuidado.

QUANDO PRECISAR DE AJUDA, PEÇA

Frequentemente, profissionais sentem que precisam projetar uma aura de completo domínio do conhecimento, a fim de ganhar a confiança do cliente. Longe de ser verdade. Qualquer um que tente parecer onipotente, um indivíduo com todas as respostas, é quem tem maior probabilidade de evocar exatamente a resposta contrária ("Quem esse cara está tentando enganar?").

Aconselhar é, como observamos, um dueto e não uma performance solo. É mais frequente que você precise pedir ajuda ao seu cliente para resolver os problemas. Não tenha medo de pedir. Você está mais propenso a ser confiável se disser "Não estou completamente certo em como lidar com isso; posso falar com você?" do que se disser "Deixe comigo; eu resolverei tudo!"

Quando você pede ajuda, você mantém o foco no problema ou na questão do cliente e se preocupa muito menos sobre como você se parece. Convida o cliente para se unir a você na solução do problema: um caminho seguro para construir confiança.

É claro, existem maneiras boas e ruins de pedir ajuda.

Nas mãos de um especialista, perguntar de maneira sutil pode funcionar muito efetivamente.

Uma noite, Kathy apareceu no escritório na casa de David e disse: "Querido, na verdade eu tenho um problema e preciso da sua ajuda!"

Naturalmente, David entrou no modo macho paternalista: "Sim querida, como posso ajudá-la a resolver seu problema?" "Bom," ela disse, "como você sabe, receberemos amigos para o jantar essa noite. Acabei de rever a lista de coisas que preciso fazer: comprar os ingredientes, cozinhar a comida, pôr a mesa, limpar a casa, comprar flores, escolher a música e assim por diante."

Ela continuou: "Fiz uma estimativa de quanto tempo demorará para fazer cada uma dessas coisas e parece que há a possibilidade de eu não

60 *O Conselheiro Confiável*

conseguir fazê-las completamente até a hora de nossos amigos chegarem. E eu quero tanto que as coisas corram bem essa noite. Então, amado, gostaria de saber se você tem algum conselho para me dar?"

Não há absolutamente nenhum lugar para onde David possa ir, a não ser se "voluntariar" para uma tarefa — ou, mais provável, muitas tarefas. O que poderia ter parecido uma exigência chata ("Agora, o que eu quero que você faça é...") se tornou um pedido de ajuda. E, não coincidentemente, pedido concedido.

A diferença não é trivial. Exigências são geralmente ressentidas, enquanto pedidos de ajuda normalmente suscitam uma resposta positiva. É um traço interessante da condição humana que frequentemente nos ressintamos daqueles que nos fizeram um favor, porque agora devemos algo em retorno. Por outro lado, nos sentimos generosamente dispostos para aqueles que ajudamos. (Esse efeito é descrito no livro de Robert Cialdini, *Influence: The Psychology of Persuasion* [*Influência: A Psicologia da Persuasão*, em tradução livre].) A síndrome é poderosa e tem implicações interessantes nos negócios. Por exemplo, tente provar a um cliente o quanto tem feito por ele, especialmente quando for verdade (a não ser que o cliente tenha *pedido* por uma justificativa); é mais provável que gere uma reação negativa do que positiva.

MOSTRE INTERESSE PELA PESSOA

Não há maneira mais certa de fazer alguém pensar que você é uma pessoa fascinante e agradável de se estar com do que mantê-la falando sobre si mesma. Isso não é, ou não deveria ser, uma tática de insinuação falsa (embora seja, frequentemente, usada dessa forma).

Ao contrário, essa é uma forma de aprender o máximo possível sobre a pessoa para que se possa descobrir a maneira certa de dizer algo para que ela o ouça. Se você quer influenciar alguém, deve descobrir o que os influencia. A única maneira de fazer isso é fazer mais e mais perguntas — e prestar atenção às respostas.

Quando alguém diz "Eu acho *isso*", a resposta apropriada não é "Bom, eu acho *aquilo*." Ao contrário, você precisa descobrir *por que* pensam assim. Então pergunta: "Por que você pensa isso?" ou "O que o levou a essa conclusão?" ou "Você acha que está sempre certo ou somente em certas circunstâncias?" Quanto mais falam em resposta a essas perguntas, mais você os compreenderá e mais será capaz de descobrir a coisa certa a dizer que será útil *e* aceitável. Uma parte importante da confiança é ter a sensação que "Essa pessoa me entende!" Essas perguntas fluem naturalmente se temos interesse genuíno na outra pessoa. Não apenas devemos fazer perguntas, mas temos que também lembrar as respostas. Isso parece um conselho trivial, mas não é. Algumas pessoas podem encontrar com alguém que não veem por meses ou anos e ter uma lembrança incrível sobre o que disseram ou fizeram. Tendo visto isso em ação, podemos relatar que é incrivelmente poderoso. As pessoas se impressionam, porque isso é muito incomum. Elas têm a reação de "Uau! Ele realmente deve ter se interessado por mim!" Há uma diferença em ser educado e em estar interessado, e a diferença é transparente ao observador.

Práticas simples como fazer anotações e revisá-las antes da próxima reunião podem ajudar muito (todos podem testemunhar que essa prática cresce em dimensão conforme você desenvolve mais contatos — e envelhece!). O objetivo aqui não é um falso interesse, mas usar quaisquer ferramentas necessárias para ajudá-lo a mostrar que, realmente, está prestando atenção.

USE ELOGIOS, NÃO BAJULAÇÃO

Procure oportunidades para fazer elogios sinceros à outra pessoa. Todos gostam e os valorizam, contanto que sejam baseados na verdade.

Os italianos têm uma expressão para as pessoas que se comportam de maneira contrária. Eles as chamam de *falsi cortesi* (ou a falsa cortesia). Elogios devem ser específicos o suficiente para deixar claro que não é mero exagero. "Você está bonito" não tem credibilidade. "A cor dessa roupa fica ótima em você" é melhor. É melhor dizer: "Acredito que você é um líder eficaz porque ouço as pessoas falarem de você quando não está presente e tenho também observado mudanças na forma que seu pessoal faz isso e aquilo."

DEMONSTRE APREÇO

Todos querem ser apreciados. Para dizer o mesmo pensamento ao contrário, existem poucas coisas mais destrutivas para uma amizade, um romance ou confiança do que o sentimento de ser desvalorizado. Naturalmente, isso acontece com frequência, tanto nos negócios quanto na vida.

Os clientes raramente estão cientes da completa dimensão dos bastidores do conhecimento do qual se beneficiam.

Além disso, enquanto os clientes raramente podem apreciar (de forma aberta) os esforços dos profissionais que os atendem, esperam que estes mostrem sua apreciação por tê-los como clientes.

Imagine que você é um advogado e cliente de um contador experiente que acabou de descobrir maneiras de minimizar suas obrigações fiscais. Você pode não pensar nada sobre isso, uma vez que foi para isso que o contratou, e seu apreço pode não se estender além de pagar a ele.

Entretanto, se o mesmo contador passar a manter seus serviços para fornecer uma defesa em um processo de negligência, você gostaria de receber algum grau de apreciação se fosse vitorioso na sua representação. Então por que, como clientes, não ficamos agradecidos de alguns esforços profissionais em nosso favor, quando como provedores, esperamos receber elogios significativos?

A verdade é que todos queremos ser apreciados pelo que fizermos. Não quando não merecemos (isso é falso), mas quando o fazemos de verdade. Expressar (adequada) apreciação aos clientes (assim como com amigos e parceiros românticos) contribui muito na consolidação de um relacionamento!

RELACIONAMENTOS NA ERA DIGITAL

Em termos gerais, há menos oportunidades de construir confiança por meio de interação direta entre humanos do que havia há vinte anos. Isso não significa que essas interações são menos importantes; pelo contrário, muito está baseado na eficácia das interações diretas. Os requisitos humanos para confiança não diminuíram — mas os desafios aumentaram.

Como, então, desenvolver confiança com um cliente ou colega de trabalho em outro local, fuso horário ou continente, com menos tempo para fazê-lo?

A lição parece clara: para ser um comunicador eficaz em um mundo digital, o desafio é usar a tecnologia para imitar, facilitar e recriar o sentido primitivo de estar face a face com alguém.

Aqui estão algumas sugestões para personalizar as comunicações digitais:

1. Proteja-se contra o padrão de forma de comunicação com "banda emocional mais baixa". Embora o digital tenha, inegavelmente, sido um benefício enorme para as comunicações (só o e-mail é uma mudança à nível Gutenberg), ele se difundiu tanto que pode ser tentador somente usar e-mail ou mensagem de texto, quando uma ligação pode ser mais apropriada.

2. Aproveite as capacidades de determinadas tecnologias de comunicação: use emojis (*se* apropriados — a etiqueta de comunicação é um conjunto de costumes em constante evolução) além de somente mandar mensagem; use recursos de vídeo das reuniões online, não apenas áudio; use fotos na sua página da web, não somente biografias; fique atento aos títulos dos livros atrás de você na webcam.

3. Compense as limitações de determinada tecnologia: use mais palavras naquele e-mail, mais inflexão em sua voz naquele vídeo ou ligação telefônica. Preste atenção na iluminação do seu ambiente antes de ligar a webcam.

64 O Conselheiro Confiável

4. Se você tem um projeto de equipe com unidades em vários endereços, com orçamento para somente uma reunião presencial, faça essa reunião no início do projeto, não no final; os benefícios se acumularão durante a vida útil do projeto.

5. Quebre as barreiras de sua tecnologia: antes de uma conferência online com alguém em Paris, tire dez segundos para descobrir como está o tempo lá e comente sobre isso no início.

6. Faça uma pesquisa digital. Antes de uma conferência, pesquise sobre os outros participantes na internet e descubra algumas informações básicas; faça download de suas fotos e olhe para elas enquanto fala com eles. Nota: você não tem que *mencionar* essa informação durante a chamada — muitas vezes é suficiente que apenas saiba a informação, porque sutilmente ajudará suas interações com eles.

7. Humanize-se. Em seus próprios perfis, ofereça algo que permita que as pessoas saibam quem você é. Não necessariamente informações particulares como visões políticas ou nomes de filhos, mas aperitivos tais como corredor de maratona, colecionador de gibis ou fã de samba. Há uma razão pela qual as pessoas têm listado seus hobbies nos currículos por gerações — é uma maneira socialmente aceitável de dar uma amostra pessoal em um documento comercial restrito.

8. E não fique centrado somente em você. Há maneiras digitais de humanizar uma relação ao focar na outra parte. Antes de uma ligação, descubra algo pessoal sobre a outra pessoa, que vá além da conexão escolar de costume; procure por coisas que o permita dizer, por exemplo: "Eu não pude evitar de notar que você [escreveu um artigo sobre...], [passou dois anos em Paris...], [é um meteorologista amador]". E então conecte essa observação a um interesse legítimo seu. (Se não há conexão — não mencione isso. Se não é autêntico, há o risco de ser estranho.)

6

A IMPORTÂNCIA DAS FORMAS DE PENSAR

Até agora, analisamos três habilidades: conquistar confiança, aconselhar e construir relacionamentos. Contudo, as habilidades por si não realizam a tarefa. Ademais, um conselheiro confiável deve desenvolver atitudes apropriadas ou "formas de pensar". As mais importantes são:

1. Habilidade de focar na outra pessoa;
2. Autoconfiança;
3. Força do ego;
4. Curiosidade;
5. Profissionalismo inclusivo;
6. Comportamento íntegro.

HABILIDADE DE FOCAR NA OUTRA PESSOA

Essa atitude (ou mentalidade) é resumida no aforismo: "Você terá mais diversão e sucesso ao focar em ajudar outras pessoas a alcançarem seus objetivos do que ao focar nos seus próprios objetivos."

66 *O Conselheiro Confiável*

Para alguns isso soa como um princípio idealista, espiritual ou religioso. Outros podem pensar nisso como ligeiramente socialista: um apelo para colocar os outros antes de si mesmo. Um momento de reflexão, no entanto, revelará que o aforismo é a própria definição sobre o que é uma negociação na economia capitalista. Para ter o que quer de alguém, você deve primeiro focar em dar o que eles querem!

Como disse Dale Carnegie, "A única maneira de influenciar alguém é descobrir o que ela quer e mostrar-lhe como conseguir." Observe que Carnegie não disse "a melhor maneira de influenciar", mas "a única maneira"!

A HISTÓRIA DE TIM

Charlie uma vez observou Tim White (então editor do *Albany Times Union* e posteriormente do *San Francisco Examiner*) organizar uma reunião externa com sua equipe de gerenciamento de doze pessoas. Ao longo da reunião, Tim transmitiu uma sensação de domínio técnico, calma e sabedoria. No entanto, ele o fez, raramente expressando uma opinião, fazendo observação técnica ou articulando uma decisão. Ao contrário, quase todas as suas contribuições consistiam em examinar a mesa, visual e verbalmente, procurando por expressões emocionais nos rostos de sua equipe.

"Joe, você não concorda com isso, concorda?", ele poderia dizer; ou "Bob, você tem fortes convicções sobre isso, não?" A reunião foi um grande sucesso. Não só decisões foram tomadas, mas todos se sentiram envolvidos e consultados e o processo foi justo.

Tim não era desprovido de competência técnica e tinha fortes convicções, mas alcançou a maioria de suas finalidades ao dedicar sua atenção quase inteiramente a observar, compreender e articular as necessidades de outros. Alcançou resultados de alto teor quase inteiramente por meio de liderança baseada em princípios, além de domínio técnico do assunto em questão.

Essa é a habilidade de focar nas outras pessoas diante de um turbilhão de distrações desgastantes, que é tão problemático para muitos de nós. Ter

A *Importância das Formas de Pensar* 67

sucesso ao focar nos outros não é uma função de ferramentas de negócio formal, mas de psicologia pessoal.

IMPEDIMENTOS DE FOCAR NO CLIENTE

O obstáculo principal para ter sucesso em focar na outra pessoa (pela nossa experiência) é a crença, aparentemente comum, de que o domínio de conteúdo técnico é suficiente para atender bem os clientes. É irônico que um negócio, no qual atender a clientes depende tão intensamente da psicologia interpessoal, deveria estar povoado com aqueles que acreditam no poder *exclusivo* do domínio técnico.

Outro grande obstáculo em focar no cliente é a simples inabilidade de prestar atenção no cliente no momento. No meio de uma conversa com o cliente, estamos propensos a encontrar-nos com pensamentos como: "Como resolverei esse problema?" "Como farei com que o cliente compre essa ideia?" "O que direi quando o cliente parar de falar?" "Como posso parecer um expert?"

Se formos honestos e acabarmos com o máximo de distrações, provavelmente encontraremos alguma forma de medo na origem. Pode ser medo de constrangimento, de falhar, de parecer ignorante ou incompetente, ou medo de perda de reputação ou de sua segurança.

Ironicamente, as profissões atraem pessoas que são propensas a esses medos. De modo geral, nós profissionais somos grandes empreendedores que superam consistentemente nossos medos por meio da aplicação constante de habilidade e trabalho pesado, na busca do domínio técnico. E até certo ponto, tudo isso é recompensado. Nos primeiros níveis da vida profissional, muitas vezes nos pedem para nos concentrarmos um pouco mais.

Então, vem aquela transição de carreira crucial, de técnico para profissional completo, de expert de conteúdo para consultor. Como técnicos, nossa tarefa é fornecer informação, análises, pesquisa, conteúdo e até recomendações. Todas essas são tarefas basicamente realizadas fora da presença do cliente. Contrariamente, nossa tarefa como conselheiros é um

68 *O Conselheiro Confiável*

desafio, "em pessoa" ou "em contato", de ajudar o cliente a ver as coisas de uma nova maneira ou tomar uma decisão. Isso requer uma mudança completa de habilidades e formas de pensar.

Pode ser perturbador descobrir que o cliente está primeiramente interessado em ter seu problema compreendido, em toda a sua complexidade emocional e política, como uma precondição de ter o problema diagnosticado e resolvido.

Alguns de nós nunca ultrapassam esse obstáculo. A chave para o sucesso anterior da carreira (excelência técnica) pode, na verdade, se tornar um impedimento nesse nível. Então, os medos que nos levaram à excelência reemergem.

Os tipos de pessoa que são tipicamente bem-sucedidas em firmas de serviços profissionais são geralmente motivados, racionais e meritocráticos, com uma grande necessidade de realização. É uma coisa natural para elas estarem focadas em sua própria performance individual (algo que é reforçado pela cultura de muitas empresas) e procurar confirmação de que o que *eles* fazem está certo. Essa não é uma situação propícia à formação de competências no desenvolvimento da confiança. É de alguma forma um milagre que tantos fazem tão bem.

Veja o que Stephanie Wethered, uma sacerdote episcopal, tem a dizer:

> A chave é a escuta empática. É vital no mundo pastoral. Envolve a disposição de ir onde a outra pessoa está, onde normalmente é um lugar muito doloroso. E você tem que estar em contato com a sua própria dor para ir até lá. Se você não conhece aquela dor, aquele terreno, você não irá. Trata-se de se mover do "eu" para "nós".

A escuta empática é uma habilidade essencial. E nossa habilidade de fazê-lo bem, de acordo com Wethered, está diretamente relacionada ao quão intimamente podemos sentir, de fato, o que a outra pessoa sente. E nossa habilidade de fazer *isso* está em relação direta com quanto podemos deixar para trás nosso próprio autodirecionamento e nosso desejo por autopromoção.

Charlie foi lembrado disso recentemente. Ele tinha começado com um cliente novo, indicado por outra consultora. Charlie se divertiu preparando-se para a primeira conferência telefônica com o CEO, mas também passou algum tempo pensando e preocupado sobre como ele se aproximaria do cliente.

Mais tarde, enquanto Charlie discutia a chamada com a consultora que o indicou, ela disse que falou com o CEO e ele perguntou: "Charlie gosta do projeto? Ele gosta de mim?" Isso era um lembrete que, em grande parte, todos estamos focados demais em nós mesmos. O direcionamento de Charlie era para si mesmo; o do cliente também era.

Aprender a focar no outro não é uma decisão instantânea: é uma experiência de aprendizado contínuo!

AUTOCONFIANÇA

Insegurança é uma fonte comum de problemas de confiança. Nós já observamos que a tentação comum, em uma conversa com o cliente, é pular cedo demais para "a resposta". É apenas humano que o cliente queira ser compreendido antes de estar pronto para ouvir conselhos. Nós *sabemos* disso, mas é preciso autoconfiança para esperar e acreditar que, após ouvir e fazer um brainstorm, ainda teremos bastante tempo e talento para descobrir a resposta técnica. Não estamos falando sobre níveis monumentais de autoconfiança aqui. Basta, simplesmente, ser capaz de concentrar nossa atenção finita em ouvir e entender, sem acreditar que temos que desperdiçá-la imediatamente na solução de problemas.

FORÇA DO EGO

A força do ego não é o mesmo que autoconfiança. É a habilidade de se concentrar no processo do relacionamento consultivo, em vez de no crédito ou na culpa atribuída ao resultado. Há um velho ditado assim: "É incrível o que você pode alcançar se não está ligado à quem leva o crédito."

70 *O Conselheiro Confiável*

O outro lado do crédito é a culpa. A tendência de culpar os outros ou circunstâncias é geralmente uma receita para a infelicidade na vida. É uma receita ainda mais segura e rápida para o fracasso em se tornar um conselheiro confiável. Os clientes (e as firmas profissionais) dão muito valor àqueles que assumem grandes quantidades de responsabilidade pessoal.

Entretanto, há também o fato de assumir responsabilidade demais. Charlie uma vez contratou um psicólogo para administrar e interpretar testes de consultores bem e malsucedidos. Os resultados serviram principalmente para distinguir cada grupo da população em geral pela pontuação "fora de escala" dos consultores sobre um fator chamado "assumindo responsabilidade". Ela explicou: "Estas são pessoas que se sentiriam pessoalmente responsáveis pelo clima, caso chovesse em um piquenique corporativo." Em outras palavras, um atributo normalmente positivo pode ser excessivo, transformando-se em uma visão delirante do que alguém é pessoalmente capaz de controlar. Nesse nível, o que parecia ser o oposto de culpar-se se torna claro pelo que é: meramente, outra forma de autodirecionamento elevado. Querer todo o crédito e nenhuma culpa é ser autocentrado, mas também é quem aceita *toda* responsabilidade. Nenhuma forma está centrada no cliente, porque nenhuma é baseada na realidade objetiva.

A força do ego permite que o foco esteja no assunto em questão e não em quem leva a culpa ou o crédito por chegar aqui. Andrea Howe, coautora com Charlie em *The Trusted Advisor Fieldbook* [*O Guia de Campo do Conselheiro Confiável*, em tradução livre] e CEO de The Get Real Project, nos conta essa história:

> Depois de seis anos como copalestrantes na gigantesca conferência internacional SHRM, meu cliente e eu não fomos convidados a voltar. Nosso público atingiu o pico de mais de 1.200 pessoas, embora os últimos dois anos não tenham sido tão bons. Mesmo assim, continuamos mega apresentadores do SHRM e meu ego estava muito feliz com isso. Contudo — nenhuma de nossas candidaturas para o sétimo ano foram selecionadas.
>
> Eu não estava apenas orgulhosa de nossa história na SHRM, eu a promovia. *Muito*. Então isso foi mais do que levemente embaraçoso

e queria esconder nossa rejeição. A tendência automática de ficar em silêncio tem algo que todos nós podemos relacionar à causa — o que Brené Brown chama de "a conhecida sensação de vergonha". Todos nós temos sentimentos de constrangimento, inadequação e autoconsciência de tempos em tempos (como deveríamos, ou então seríamos sociopatas). A vergonha adora um canto escuro para espreitar. Brown cita três coisas que fazem a vergonha crescer exponencialmente em uma placa de Petri emocional: segredo, silêncio e julgamento.

O caminho para suportar a força do meu ego, em vez do meu ego, começou com agir para examinar melhor a situação — estar disposta a "falar sobre isso", no qual o "isso" era agora a rejeição. Isso abriu caminho para gastar menos tempo com a distração que a vergonha forneceu e investir mais tempo em atividades produtivas, como extrair da experiência importantes lições aprendidas.

Não conseguimos pensar em nenhum outro exemplo mais desafiador para a força do nosso ego do que o caso de alguém impugnar nossa integridade. Isso ficou claro para David, no início de sua carreira de conselheiro.

Fui contratado para ajudar o comitê executivo de uma grande firma de consultoria a formular sua estratégia. Havia dez executivos seniores da firma ao redor da mesa.

Enquanto eu gerava várias opções para considerarem, o CEO de repente me disse (na frente de todos): "Você não está realmente tentando nos ajudar. Você só quer que mudemos para que possa receber seus honorários de consultoria."

Eu não tinha ideia do que dizer e então não disse nada. Estava extremamente ofendido. Uma coisa é não gostar das minhas ideias, mas questionar minha ética? Desafiar minha própria integridade?

O ar ficou pesado e silencioso até que um dos outros executivos continuou a conversa e prosseguiu.

Continuei trabalhando com aquela firma durante o período do meu contrato e ninguém nunca se referiu às observações do CEO novamente.

72 O Conselheiro Confiável

Nesse caso, a abordagem do silêncio funcionou, pelo menos em algum nível. Mas com o passar dos anos, David passou a acreditar que o silêncio é, na melhor das hipóteses, insuficiente. Muitos de nós tiveram, ou certamente terão, um desafio similar fundamental interno; como reagimos é importante.

A resposta "certa" depende em parte do *porquê* o cliente disse tal coisa; e há várias respostas possíveis. A maioria delas, na verdade, não tem muito a ver conosco, mas com o cliente. Muitos exigem respostas totalmente diferentes.

Uma resposta, entretanto — frequentemente, nosso primeiro instinto —, é um fracasso garantido. Que é envolver o cliente em uma discussão. Há um paradoxo aqui. Você não pode ser convincente sobre sua confiabilidade simplesmente ao afirmá-la ("Eu sou confiável — honestamente!"). Alcançar o objetivo de ser confiável significa que precisamos aprender a lidar com nós mesmos de maneiras que as pessoas, verdadeiramente, sintam a nossa sinceridade e integridade. Essas experiências se acumulam. Elas são a soma de como reagimos a questões difíceis, assim como as interações diárias. São feitas do nosso comportamento, de como ouvimos, como lidamos com as lacunas em nosso conhecimento, como lidamos com situações desconfortáveis — ou seja, muito do que lidamos está neste livro.

O simples fato é que ninguém nunca nos ensinou a parecer confiáveis. Ninguém nos preparou para tais situações, tais como clientes que desafiam nossas motivações. Poucos de nós são naturalmente hábeis o suficiente para confiar em responder perfeitamente no mesmo instante. Pelo contrário, precisamos refletir e até mesmo ensaiar possíveis respostas para esses momentos.

A boa notícia é que habilidades podem ser aprendidas. É possível, com prática e experiência guiadas, compreender como somos percebidos pelos outros e aprender como lidar com nós mesmos em situações de estresse com o cliente. Experiência ajuda — mas o mesmo acontece ao prever e antecipar situações constrangedoras que podem — e provavelmente irão — acontecer com você.

CURIOSIDADE

O direito de resolver problemas é conquistado pela escuta informada, que é, por sua vez, impulsionada pela curiosidade.

A chave é focar não no que sabemos, mas no que não sabemos. E isso é curiosidade: o constante perguntar. "O que há atrás daquilo?" "Por que o caso é esse?" "Como isso se encaixa?"

Enquanto a curiosidade faz seu trabalho, a definição dos problemas evolui. Os padrões surgem, conexões são feitas e posições suavizam-se e reformam-se. As perspectivas migram e a riqueza de percepção é adquirida. A "resposta certa" nunca é tão certa no início como é depois de ter evoluído, fundamentada pelo questionamento. A curiosidade é a atitude que impulsiona a oportunidade de contribuir.

PROFISSIONALISMO INCLUSIVO

Muitos profissionais veem o profissionalismo como algo que os separa do cliente. Existem "pessoas de negócios", e então existem as "profissionais". Existem "corporações", e existem "empresas profissionais". Muitas delas trabalham arduamente para criar o sentido que os profissionais, ou as profissões, estão de alguma forma separados. Achamos isso incorreto, perigoso e autodestrutivo. A essência do profissionalismo consiste não em nos distinguirmos de nossos clientes, mas em nos alinharmos a eles para melhorar a sua situação.

A atitude de profissionalismo exclusivo (que restringe o rótulo do profissionalismo ao conselheiro) manifesta-se de várias maneiras disfuncionais. Ela reforça a crença enganosa de que o trabalho do conselheiro é resolver os problemas em vez de ajudar o cliente a resolvê-los. Reforça a crença que os conselheiros devem "controlar" ou "administrar" as interações e relacionamentos dos clientes, em oposição a vivenciá-las juntos.

O profissionalismo inclusivo significa reconhecer e envolver o profissionalismo de outros. Significa que os talentos únicos de cada parte devem

74 *O Conselheiro Confiável*

ser combinados para um bem maior. Significa responsabilidade conjunta pela eficácia do trabalho.

Seja qual for a razão, muitos de nós não somos muito bons em trabalho em equipe em nossas carreiras. Tendemos a colaborar muito pouco, mesmo uns com os outros. Não é de se admirar, então, que nem sempre cooperamos bem com os clientes. Muitas empresas *dizem* apoiar o profissionalismo inclusivo, mas descobrimos que essa conclusão, em muitos casos, é um pouco autoenganosa. Conhecemos firmas de consultoria com políticas que condenam deixar materiais escritos, por medo que a empresa possa "perder o controle" se o cliente for capaz de ler os materiais quando quiser, sem a firma lá para explicar. Conhecemos escritórios de advocacia que têm políticas rigorosas sobre qual "produto de trabalho" os clientes podem ver, esboçando um relacionamento essencialmente antagônico desde o início. Todas essas práticas são amplamente baseadas em um conceito "nós versus eles", em vez do "nós" implícito no profissionalismo inclusivo.

COMPORTAMENTO DE ACORDO COM PRINCÍPIOS

Quase todos os nossos clientes trabalham com alguma forma de "princípios norteadores" ou "valores". Muitos de seus funcionários podem recitá-los. Bem menos, em nossa experiência, conseguem regular, ou mesmo frequentemente comportar-se de acordo com eles.

As desconexões mais importantes que vimos se resumem a três temas sobrepostos: relacionamentos versus transações, perspectiva de longo prazo versus de curto prazo, e integridade.

RELACIONAMENTOS VERSUS TRANSAÇÕES

Apesar deste livro, em grande parte, louvar os relacionamentos, há muitas vezes em que "transacional" é a maneira certa de ver as coisas. Um pequeno exemplo: quando temos uma pergunta simples, valorizamos ter um chat box no site do que esperar na fila por uma ligação telefônica. Não há nada errado com interações transacionais em si. O "truque" está em oferecer ao cliente a escolha.

Essa pode ser uma decisão difícil para enquadrar de forma correta, em parte porque nós frequentemente estamos tão focados em fazer com que outras pessoas (clientes, parceiros, subordinados, empregados) mudem seu comportamento (por exemplo, se comportar de maneira mais centrada no cliente).

Mas o próprio enquadramento desse foco sugere um ponto de vista transacional com a implicação que estamos bem, são ELES que precisam mudar ao fazer o que NÓS lhe dizemos para fazer.

Se a outra parte sente que você está preparado para cultivar um relacionamento com ela, garantir que ambos se beneficiem, então ela lhe dará mais do que você quer. É a natureza humana, não é uma questão política ou religiosa.

Mas se ela pensa que você — seu conselheiro, gerente ou colega — está só tentando tirar do acordo mais do que o que você quer dela — trabalhar mais intensamente, mais horas cobráveis, o que for — então ela responderá à altura. Ela o verá como você a vê — útil apenas na medida que pode tirar de você o que ela quer a curto prazo.

Não haverá lealdade de longo prazo e nenhum comprometimento, porque *você* estabeleceu o padrão de que isso é, na verdade, uma transação temporária, não um relacionamento. Se você trata as pessoas como ELAS, como objetos ou como "as outras", elas por sua vez o tratarão como instrumento. Isso é completamente previsível e inevitável.

Apesar do que eles dizem que seus objetivos são, muitos indivíduos apenas não estão preparados para fazer o que os relacionamentos exigem — em *qualquer* contexto. Não se trata apenas de como eles lidam com clientes de negócios em particular, mas trata-se também de escolhas de uma vida inteira ao lidar com pessoas em geral. São suas crenças que têm que mudar, não apenas seus hábitos diários.

A perspectiva transacional é sedutora por outras razões também. Para começar, relacionamentos exigem assumir um compromisso e contrair obrigações. Eles também significam focar e ser seletivo: você não pode perseguir todas as oportunidades se quiser construí-los. Para ser bom em relacionamentos, você deve ter paciência e saber como confiar nos outros.

PERSPECTIVA DE LONGO PRAZO VERSUS DE CURTO PRAZO

Nós não adicionaremos o excesso de obras sobre o valor de perspectivas de longo prazo e o custo de falhar ao tê-las. No entanto, queremos indicar uma dificuldade prática enfrentada por profissionais em torná-la uma realidade. Há, com frequência, uma confusão entre métricas e resultados: especificamente, a crença que a performance de curto prazo é melhor alcançada por meio de comportamentos de curto prazo. As últimas décadas da administração em geral têm sido caracterizadas por metas e métricas cada vez mais detalhadas, destinadas a melhorar o desempenho a curto prazo.

A confusão foi melhor resumida por um dos clientes de investimento bancário de Charlie, que disse, antes de um seminário:

> Olhe, Charlie, eu li o livro e concordo com muito do que você disse. Mas você precisa entender algo sobre mim: eu estou nisso assumidamente por causa do dinheiro. É quem eu sou e porque estou nesse ramo.
>
> Se cumprir as metas trimestrais maximiza minha renda, é isso que farei. E se mudam esses objetivos para mensais, até mesmo semanais, contem comigo. Porque minha motivação é maximizar minha renda. Desculpe, mas essa é a verdade.

Sem dúvida ele foi sincero. Mas seu cálculo era falho. É quase impossível para qualquer profissional esconder seus verdadeiros motivos, quaisquer que sejam. E se esses motivos estão baseados em puro interesse próprio, serão devidamente anotados — e retribuídos. Não somos leais a pessoas egoístas — nós não confiamos nelas. O que significa que estamos sempre propensos a deixá-las por um preço melhor — ou por alguém em quem realmente confiemos. O que, por sua vez, significa que o sucesso a longo prazo é comprometido por esse comportamento. E desde que o longo prazo não é nada mais que uma série de curtos períodos, resultados de curto prazo em si são *prejudicados*, não melhorados, pela adesão servil a objetivos de curto prazo.

A verdade é, ambos resultados de longo e curto prazo são maximizados pelo comportamento de *longo prazo* de nossa parte. O velho mantra da Goldman Sachs expressava isso bem: "Somos egoístas a longo prazo". É no longo prazo que nossos objetivos e de nossos clientes se combinam — e nessa combinação se revela ao longo de uma série de curtos prazos.

INTEGRIDADE

Nós temos uma definição simples de integridade: não é um valor em si, mas um "meta-valor" definido pela consistência entre todos os outros valores. A consistência pode ou não ser *the hobgoblin of little minds**, mas sua ausência é certamente destruidora da confiança.

A desconexão entre princípios ou valores declarados e sua manifestação nos comportamentos diários é mortal. O "truque" para os profissionais não é tanto escolher os valores certos, mas ser assíduo ao aplicá-los. É sempre tentador, por centenas de razões, "quebrar as regras"; apenas dessa vez, seja a questão de custos, abuso de funcionários ou transparência com os clientes. Racionalizações são facilmente desenterradas.

É útil lembrar o valor da integridade — manter comportamentos consistentes com intenções declaradas. Walt Shill compartilha essa história:

> Fazemos consultoria ambiental. Um de nossos clientes estava terceirizando um cliente da Fortune 50. Houve alguns problemas de desempenho entre a terceirizada e seu cliente da F50. Aconteceu

---

*Nota: *A foolish consistency is the hobgoblin of little minds* [Duende de mente pequena, em tradução livre], citação de Ralph W. Emerson; significa fazer a mesma coisa repetidamente sem raciocinar.

de eu ser convidado para uma reunião de equipe com a empresa terceirizada. Logo após a reunião ter começado, um alto executivo da empresa do cliente F50 entrou inesperadamente. As apostas subitamente subiram.

O executivo olhou ao redor da sala e perguntou em tom ameaçador, "Quem aqui assistiu ao filme *O Preço da Verdade - Dark Waters* [um documentário que não poupa palavras extremamente críticas do papel da empresa química DuPont ao contaminar uma cidade inteira]?"

Levantei minha mão, eu era o único que tinha assistido. O executivo olhou para mim e disse: "O que achou?"

Eu disse: "Fiquei enojado."

Foi um daqueles "momentos da verdade". Era inteiramente possível que o cliente F50 estava lá para ter certeza de que a terceirizada faria todo o possível para evitar colocá-los em uma situação como a da DuPont, com um documentário violento e relações públicas horríveis.

Ele disse: "Bom. Porque estamos determinados a não ser esse tipo de negócio. Queremos ser guardiões do planeta, fazer a nossa parte em tornar o ambiente melhor. E nós queremos trabalhar somente com aqueles que compartilham da nossa paixão."

No caminho de volta ao escritório, minha equipe me perguntou, "Como você sabia que ele se sentia daquela maneira? Porque se você tivesse achado errado, poderíamos ter perdido a conta inteira!"

Bom, essa foi fácil. Eu não estava pensando. Não tinha ideia de como o executivo se sentia. Mas eu sabia como *nós* nos sentíamos. E se eu tivesse "achado errado", então o "palpite errado" original teria sido tê-lo aceitado como cliente. A vida é muito curta para torcer valores fundamentais; e eu acredito que você acaba fazendo mais dinheiro agindo de acordo com seus princípios de qualquer forma. Se tivéssemos perdido aquele cliente, c'est la vie.

7
SINCERIDADE OU TÉCNICA?

Nos capítulos anteriores oferecemos conselhos sobre ações e palavras que servem para construir confiança (e relacionamentos). Contudo, frequentemente recebemos perguntas e comentários de participantes de nossos programas sobre a questão da sinceridade. Construir confiança trata-se do uso das táticas corretas ou é preciso gostar dos clientes, estar interessado ou se preocupar com eles para tornar as táticas eficazes?

Ainda mais desafiante é a pergunta: é apropriado usar técnicas se você não se importa de verdade? É possível manipular as emoções de outra pessoa sem ser manipulador? Nós achamos que sim.

Um exemplo pode ilustrar a questão.

Jim Sharpe, um amigo nosso, é um empreendedor, tendo adquirido e reconstruído uma empresa sozinho. Ele retribui de muitas maneiras, sendo uma delas lecionar em um curso na escola de negócios local. No primeiro encontro de cada semestre, ele leva uma câmera e uma folha branca para o fundo, e fotografa cada pessoa. Então, ele lhes diz que memorizará seus rostos, nomes, suas universidades *e* empresas até a próxima aula.

Então, ele se empenha para na próxima semana cumprir sua promessa para uma classe de 45 alunos. E salienta que não tem facilidade com nomes e rostos. Ele revisa as fotos e os dados, usando flashcards para memorizar a informação.

Na aula seguinte, todos comparecem para descobrir se ele conseguirá fazer o que prometeu. Ele faz. Ele impressiona. E todos permanecem durante o semestre. Suas taxas de ausência e desistência são zero.

O que Jim faz é premeditado? Absolutamente. É sincero ou manipulador? Nós alegaríamos que estas são palavras desnecessariamente colocadas. Sim, ele usa, conscientemente, uma técnica, visível mesmo para seus "clientes". Porém, está igualmente claro que ele é sincero, que se importa. Por que mais uma pessoa ocupada lecionaria em um curso por uma quantidade pequena de dinheiro que ela não precisa, e dedicaria horas do seu precioso tempo pessoal para memorizar os nomes das pessoas?

Nosso conselho é simples. Se você já se importa com um cliente, então exercite comportamentos que demonstrem preocupação. Se, por outro lado, você está somente fazendo por fazer, então será descoberto e falhará.

Logo, isso significa que se na realidade você não se importar com o cliente, não deverá adotar táticas, técnicas e conselhos que recomendamos? Não, esse também não é nosso conselho. A antiga canção de Rodgers e Hammerstein "I Whistle a Happy Tune"[Assobio Uma Melodia Alegre, em tradução livre], mostra que "quando engano as pessoas, temo que me engane também!"

Há um velho debate sobre se você consegue fazer as pessoas mudarem suas ações ao mudar a atitude delas, ou mudar suas atitudes ao fazer com que elas mudem primeiro suas ações. Naturalmente, isso *pode* funcionar de ambas as formas. Mas, frequentemente, é mais fácil primeiro mudar as ações (adotar comportamentos atenciosos), como uma forma de conseguir atenção, do que mudar o estado mental de alguém (o que leva mais tempo).

Sinceridade, da maneira a que geralmente nos referimos, tem a ver com intenções; supomos que vem de dentro. Mas nossos clientes não têm como

Sinceridade ou Técnica? 81

observar sinceridade, exceto por meio de comportamentos externos. A partir de certos comportamentos (atenção prestada, interesse demonstrado, trabalho realizado antecipadamente, escuta empática), chegamos ao estado interno que chamamos de sinceridade.

Desse modo, perguntar se precisamos nos importar primeiro ou experimentar as ações primeiro equivale a perguntar se deveríamos começar por dentro ou por fora. A única resposta certa é sim a ambas.

Ao começar com demonstração de interesse (trabalhando de dentro para fora), nos abrimos a possibilidades e nos tornamos propensos a ir onde o cliente nos levar. A habilidade ou comportamentos de ação podem, então, encontrar um campo fértil.

Ao começar com novos comportamentos ou habilidades externas, nos abrimos para novas informações e estímulos que encorajam nosso pensamento e permitem um novo foco no cliente. Fazemos isso quando geramos entusiasmo compartilhado por perguntas, avidamente explorando juntos a próxima consequência. Algumas vezes é verdade que "você pode agir de acordo com sua maneira de pensar mais do que pensar em agir corretamente", ou pode "fingir até conseguir". E algumas vezes o oposto é verdadeiro. Somos geralmente melhores ao trabalhar das extremidades para o meio.

A sinceridade *é* crucial, tanto para confiança quanto para relacionamentos. Se você a tem e pode mostrá-la, terá êxito. Se tentar "fingi-la" (ou seja, usar as táticas sem se importar de verdade), mas *sempre* age dessa forma, provavelmente terminará criando algo que é indistinguível do verdadeiro, tanto para o cliente quanto para si.

O que *não* funcionará é o uso de táticas *ocasionais* que são inconsistentes com a maneira que você *normalmente* se comporta. Esses serão logo percebidos pelo que são: esforços falsos, dissimulados e desastrosos, e não serão somente ineficazes, mas também criarão uma reação adversa. Não há sentido em fingir, a não ser que planeje manter assim pelo resto do seu relacionamento. E se você *continuar* sempre assim, sempre exibindo

82 *O Conselheiro Confiável*

comportamentos de interesse sinceros, a distinção se tornará intelectual. Como Gerald Weinberg disse em seu livro *The Secrets of Consulting* [*Os Segredos da Consultoria*, em tradução livre], "O truque para conquistar confiança é evitar todos os truques."

E SE NÃO SE IMPORTA COM ELES?

Não somos tão idealistas para acreditar que todos conseguem se importar com todas as pessoas que encontram. Algumas vezes, mesmo após se esforçar muito e aplicar cada ideia deste livro (e ainda mais), você pode descobrir que apenas não consegue simpatizar com esse cliente. O que fazer então?

Considere as opções:

1. Continue a atender o cliente, mas não faça esforço para construir o relacionamento;
2. Continue a atender o cliente, mas aplique as técnicas de confiança sem sinceridade;
3. Passe o cliente para um colega;
4. Peça demissão.

Não é um conjunto atrativo de opções, é?

Na opção 1 (atender ao cliente, mas não tentar se aproximar), você não somente perderá todos os benefícios de ser confiável, mas terá uma vida profissional menos do que gratificante. Nosso slogan é: "A vida é muito curta para trabalhar com idiotas; e isso também é verdade quando são as vidas de nossos clientes e nós somos os idiotas!" Uma falta de química entre você e o cliente pode ser tanto sua culpa (se não mais) quanto do cliente.

Independente da culpa, se não há química, então somente faz sentido ou criar a química (de alguma forma!) ou seguir em frente. Nossa visão é que a opção 1 torna todos fracassados, o consultor e o cliente, e deveria ser desconsiderada.

A opção 2, continuar a atender e tentar fingir é claramente válido por um tempo, como argumentamos acima. Se você se esforçar para encontrar conexões e empatia entre você e um cliente, frequentemente você conseguirá. Mas nem sempre! Então, deveria continuar fingindo? Não na nossa opinião. Não podemos imaginar nada pior que passar toda a nossa vida fingindo. Se você *realmente* tentou construir um relacionamento e não está funcionando, siga para a opção 3. Ela é atraente, quando é possível: poucos clientes são completamente detestáveis, e a química pessoal é exatamente isso. Alguém com quem você não consegue se conectar pode ser um cliente dos sonhos para um colega. Considere isso seriamente.

A opção 4 (demitir-se) é o último passo, mas existem ocasiões em que deve ser tomada. Se você não consegue agir como um conselheiro cuidadoso e confiável, *será* menos eficaz, talvez até mesmo ineficaz. Você pode pensar que pressões financeiras o forçam a continuar atendendo esses clientes, mas isso é uma visão de curto prazo. Você não faz bem nenhum a si mesmo ao continuar atendendo clientes que podem ver que você não está totalmente envolvido. O dano à sua reputação durará mais que qualquer penalidade em dinheiro que pague, enquanto procura por um cliente que possa atender com entusiasmo. A reputação antes do lucro!

Isso é tudo muito bom, você deve pensar, se por acaso for o único profissional ou a pessoa mais antiga no contrato. Mas se você for um profissional iniciante ou parte de uma equipe grande? E se não sentir que pode se dar ao luxo de se demitir ou até mesmo passar o cliente para um colega?

Temos três conselhos para alguém nessa situação. Primeiro: verifique seus motivos. Tem certeza que tentou tudo que sabe para encontrar maneiras de se relacionar com esse cliente? Está certo que não procura uma razão de evitar algum outro aspecto de desagrado na tarefa? Tem certeza que o cliente teria ou tem expressado níveis iguais de preocupação? Segundo: coloque a questão em perspectiva. Se não colocar em risco sua vida, carreira ou o cliente, então por quanto tempo tem que conviver com a situação? Se é uma questão de poucos meses, pode não valer a pena a energia necessária para resolvê-la.

Terceiro: se o problema é real e material, aconselhamos que leve-o diretamente ao gerente de contrato sênior. Essa pessoa tem tanto em jogo quanto você. Se ele convencê-lo de que está errado, você ganha paz de espírito. Se convencê-lo que você está certo, ele melhora as possibilidades de prestar um bom atendimento ao cliente.

Se ambos não se convencerem com o que o outro tem a dizer, então você pode também ter aprendido algo sobre sua habilidade de conectar-se com outra pessoa na sua vida profissional. Isso realmente acontece, de vez em quando. Ao mesmo tempo, lembre-se do conselho do sábio: "Fiquei espantado com quantos tolos encontrei até notar o denominador comum a todas essas interações: eu."

Por que nós, na vida profissional, evitamos com tanta frequência esse tópico? No livro de David, *True Professionalism* [*O Profissionalismo Verdadeiro*, em tradução livre], ele relatou que o resultado de uma pesquisa comum é que o profissional típico realmente gosta de seus clientes cerca de 20% a 30% do tempo! O resto é, em sua maior parte, "tolerado".

As profissões incluem muitas pessoas que são muito talentosas intelectualmente, mas, em suas vidas, algumas prestam menos atenção às habilidades sociais e ainda menos às habilidades emocionais. Essas pessoas têm muita dificuldade em aceitar coisas que parecem, para elas, ser falhas. O pensamento de um cliente dizendo "Isso não está funcionando" é essencialmente indistinguível para eles de um cliente dizendo: "Eu não gosto de você e lhe desprezo como pessoa." O que para outros pode parecer um simples fato social, é sentido como uma crítica altamente pessoal.

A verdade é que há muito poucas pessoas que têm capacidade de se relacionar com todos. Além disso existirão casos em que "o santo não bate". Pergunte a si mesmo qual a porcentagem de pessoas que conheceu no mundo dos negócios que realmente o prenderam, o animaram ou fizeram você querer trabalhar com elas? Então, pergunte-se qual a porcentagem de pessoas no mundo dos negócios que o fazem querer largar sua carreira, em vez de ter que passar mais algum tempo com elas? E a (presumidamente grande) categoria intermediária de pessoas que, provavelmente, determinam o quanto você está animado sobre sua profissão como um todo.

Supondo que você seja como nós, então no mínimo a mesma *porcentagem* de pessoas das quais você não gosta não gostarão de você. E, da ampla categoria intermediária, terão graus variáveis de indiferença sobre a perspectiva de trabalhar com você.

Pior ainda, as pessoas que você não gosta não são, necessariamente, as mesmas que não gostam de você. Apenas porque gosta de alguém não significa que retribuirão o sentimento. Mesmo se a porcentagem de "não gosto" for a mesma entre profissionais e clientes, o número total de correspondências será menor.

Não é por acaso que temos casos de não correspondências! Alguma porcentagem nada trivial de relacionamentos simplesmente não funcionará.

Uma boa regra para lembrar é que, nos relacionamentos, não existem combinações nas quais uns ganham e os outros perdem: existem somente as em que todos ganham ou que todos perdem. Se a correspondência não existe de uma parte, então, assim como para casais que finalmente se divorciam, no final não funcionará para nenhum deles. Falar a verdade sobre a disparidade pode ser difícil, mas é geralmente a saída mais eficiente, sem mencionar a mais gentil.

CLIENTE OU AMIGO?

Tudo isso significa que você deve fazer todos os clientes seus amigos? De maneira alguma. Você pode estar interessado em alguém sem ser seu amigo. Pode lidar com eles como seres humanos individuais e evitar tratá-los apenas como atores, sem fingir que são seus novos melhores amigos. Os clientes rapidamente percebem essas falsas amizades, com frequência construídas por extensas conversas sobre golfe, futebol e tópicos similares. Muitos profissionais preocupam-se que isto possa ser "antiprofissional", aproximar-se tanto do cliente. Nós não concordamos. Demonstrar interesse na pessoa não significa intrometer-se em áreas pessoais. Achamos que é antiprofissional *não* mostrar interesse no seu cliente. Para convencer alguém que ele deveria vê-lo como seu conselheiro confiável, você deve primeiro convencê-lo de que você está comprometido com ele. O McDonald's gosta de descrever os profissionais que os atendem (tais como agências de publicidade) como tendo "ketchup em suas veias". Isso significa que você realmente tem que se importar? Sim, você realmente tem que se importar, se quer ser um conselheiro confiável. Se quer ser meramente um vendedor, não precisa.

Rob desenvolveu um grande relacionamento com Arnold, um diretor de uma grande empresa. Isso não foi fácil, já que Arnold era muito exigente, intelectualmente e de outras formas. Quando Arnold deixou a empresa, Rob descobriu que era muito mais difícil ser tão comprometido ao relacionamento da empresa como era antes.

Rob se esforçou, pois certamente gostou das pessoas que substituíram Arnold, e continuou a fazer um bom trabalho com e para eles. Deram-lhe mais trabalho para fazer, mas seu coração não estava realmente naquilo da mesma forma. Ele pensou que se comportava da maneira de sempre, mas a força do relacionamento diminuiu gradualmente. Sem o sentimento verdadeiro, táticas perderão seu poder. Mesmo quando aplicadas por alguém que ensina isso! Você deveria socializar com seus clientes? Socializar ocasionalmente pode ser divertido, mas conquistar confiança não se trata de jogos de golfe, jantares e espetáculos de ópera. Embora socializar não seja necessário, ser sociável é. É a janela para os próprios clientes como pessoas e suas necessidades, esperanças e medos.

MÍDIAS SOCIAIS

O problema da "sinceridade ou técnica" tornou-se um grande tópico na área das mídias sociais (um termo que decolou somente por volta de 2004). Como a maioria dos fenômenos baseados na internet, passou por fases, primeiro vistas como utópicas ("unir amigos!") e, mais tarde, consideradas distópicas ("inflação de amigos", golpes, propagandas escondidas).

Passamos a encarar as mídias sociais nem como "pró-" ou "anti-" confiança. Os fundamentos ainda se aplicam; apenas temos uma gama mais ampla de ferramentas com as quais criar, ou estragar, a confiança. Isso nos obriga a fazer novamente algumas perguntas fundamentais como: quais são os estágios de um relacionamento, o que é um comportamento socialmente aceitável em relação à intimidade social, quando você desempenha o papel de quem confia e de quem é confiável, e como equilibrar o comercial e o pessoal. Essas são as questões com as quais lidamos — conscientemente ou não — quando decidimos se postamos um comentário em uma conta de mídia social de negócios ou pessoal; como respondemos a contatos antigos de rede social versus contatos novos; o que postar de maneira privada e o que tornar público; se e quando usar a mídia social para desenvolvimento de negócios, e como elaborar aquela campanha e envio de mensagens; e se e quando falamos como indivíduos versus como representantes de nossas firmas.

Não há falta de pessoas e empresas — incluindo muitas empresas de consultoria — que tratam as mídias sociais como simples veículos para enviar em massa o equivalente digital de outdoors de rodovias para a lista de contatos a custo marginal zero. Há muitos mais que fazem uma tentativa de dissimular esses esforços sob o pretexto de "fazer networking" ou "conexões," mas que não fazem nenhum grande esforço para personalizar suas mensagens.

Suspeitamos que isso é em parte devido às contas de redes sociais serem em grande parte administradas por pessoas estritamente técnicas, que entendem a tecnologia, incluindo SEO (Otimização de Mecanismos de Buscas) e taxas de conversão, mas que são superficialmente conectados aos objetivos e às estratégias globais da empresa. A solução está naqueles que administram a empresa começarem a entender a falsidade inerente dessa visão mecanicista das mídias sociais.

88 *O Conselheiro Confiável*

Uma tentativa sincera de usar as redes sociais certamente envolve publicar algum material relevante para os clientes e potenciais clientes, mas isso não é suficiente. Deve também envolver a sensibilização e interação com os outros, de maneiras genuinamente curiosas e colaborativas. Qualquer coisa menos que isso é o que descreveremos como elevado autodirecionamento na próxima discussão sobre a equação de confiança do próximo capítulo.

Quando se trata de sinceridade e técnica, outras metáforas de relacionamentos são novamente úteis. Muitos de nós temos instintos muito aguçados sobre o que os nossos parceiros românticos procuram em nós. Se são movidos por um gosto genuíno por nós, o vemos exibido de mil maneiras, desde a disposição para perseguir interesses comuns a nos olhar nos olhos.

Por outro lado, se os objetivos do nosso interesse romântico destinam-se exclusivamente para outra coisa (prestígio, sexo, dinheiro, conforto), reagimos negativa e fortemente a eles. A tensão gerada em relacionamentos por interesses desalinhados é enorme.

E novamente, assim é nos negócios. Quando compramos algo, temos muito pouca dificuldade em detectar se alguém se preocupa ou não com nossos interesses. Muitas pessoas estão muito presas às suas próprias preocupações para exibir que genuinamente se importam com as necessidades dos outros.

Mas nessas raras ocasiões quando os vendedores realmente transcendem suas próprias preocupações e estão atentos às necessidades dos clientes, a efetividade do processo de vendas é aumentada dramaticamente.

Uma das lições mais importantes é que, para conquistar confiança, você tem que apostar no benefício de longo prazo do relacionamento. Nenhum relacionamento existe sem momentos difíceis; todos são cíclicos. A característica distinta dos conselheiros confiáveis é que eles não caem fora quando os tempos ficam difíceis.

Não queremos que as pessoas se interessem em nós como meios para um fim, como uma meta para seus próprios objetivos. Queremos que as pessoas se interessem como companheiros de viagem, pessoas que se importam o bastante para embarcar em uma jornada conosco.

Como, então, passamos autenticamente a exibir tal interesse em nossos clientes, enquanto ao mesmo tempo buscamos os nossos próprios interesses, da nossa empresa, dos negócios? A resposta completa vai além de uma lista de "competências" ou comportamentos; tem que chegar dentro do que somos e como nós, seres humanos, interagimos com os outros. Por exemplo:

Omosede Ogiamien é sócia da Deloitte Consulting há dois anos. Ela descreveu um relacionamento desafiador com um cliente no qual foi convidada a desempenhar um papel menor. Depois de vários meses e uma série de interações sobre questões cada vez mais importantes — as quais todas funcionaram extremamente bem —, o cliente solicitou que se dedicasse em tempo integral a trabalhar junto com o CEO e os executivos corporativos.

Quando Charlie perguntou a ela "Como você fez isso?" Sua resposta foi direta. "Eu apenas ouvia, sem nenhum julgamento."

Elaborando, ela diz:

> Lembro-me vividamente da nossa primeira reunião. Estava na sala com a diretora financeira à minha direita, e a primeira coisa que ela fez foi tirar um monte de papéis e dizer: "O que você acha desse modelo operacional?" Não me esquivei da pergunta. Eu disse: "Esse é o meu primeiro dia. Eu já vi vários modelos operacionais, mas me conte: com qual parte desse modelo você está mais preocupada?"
>
> Ela falou, fez esboços num quadro branco e fez algumas anotações.
>
> Eu fiz anotações também, e acho que significava para ela algo como "Sim, ela está me ouvindo." Quando eu queria fazer promessas, dizia "ainda há muito para eu colocar em dia, então, antes de

lhe prometer algo… com quem mais eu deveria falar," e ela me dava os nomes. Eu falava com eles também.

Fiz meu dever de casa. Segui as sugestões. Ofereci perspectivas. Se eu não soubesse algo, dizia que não sabia. Não tenho medo do silêncio; isso sugere "vamos nos aprofundar". Eu não tinha medo de reações negativas, porque imaginava que não tinha nada a perder. Apenas permaneci focada no que vi como excelentes oportunidades para ajudar a firma e esse cliente.

Mas se eu tivesse que resumir, acho que seria isso: apenas ouça, sem julgamento. As coisas tendem a seguir a partir disso, embora pareça simples.

A linguagem que Omosede usa — e o propósito de sua introspecção — é mais sobre uma jornada e muito pouco sobre o destino. A palavra "habilidade" não transmite o que ela descreve aqui: é uma mistura de crenças, princípios e comportamentos que são autênticos a quem ela é e, consequentemente, como conduz a si mesma no ambiente empresarial. É complicado; mas por outro lado, é tudo bem simples.

PARTE DOIS

A ESTRUTURA DA CONSTRUÇÃO DA CONFIANÇA

Nessa parte, teremos uma abordagem um pouco mais formal e tentaremos trazer alguma estrutura para as complexidades de conquistar e manter confiança.

No primeiro capítulo, oferecemos um veículo simples mas, esperamos, sugestivo para entender como fatores diferentes se relacionam. Isso é seguido por um processo de desenvolvimento de confiança em cinco estágios, que fornece uma estrutura para explorarmos a evolução da confiança à medida que o relacionamento cliente/consultor evolui. Um capítulo apresenta o processo e o restante da seção é dedicado a explorar cada uma das etapas.

8
A EQUAÇÃO DA CONFIANÇA

Neste capítulo, oferecemos um modelo — expresso na forma familiar de uma equação — que mostrará como diferentes elementos de confiança se inter-relacionam para definir credibilidade. Naturalmente, a equação deveria ser tratada como uma estrutura para olhar para o assunto, e não como uma conclusão científica.

Sugerimos que existem quatro componentes primários da credibilidade, mostrados na figura 8.1. Eles têm a ver com a credibilidade das palavras, ações e razões, como mostrado na figura 8.2.

Podemos usar termos familiares para isolar o impacto de cada componente específico da equação. A figura 8.3 mostra os tipos de falhas em relacionamentos, que resultam na ausência de cada componente, um por um.

Muitos profissionais, quando solicitados a falar sobre confiança, instintivamente focam em credibilidade e confiabilidade. "Meu cliente sabe que sou digno de crédito e confiável", eles dizem. "Então por que meu cliente não confia em mim?"

Figura 8.1 A Equação (merecimento) da Confiança

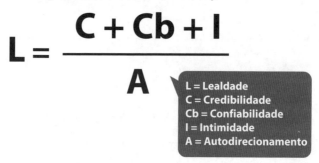

Figura 8.2 Domínios da Confiança

Palavras	Ações	Segurança	Foco
Credibilidade	**Confiabilidade**	**Intimidade**	**Autodirecionamento**
Honestidade **Referências** *Eu confio no que ela diz sobre...*	**Dependabilidade** **Previsibilidade** *Eu confio nele para...*	**Discrição** **Empatia** **Assumir riscos** *Eu confio nela com...*	**Motivações** **Atenção** *Eu confio que ele se importa com...*

A resposta, é claro, é que a confiança tem múltiplas dimensões. Eu posso confiar no seu conhecimento, mas desconfiar (profundamente) dos seus motivos (ou seja, autodirecionamento). Posso confiar na sua genialidade mas não gostar de seu estilo de lidar comigo (sua intimidade).

Figura 8.3 Falhas Individuais

Baixa pontuação em	É caracterizado como
Credibilidade	Charlatão
Confiabilidade	Irresponsável
Intimidade	Insensível
Autodirecionamento	Desonesto

A *Equação da Confiança* 95

Ganhar confiança exige que você tenha êxito em todas as quatro dimensões (aos olhos dos clientes). Na verdade, temos alguma evidência (veja a seção sobre quociente de confiança mais adiante neste capítulo) de que a coerência entre as quatro dimensões confere um nível adicional de credibilidade. Em muitas áreas dos negócios (e da vida) você pode ser aconselhado a alavancar seus pontos fortes. Mas, quando se trata de confiança, é melhor dedicar-se às suas fraquezas. A coerência sugere "integridade", no sentido de ser inteiro e indivisível. Confiamos naqueles que parecem estar em sincronia em todas as dimensões da confiança.

Há, para ser sincero, algumas situações extremas, nas quais a força do conselheiro pode superar até mesmo fraquezas graves. Considere um cirurgião habilidoso no caso de uma situação com risco de vida (regra de credibilidade e competência), ou um estranho com empatia em um momento de estresse emocional severo (a intimidade supera outros atributos). Mas esses são casos extremos; na condução diária dos negócios, coerência e equilíbrio são virtudes.

CREDIBILIDADE

Não diminui a importância da credibilidade dizer que esse é o único aspecto da confiança que é mais comumente alcançado. Dado o foco que muitos profissionais colocam em seu conhecimento técnico, e sua relativa tangibilidade, esse é o fator mais provável de ser bem feito por você (e por seus competidores).

A credibilidade não é apenas conhecimento de conteúdo. É conhecimento de conteúdo mais "presença", que se refere a como olhamos, agimos, reagimos e falamos sobre nosso conteúdo. Depende não somente da realidade substancial do conhecimento do consultor, mas também da *experiência* da pessoa que o percebe. Como sugerido no capítulo de construção de relacionamento (Capítulo 5), devemos encontrar maneiras de não apenas sermos confiáveis, mas também dar ao cliente a sensação de que somos confiáveis. Devemos esclarecer, não impor.

Por que os médicos penduram todos aqueles diplomas e certificados nas paredes de seus consultórios? O papel na parede é uma forma abreviada de comunicar tanto competência como experiência, cujo resultado é a credibilidade. Aquele diploma impressionante e planejado apela para o nosso lado racional e emocional. Não vemos apenas certificações de determinadas habilidades (competência), mas também um atestado de uma instituição, projetado para fazer-nos sentir bem. O resultado líquido destina-se a reduzir as preocupações do paciente, enquanto ele senta seminu em uma fria sala de exame.

Ao mesmo tempo, os médicos também criam credibilidade de uma maneira direta, seja por meio de repetidas experiências positivas ou de um diagnóstico convincente do que está errado (e o que será feito sobre ele). Em ambos os casos, acreditamos no médico: ele tem a credibilidade percebida, que provêm da experiência. Há componentes racionais e emocionais em ação.

O conceito de credibilidade inclui noções de precisão e integridade. Esses igualam-se aos campos racional e emocional. A precisão, no mundo cliente-consultor, é sobretudo racional. Checamos fatos, lógica e experiências de outras pessoas para avaliar se alguém é preciso. A integridade, por outro lado, é frequentemente avaliada de forma mais emocional.

Quando alguém é percebido como preciso, usamos a palavra "convincente" para descrevê-lo. Quando falamos sobre sua integridade, por sua vez, dizemos que são "honestos".

Entre os quatro componentes da equação da confiança, a credibilidade requer uma quantidade moderada de tempo para se estabelecer. Para o componente racional da credibilidade (convencibilidade), podemos examinar a lógica de alguém ou verificar as alegações de alguém contra a experiência direta de outros (ou seja, referências). Isso não demora muito. O lado emocional da credibilidade (honestidade) demora mais para avaliar, porque leva mais tempo para se assegurar que todas as dimensões de uma questão estão sendo cobertas. Esses relacionamentos são mostrados na figura 8.4.

Quais lições um conselheiro deve tirar dessa visão de credibilidade? Principalmente que, enquanto a maioria dos fornecedores vende com base

A *Equação da Confiança* 97

na competência técnica, muitos compradores compram, pelo menos parcialmente, com base na emoção. Visto que a credibilidade é o componente mais abertamente racional da equação da confiança, ela é um ímã natural para profissionais que buscam estabelecer confiança. Entretanto, não há somente a tentação a superenfatizar a credibilidade como um componente de confiança, é tentador superenfatizar o componente racional da credibilidade em si.

Figura 8.4 Comparação da Credibilidade Racional e Emocional

	Racional	**Emocional**
Características	Precisão	Integridade
Resposta	Verossimilhança; não contar mentiras	Honestidade; falar verdades, completamente
Canal	Depoimento; Experiência direta	Experiência direta

É claro, credibilidade é importante. É importante obter o conteúdo certo para transmitir o quão inteligente somos, o quão bem pensamos na orientação que o cliente procura em nós. Então tendemos a, naturalmente, passar tempo em nossa lógica, nossos fatos e em listar nossas referências: todos apelos diretos à racionalidade.

O que *não* tendemos a fazer é reforçar o lado emocional da credibilidade: transmitir um sentido de honestidade, para dissipar qualquer suspeita inconsciente de incompletude. Os melhores profissionais de serviços se destacam em duas coisas na transmissão de credibilidade: antecipar necessidades e falar sobre necessidades que geralmente não são ressaltadas.

Por exemplo, podemos perguntar a um cliente: "Conte-me, qual foi a sua reação ao último movimento do seu concorrente?" Isso aumenta nossa credibilidade em mostrar que estamos bem informados e fizemos nosso dever de casa. Ou, podemos usar frases que comecem com: "Você sabe, suponha que eu estivesse na sua posição, eu poderia pensar em X. É possível que isso seja um problema para você?" Novamente, a "oferta" delicada de um conhecimento ou conteúdo (sem assertividade) permite ao cliente formar uma conclusão sobre nosso domínio de conteúdo e nossa habilidade para contribuir com novas perspectivas.

Algumas dicas finais para aumentar a credibilidade:

1. Descubra como dizer o máximo de verdade possível, exceto onde isso prejudicaria os outros.

2. Não conte mentiras, nem mesmo exagere. Nunca. Jamais.

3. Evite dizer coisas que outros possam interpretar como mentiras. Por exemplo: "Sim, é claro, colocaremos nossos melhores funcionários no trabalho." (Sério? Quem são os piores? Quem disse? E por que os melhores não estão muito ocupados?) Ou: "Não escrevemos relatórios que ficam parados." (Sério? Quem você insinua que escreve esses relatórios? E você quer dizer que não nos dá documentação?)

4. Fale com expressão, não monotonicamente. Use linguagem corporal, contato visual e extensão vocal. Mostre ao cliente que você está pondo energia no assunto em mãos.

5. Não cite apenas referências. Onde é genuinamente possível criar benefício mútuo, apresente seus clientes uns aos outros; eles aprenderão uns com os outros e você terá sido contemplado com bastante crédito para desfrutar.

6. Quando não souber, então diga, rápida e diretamente.

7. Sim, é importante que saibam suas referências. Isso fará com que eles se sintam melhor e farão você se sentir melhor. Sites e perfis online fazem agora o que os currículos costumavam fazer: servir como uma forma de pré-reunião de compreensão mútua de suas competências. Resista à tentação de torná-lo um documento de "propaganda" demais — seja cuidadoso nos adjetivos —, o que arrisca lançar dúvidas sobre suas capacidades legítimas.

8. Relaxe. Você sabe muito mais do que pensa que sabe. Se, na verdade, lá não é seu lugar, então nem vá para lá.

9. Tenha certeza que fez absolutamente toda a pesquisa sobre a empresa do cliente, o mercado do cliente e o indivíduo cliente, e que esteja absolutamente atualizado. Mesmo que os conheça e seu negócio esteja acumulando perdas, há uma boa chance que alguma notícia sobre seu cliente possa ter sido publicada naquele mesmo dia.

10. Não há motivo para se exibir. Eles já supõem que você sabe sobre o que fala (ou como lidar com uma situação). O número de vezes que os clientes realmente querem testar seu conhecimento é, na verdade, bem baixo.

11. Ame a sua área. Isso se mostrará.

CONFIABILIDADE

A confiabilidade trata-se de os clientes acharem que você é seguro e pode ser confiável para se comportar de maneira consistente. Julgamentos sobre confiabilidade são afetados profundamente, se não determinados, pelo número de vezes que o cliente interagiu com você. Tendemos a confiar nas pessoas que conhecemos bem, e atribuir menos credibilidade àquelas com as quais não interagimos. Se estive com você cinco ou seis vezes em, digamos, seis meses, terei uma ideia melhor do que esperar de você do que se o conhecesse por um ano, mas somente tivesse estado com você uma ou duas vezes. Julgamentos sobre confiabilidade podem ser "emprestados" ao checar as experiências que outros clientes tiveram com o consultor. Contudo, essas são estimativas temporárias e podem ser rapidamente reavaliadas pela própria experiência direta do cliente.

A confiabilidade é o único componente da equação da confiança que tem orientação de ação explícita. Ela conecta palavras e atos, intenção e ação. É essa orientação de ação que distingue confiabilidade de credibilidade. Confiabilidade, nesse sentido em grande parte racional, é a *experiên-*

cia repetida de ligações entre promessas e ação. Julgamos a confiabilidade de alguém com prazos e níveis de qualidade: "no tempo e na medida." Menos formalmente, consideramos o tempo que leva para alguém retornar um e-mail, se as reuniões são canceladas ou mantidas e se as listas de tarefas são completadas.

Confiabilidade também tem um aspecto emocional, que é revelado quando as coisas são feitas da maneira que os clientes preferem ou com a qual estão acostumados. Inconscientemente, formamos opiniões sobre a confiabilidade de alguém pela dimensão que parecem antecipar nossos próprios hábitos, expectativas, rotinas e manias. Essas antecipações incluem se alguém se veste de uma forma que consideramos apropriada ou a formulação e entonação do discurso de alguém. A confiabilidade, nesse sentido emocional, é *a experiência repetida de expectativas concretizadas.*

Um bom conselheiro encontrará (ou criará) várias oportunidades para demonstrar confiabilidade tanto racional quanto emocional, ao fazer promessas, explícitas ou implícitas; e então, cumprindo-as.

Considere a FedEx, uma organização que muitos de nós pensamos ser altamente confiável. Pensamos neles como confiáveis, em parte porque sua propaganda nos passa essa mensagem, e em outra porque eles cumprem sua promessa. Mas nem toda a sua reputação por confiabilidade vem de aspectos "técnicos" óbvios das suas ofertas de serviços.

Experimentamos um sentido de confiabilidade da FedEx:

- quando somos atendidos ao primeiro toque no 0800;
- quando a URA de seu telefone é a menos dolorosa possível;
- quando a interface do site é rápida e intuitiva;
- a partir da aparência consistente e da impressão de suas embalagens;
- pela maneira com que a tira do envelope sempre sai da mesma forma;
- pelo trabalho de pintura uniforme nos caminhões;
- pelos uniformes que os distinguem dos outros portadores;
- pelo sistema de rastreamento fácil de usar e preciso;

A *Equação da Confiança* 101

- pelo fato da taxa de rotatividade do entregador ser baixa;
- pelo entregador, constantemente, deixar a encomenda no mesmo lugar (o lugar que você quer que seja deixado);

Todas essas características refletem consistência e reforçam a confiabilidade. Além disso, são adaptados para ser amigáveis com o usuário, para servir as nossas próprias noções sobre o que é familiar. A consistência sozinha não é suficiente para criar confiabilidade; deve, igualmente, ser coerente em termos das preferências do cliente, não apenas dos fornecedores.

Como a confiabilidade funciona em serviços profissionais? Consultores que se classificam com a maior confiabilidade não só entregarão seu trabalho no prazo e na medida. Nem serão simplesmente condizentes, mesmo em um nível de excelência.

Eles também são especialistas em uma variedade de pequenos toques que visam a familiaridade baseada no cliente. Enviar material de reunião com antecedência é um exemplo; manter-se atualizado dos eventos e nomes dos clientes é outro. A confiabilidade no nível emocional tem muito a ver com as preferências do cliente e não somente com a consistência da perspectiva do provedor de serviço.

As estratégias para confiabilidade incluem a criação de uma série de prazos ou oportunidades para entregar componentes de produto de trabalho distintos dentro de um curto, e geralmente acordado, período de tempo. A maior vantagem para a melhoria da confiabilidade provavelmente reside no campo emocional. Quanto mais um fornecedor puder fazer para entender e se relacionar com as normas geralmente inconscientes do cliente, mais o cliente se sentirá à vontade e experimentará uma sensação de confiabilidade.

Algumas considerações finais sobre confiabilidade:

1. Assuma compromissos específicos com seu cliente em torno de pequenas coisas: trazer aquele artigo até amanhã, fazer a chamada, escrever o rascunho até segunda-feira, procurar uma referência. E então entregue-os, calmamente, e na hora certa.

102 *O Conselheiro Confiável*

2. Envie materiais de reunião com antecedência para que o cliente tenha a opção de revê-los com antecedência, economizando tempo de reunião para discussões substanciais.

3. Certifique-se de que as reuniões tenham objetivos claros, não apenas planos, e garanta que as metas sejam cumpridas.

4. Use a "percepção e ajuste" do cliente em torno da terminologia, estilo, formatos, horas.

5. Revise pautas com seu cliente antes das reuniões, ligações e discussões. Os clientes devem saber que podem esperar que você sempre solicite suas opiniões sobre como o tempo será gasto.

6. Reconfirme eventos agendados antes que aconteçam. Anuncie mudanças em encontros agendados ou confirmados *assim que* mudarem.

INTIMIDADE

As fontes de diferenciação na credibilidade mais eficazes, assim como as mais comuns, vem da intimidade e autodirecionamento. Ambas são relativamente escassas, comparadas à credibilidade e confiabilidade. As pessoas confiam naqueles que estão dispostos a falar sobre temas difíceis (intimidade) e naqueles que demonstram que se importam (baixo autodirecionamento).

A falha mais comum na construção da confiança é a falta de intimidade. Alguns profissionais consideram-na uma virtude positiva para manter uma distância emocional de seus clientes. Eles se esforçam em ser "desinteressados". Acreditamos que eles fazem isso não somente por sua própria conta e risco, mas também por de seus clientes.

Uma pessoa com grandes habilidades de intimidade é alguém em quem estamos dispostos a confiar. Elas sabem não apenas como criar empatia com alguém, mas como comunicar essa empatia efetivamente. Elas estão dispostas a ser relativamente abertas sobre seus sentimentos, embora o fazem tão habilmente em termos pessoal e socialmente aceitáveis. Elas não têm medo de ser vulneráveis, assim encorajam a vulnerabilidade nos outros. São discretas, e os outros sentem isso. Estão confortáveis em fazer perguntas ou levantar tópicos que outros em sua posição poderiam evitar por medo de parecer controversos ou intrusivos. Não têm medo de correr riscos emocionais ao serem abertas sobre si mesmas, por exemplo, ao reconhecer alguma falha pessoal ou limitação, ou estarem dispostas a se envolverem em uma conversa na qual não são especialistas.

Negócios podem ser intensamente pessoais. Existem emoções humanas óbvias em torno de questões tão carregadas como promoção, compensação, contratação e demissão, reorganização e outras formas de tomada de decisão. O mesmo ambiente emocional envolve o ambiente "macro" empresarial: fusões e aquisições, processos judiciais, mudança de planos de pensão, vendas de empresas e fechamento de fábricas são todas áreas que vão muito além da lógica. Centenas, se não milhares de vidas são afetadas por essas atividades. Não deveria ser surpresa, então, que a intimidade é necessária para fazer conexão com o estado emocional interior do cliente.

A grande habilidade de intimidade em um consultor é experimentada pelo cliente como "um porto seguro para questões difíceis". Isso significa que o consultor é visto como discreto, que o risco de compartilhar confidências é baixo. Isso também significa que o cliente se sente livre para ser vulnerável. Algumas firmas de consultoria encontram a necessidade de habilidades de intimidade mais dramaticamente que outras — por exemplo, gestores de patrimônio privado. Margery Ziffrin, consultora de investimentos de alto poder aquisitivo, diz:

> Você pode se encontrar em uma posição de confidente emocional. Eu tinha uma cliente de extremo poder aquisitivo, que pensava em redecorar uma de suas casas. O custo nominal adicional era alto no contexto de seu valor líquido. Ela estava hesitando muito. Finalmente, confessou que estava nervosa com isso e perguntou-me categoricamente: *"Posso realmente pagar por isso? Tem certeza?"*

> Com um patrimônio líquido de quase nove dígitos, os poucos milhares de dólares que pensava em gastar estava, certamente, dentro de sua faixa. Mas foi uma dificuldade verdadeira para ela. Para mim, foi, realmente, um reforço tremendo do quão emocionais e pessoais (e algumas vezes irracionais!) as pessoas podem ser com você.

Não queremos dizer que as vidas privadas são *necessariamente* compartilhadas pela intimidade. Nós, *de fato*, queremos dizer que as informações pessoais, relacionadas aos problemas em questão, são compartilhadas. É possível ter um relacionamento íntimo com um cliente, no sentido que dizemos aqui, e não tendo nada a ver com suas vidas fora do trabalho. Intimidade trata-se de "proximidade emocional" referente aos problemas em questão; então é, de maneira óbvia, o mais abertamente emocional dos quatro componentes da equação da confiança. Ela é impulsionada pela honestidade emocional, uma vontade de expandir os limites de tópicos aceitáveis, enquanto mantém o respeito mútuo e respeita limites. Maior intimidade significa que menos assuntos são barrados da discussão.

Estabelecer intimidade é jogar um "jogo" de risco mutuamente crescente. Uma parte oferece um pedaço de si mesmo e a outra parte ou responde (assim aprofundando a intimidade) ou escolhe não responder (estabelecendo uma linha de intimidade). Comportar-se apropriadamente exige saber quando se arriscar e quando um risco foi recusado e como comportar-se perante a recusa.

Deveríamos reconhecer que tentativas desastrosas de estabelecer intimidade cedo demais podem sair pela culatra. Talvez isso venha de um fornecedor que supõe que compartilhamos sua paixão por golfe; ou um convite para jantar que desencorajamos com um "Sim, vamos fazer isso alguma hora", ou um compartilhamento de experiências pessoais que têm mais informações do que queremos saber.

O medo de cometer esse tipo de gafe (assumir mais intimidade do que é desejado) é um medo muito grande para um grande número de profissionais de serviços. Na verdade, em nossa experiência, os profissionais tendem a superestimar tanto a probabilidade quanto a severidade de tais gafes.

Ainda assim, a intimidade é realmente uma coisa assustadora. De todos os componentes de confiança, é a única que parece mais fácil de dar tão errado. Gostamos de acreditar que podemos controlar ou influenciar a credibilidade. Conhecemos o nosso conteúdo, ou pelo menos sabemos o que não sabemos. Podemos demonstrar confiabilidade. Podemos até mesmo ficar confortáveis em manter um baixo autodirecionamento se focarmos na outra pessoa em vez de nós mesmos.

Mas intimidade? Bem, isso é outro assunto. É o único elemento que parece ter consequências tão altas se errarmos, porque corremos o risco de sermos publicamente expostos e pessoalmente vulneráveis. Intimidade é mais sobre quem *nós somos* do que qualquer outro aspecto da confiança.

É tentador reduzir o conceito de intimidade para conceitos diluídos de confiança como "sintonia" ou "se dar bem". Fique tranquilo, pois profissionais respeitáveis levam isso a sério. Aqui está Boaz Lahovitsky, gestor da Personal Advisory Services para uma grande empresa de gestão de ativos:

> O maior desafio para planejadores financeiros é o predomínio de conteúdo cognitivo, ao custo de coisas como empatia. Consultores financeiros passaram por muito treinamento: você precisa de uma certificação CFP, mais toda uma série de exames e estudos contínuos todos os anos. Eles são muito avançados em seu ofício, não muito diferente dos advogados. Mas mesmo que tenha um conselho excepcional, você precisa ter seu conselho aceito. E você faz isso ao ter grandes habilidades interpessoais.
>
> Como se emprega ou treina para empatia? Você pode melhorá-la, mas tem que começar com algo. Nós entrevistamos para isso. Se uma cliente diz que tem um filho do meio com necessidades especiais, como você responde? Se você diz: "Oh, então você precisa alterar seu portfólio de risco" — ou pior, não fala nada — você perdeu. Você tem que dizer: "Oh meu Deus, isso deve ser difícil. Conte-me como lidou com isso." Quando um cliente corre risco pessoal ao levantar um tópico tão sensível, você tem que atendê-los nesse nível de empatia. Se o candidato não consegue se sair bem instintivamente, isso afetará nossa avaliação sobre ele.

Criar intimidade é uma dança, exige alguns passos cuidadosos e algumas votos de confiança de que coisas ruins não acontecerão enquanto são feitos movimentos novos e cuidadosamente selecionados. Aqui estão algumas sugestões:

1. *Não tenha medo!* Criar intimidade exige coragem, não apenas para você, mas para todos. É provável que você tenha tido ao menos algum grau de sucesso ao formar relações íntimas em algum momento da sua vida. É a mesma coisa aqui.

2. *As pessoas em cargos superiores apreciam a franqueza, mas a franqueza não é necessariamente intimidade, e eles a valorizam ainda mais.* Eles são muito mimados. As mensagens enviadas a eles são, frequentemente, refinadas ao ponto de serem irreconhecíveis antes de sua entrega.

> **Conhecemos um CEO que é liberal porque todos os seus funcionários seniores lhe falam a verdade. Mas isso não é tudo. Há também intimidade entre eles. Eles se conhecem bem o suficiente para ficarem irritados uns com os outros, de dizer que estão blefando e desafiar o pensamento uns dos outros regularmente. O CEO procura essa mesma característica em seus conselheiros externos e se lhes falta, ele não se opõe a trocar de conselheiros. É claro, alguém deve aprender a discordar sem ser desagradável!**

3. *Encontre a diversão e o fascínio.* Ao aproximar-se dos componentes emocionais da tomada de decisão do cliente, podemos fazer perguntas às pessoas que elas não tenham ouvido previamente de consultores. Isso mostra que temos um ângulo diferente, um ponto de vista diferente e uma perspectiva mais ampla. É divertido para eles e para nós. Constrói afinidade e sagacidade nas interações. E você aprende muito.

A *Equação da Confiança* 107

4. *Teste se está chegando muito perto do limite ou se está levando para muito longe, rápido demais.* Pergunte a si mesmo se, caso estivesse na posição do seu cliente, seria esse tópico que gostaria de falar com alguém que confiasse? Se a resposta é sim, você está a meio caminho de chegar lá. Mas não completamente. Também deveria deixar claro que é o tópico correto, o momento correto e também a formulação correta da pergunta.

> **Pense em como a apresenta ou como planeja apresentá-la. Você deu ao seu cliente uma forma razoável de não responder à pergunta? As pessoas precisam de uma saída prontamente acessível e que preserve sua reputação, caso não queiram (ou não estejam prontas para) responder. Se você não pode dizer sim a ambas as partes, então está perto demais do limite.**
>
> **Considere, por exemplo, a diferença em dizer a um cliente: "Eu sinto hesitação" versus "Você está hesitante". A primeira é uma declaração de suas próprias percepções (o que é difícil de argumentar), e é mais provável que obtenha uma resposta como: "Bom, talvez eu esteja um pouco nervoso com isso." A segunda é uma declaração sobre os pensamentos internos de outra pessoa, que corre o risco de soar como julgamento. "Não, não estou!" é uma resposta plausível, que pode encerrar uma conversa.**

5. *Ensaie um pouco.* Não, você não pode ensaiar espontaneidade, mas pode ensaiar como se expressar. Rob frequentemente escreve duas ou três maneiras de fazer perguntas difíceis ou enviar mensagens delicadas, testando e experimentando-as antes de usá-las de fato.

6. *Não superestime o risco de desvantagem.* Do que exatamente você tem medo? Algumas vezes temos medo de dizer algo que pensamos que colocará o negócio em risco. Mas se formos honestos, frequentemente descobrimos que o que está em risco não é o

108 *O Conselheiro Confiável*

negócio em si, é o nosso conforto pessoal em expandir os limites da intimidade. O risco dos negócios é geralmente exagerado. E paradoxalmente, a maneira para gerenciar o risco do negócio é normalmente assumir o que parece ser o risco pessoal.

7. *Alguém tem que dar o primeiro passo. E é você!* O aumento da intimidade começa com uma pessoa ou outra assumindo o que parece ser um risco pessoal ao compartilhar algo que veem, sentem ou pensam sobre algo. Se esse risco é correspondido à altura, a intimidade é aumentada e assim, a confiança é aumentada também. É um debate interno infinito e inútil acreditar que o cliente deveria fazer o primeiro movimento nessa dança. Você, como profissional, não tem controle sobre a outra pessoa. As únicas ações que pode influenciar são as suas. Aceite a responsabilidade de ser o primeiro a correr o risco.

Será que tudo isso junto lhe dará poderes imediatos de construção de intimidade? Não, mas esperamos que o faça começar. Muitos profissionais supõem que a intimidade sempre demore mais para se desenvolver entre os fatores de confiança. Não é assim. Na verdade, feito bem, é potencialmente o componente que menos depende do tempo.

Rob trabalhava em uma empresa que tinha acabado de se reorganizar. Um dos executivos, historicamente considerado um vencedor, sentia que não havia mais lugar para ele na empresa. Ninguém havia se aproximado e conversado com ele, pessoalmente, sobre isso. A verdade sincera é que a pessoa ainda era tida em alta consideração, mas ninguém havia lhe dito isso. Lágrimas correram durante a conversa de Rob com esse homem.

É obvio, Rob sentiu-se desconfortável, mas a questão não é essa. Era necessário somente dar a esse homem uma chance de desabafar e reconhecer que a situação era desconfortável. Ao fazê-lo, Rob lhe deu uma chance de continuar falando e abrir caminho por esse período de incerteza.

Não somos obrigados a solucionar o estado emocional do cliente, mas é um grande passo à frente em um relacionamento de confiança quando um cliente pode se sentir confortável o suficiente para expressar fortes emoções. Imagine o quão mais fraco teria sido o real relacionamento de negócios se esse cliente nunca tivesse revelado seu estado emocional interior para Rob.

AUTODIRECIONAMENTO

Não há maior fonte de desconfiança do que consultores que parecem se interessar mais em si mesmos do que tentando estar a serviço do cliente. Devemos nos esforçar para mostrar que nosso autodirecionamento está sob controle.

A forma mais ofensiva de autodirecionamento é, obviamente, o simples egoísmo, estar "nisso pelo dinheiro". No entanto, o autodirecionamento trata-se muito mais do que ganância. Ele abrange qualquer coisa que nos mantenha focados em nós mesmos e não no nosso cliente. A lista a seguir revela quantas "ameaças" existem ao foco no cliente (e as tentações de autodirecionamento):

1. Egoísmo;
2. Autoconsciência;
3. Necessidade de aparecer no controle das coisas;
4. Desejo de parecer inteligente;
5. Lista de afazeres que tem um quilômetro de comprimento;
6. Desejo de pular para a solução;
7. Desejo de ganhar que excede o desejo de ajudar o cliente;
8. Desejo de estar certo;
9. Desejo de ser visto como certo;
10. Desejo de ser visto como valor agregado;
11. Medos de vários tipos: de não saber, de não ter a resposta certa, de não parecer inteligente, de ser rejeitado.

110 *O Conselheiro Confiável*

Em resumo, qualquer forma de preocupação com nosso próprio planejamento é focar em algo diferente do cliente, e reduzirá diretamente a confiança.

Os clientes reconhecem autodirecionamento excessivo por meio de:

1. Tendência a relacionar suas histórias a nós mesmos;

2. Necessidade de muito rapidamente terminar suas frases para eles;

3. Necessidade de preencher espaços vazios nas conversas;

4. Necessidade de parecer esperto, promissor, espirituoso, etc.;

5. Inabilidade de fornecer uma resposta direta a uma pergunta direta;

6. Relutância em dizer que não sabemos;

7. Mencionar nomes de outros clientes;

8. Declamação de qualificações;

9. Tendência a dar respostas muito rapidamente;

10. Tendência a querer ter a última palavra;

11. Perguntas fechadas no início;

12. Propor hipóteses ou declarações de problemas antes de ouvir plenamente as hipóteses ou declarações de problemas dos clientes;

13. Escuta passiva; falta de sinais visuais e verbais que indiquem que o cliente está sendo ouvido;

14. Observar o cliente como se ele/ela fosse um monitor de computador (meramente uma fonte de dados).

Como nós, como futuros conselheiros confiáveis, demonstramos baixos níveis de autodirecionamento? Pelos seguintes tipos de comportamento (que tanto representam quanto ajudam a criar um estado interior de foco no cliente):

A Equação da Confiança 111

1. Deixar o cliente completar os espaços vazios;
2. Pedir ao cliente para falar sobre o que está por trás de um problema;
3. Usar perguntas abertas;
4. Não dar respostas até ganhar o direito a fazê-lo (e o cliente o deixará saber quando o ganhou);
5. Concentrar-se em definir o problema, não adivinhar a solução;
6. Escuta reflexiva, resumindo o que ouvimos para ter certeza que ouvimos corretamente o que foi dito e planejado;
7. Dizer que não sabe, quando não sabe;
8. Reconhecer os sentimentos do cliente (com respeito);
9. Aprender a contar a história do cliente antes de escrever a nossa;
10. Ouvir ao cliente sem distrações: porta fechada, telefone desligado, e-mail fora da linha de visão, contato visual frequente;
11. Resistir, com confiança, a um convite do cliente para fornecer uma solução cedo demais — permanecer nas fases de escuta e de definição conjunta de problemas da discussão;
12. Confiar em nossa habilidade de agregar valor após ouvir, em vez de tentar fazê-lo durante a escuta;
13. Assumir a maior parte da responsabilidade por falhas de comunicação.

Aqui estão algumas formas adicionais de certificar-se de que o autodirecionamento continue baixo:

Fale com seu cliente como se ele fosse um amigo. Mesmo se os clientes *não* forem seus amigos de verdade, podemos ser amigáveis com eles. Nosso tom e sentido de conversação podem ser (argumentaríamos, *tem que ser*) de amizade. Estamos preocupados com nossos amigos e seu bem-estar, e isso se revela em nosso estilo de conversação. Devemos usar o mesmo estilo com os clientes. Pense em como você ajudaria seu cliente se fosse responsável pelo sucesso futuro dele. Mesmo se você é um espe-

112 *O Conselheiro Confiável*

cialista chamado somente em ocasiões específicas, pense sobre o sucesso deles. Tente fazer das preocupações deles as *suas* preocupações.

Preste atenção. Ter baixo autodirecionamento exige intensa atenção pessoal. Isso não significa focar infinitas horas em cada cliente ou em um cliente em potencial. Mas significa começar cada interação, cada análise, cada projeto de uma forma intensamente individual.

Seja honesto consigo mesmo sobre seu nível de interesse. Se, com o tempo, se sentir menos interessado no trabalho, será difícil manter seu autodirecionamento baixo. Se não está interessado ou inspirado pelo trabalho ou pelo cliente, é quase inevitável que focará mais em si mesmo. Mas se isso acontece com muita frequência, é hora de fazer uma mudança para um trabalho que lhe interesse mais, ou buscar novos clientes e assuntos. Se você tiver escolha, você sabe que a vida é muito curta para trabalhar no que não é inspirador.

A era digital oferece desafios únicos tanto para a intimidade quanto para o autodirecionamento. Estamos todos afundados, hoje em dia, com e-mails "personalizados" e alcances de mídia social, que são spams mal disfarçados. Na melhor das hipóteses, eles são, de alguma forma, direcionados para nós como um provável grupo de compra de alguma coisa. Mas "segmentação" não tem nada a ver com personalização. Nós somos compradores humanos no final do dia, não categorias.

Estar do lado receptor de alguém com baixo autodirecionamento pode ser uma experiência incrível. A falecida Mary Doyle, que já foi conselheira geral adjunta da secretaria do interior, foi uma das professoras de direito de Rob. Ele ainda se lembra de um almoço de sábado com ela e o tempo que ela passou com ele, algumas semanas antes da sua primeira série de provas finais da faculdade de direito.

Ele se lembra do foco intenso que ela tinha na conversa e tópicos em questão. Era como se nada mais importasse no mundo. Ela deixava claro que a conversa iria *onde* ele queria que fosse, e *enquanto* ele quisesse que fosse.

Embora ela possa não ter percebido na época, foi uma das conversas mais profundamente úteis que ele já teve. Parte dela foi, de fato, um bom conselho sendo oferecido, mas uma parte igualmente significativa foi a intensidade de seu compromisso para ajudá-lo a resolver o que precisava ser resolvido.

Baixar o autodirecionamento de alguém exige grande coragem. No entanto, a recompensa pode ser grande também. Larry Murphy, educador executivo da Universidade da Virgínia, diz:

> Os relacionamentos de conselheiros confiáveis não apenas incrementam automaticamente seu caminho para o ser — eles surgem por meio de momentos seminais. Um desses momentos — e eu ouvi isso com frequência — é quando o conselheiro diz ao cliente: "Não."
>
> Poderia ser: "Não, você não deveria fazer esse projeto que nos pediu para fazer — ele não lhe dará os resultados que quer, muito menos os que espera." Ou: "Não, acho que você precisa analisar seus motivos sobre isso — vamos pensar bem, não funcionará da maneira que você espera."
>
> Nesses momentos em que o conselheiro expõe de forma categórica sua devoção de longo prazo ao serviço ao cliente é que o cliente reconhece um conselheiro confiável verdadeiro, mesmo à custa de ganhos de curto prazo para o consultor.

ECONOMIA DE CONFIANÇA E DE RELACIONAMENTO

Será tão suave essa coisa de confiança? Absolutamente não! É rentável. A equação da confiança é útil ao esclarecer a economia de relacionamentos do cliente. Ao atribuir valores aos quatro fatores, a equação pode ser usada para avaliar o nível de confiança de um relacionamento, o que pode ser particularmente útil para você na comparação de diferentes relacionamentos.

O texto a seguir esboça a aritmética da equação da confiança.

Vamos comparar o relacionamento de um profissional com um cliente novo e com um cliente de longa data.

No caso do cliente novo, podemos classificar a percepção inicial do cliente como 5 em uma escala de 1 a 10, talvez baseado na reputação e percepções muito precoces. A confiabilidade, que tipicamente demora mais para se estabelecer, pode ser classificada como um 3, e intimidade, que certamente demora mais para se estabelecer, pode ser dado um 2.

A percepção do cliente sobre o grau de autodirecionamento do profissional, no cenário de um cliente novo, pode ser 8. Isso reflete o fato de que uma suposição inicial comum de um cliente, baseada na experiência passada, é que o profissional está principalmente interessado em cuidar de seus próprios interesses. Essa visão pode mudar uma vez que o cliente passe a conhecer o profissional, mas um baixo autodirecionamento é, raramente, a suposição inicial.

Assim, obtemos:

CLIENTE NOVO

$$(C+Cb+I)/A = (5+3+2)/8 = 10/8 = 1.25$$

Agora vamos olhar para um relacionamento, razoavelmente bem-sucedido, entre um cliente já existente, em que os valores do numerador serão mais altos e o denominador mais baixo.

CLIENTE EXISTENTE

$$(C+Cb+I)/A = (7+8+5)/4 = 20/4 = 5$$

(Se você achar que nossas suposições ou estimativas estão erradas, substitua pelas suas. É um cálculo simples.) Nossos cálculos estão resumidos na figura 8.5.

A relação dos nossos dois cenários (nesse caso a relação entre 5 e 1,25, ou 4) é o nosso interesse econômico. Como muitos outros pesquisadores descobrimos, em nosso trabalho com firmas de serviços profissionais, que o custo de desenvolver negócios com clientes novos é de 4 a 7 vezes maior do que o custo de desenvolver a mesma quantidade de negócios de um cliente existente. A equação da confiança nos dá uma grande percepção do porquê disso e o que pode ser feito.

Essa relação entre confiança "não desenvolvida" e "desenvolvida" é muito parecida com a relação entre negócios altamente lucrativos e não lucrativos. Relacionamentos de alta retenção são de alta confiança. Uma estratégia baseada em confiança é uma estratégia lucrativa.

Figura 8.5 Nossos Cálculos

	Novo Cliente	Cliente Existente
Credibilidade	5	7
Confiabilidade	3	8
Intimidade	2	5
Autodirecionamento	8	4
Cálculo:	$\frac{5+3+2}{8} = \frac{10}{8}$	$\frac{7+8+5}{4} = \frac{20}{4}$
QC:	1,25	5

O QUOCIENTE DA CONFIANÇA (QC)

Desde que escrevemos este livro, ocorreu-nos que a equação da confiança seria uma ferramenta útil de autoavaliação. Você mesmo pode acessá-la em www.trustedadvisor.com/tq. Mais de 100 mil pessoas já o fizeram. A seguir estão alguns resultados de uma análise dessas respostas:

- Uma análise de regressão mostra que o fator de intimidade (com auto-direcionamento por um segundo) é o mais forte indicador de alto quociente de confiança (QC).

116 *O Conselheiro Confiável*

- Em média, as mulheres têm maior pontuação do que os homens (e, informalmente, os homens concordam). Grande parte dessa pontuação maior é devido o fator intimidade (os outros componentes são mais ou menos os mesmos).

- A idade está fortemente relacionada com alta pontuação de credibilidade: quanto mais velhos ficamos, mais confiáveis nos classificamos. Isso faz sentido? Bem, pergunte a si mesmo: você se considera hoje mais ou menos confiável do que quando tinha dezenove anos?

O leitor pode se perguntar sobre a validade de uma ferramenta de autoavaliação. Algumas confirmações indiretas dessas descobertas podem ser encontradas em pesquisas de honestidade e ética entre profissões, conduzidas por empresas como a Gallup. Nos Estados Unidos, com notável consistência, a profissão melhor classificada é a enfermagem, uma profissão 89% feminina. Independente do gênero, descobrimos em seminários que o fator de confiança que as pessoas mais fortemente associam aos enfermeiros é a intimidade.

Mais uma confirmação das descobertas de idade e gênero foram avaliadas por nós mesmos em nossos próprios seminários; nós normalmente pedimos ao público que adivinhe as descobertas antes de revelá-las. Com notável consistência — 297 de cerca de 300 sessões — a maioria em cada público adivinhou ambos os resultados corretamente. Sendo a principal constatação de intimidade primária, os resultados foram menos extremos, mas a grande maioria extraiu intuitivamente a mesma conclusão.

9
O DESENVOLVIMENTO DA CONFIANÇA

Neste capítulo, apresentamos um novo conjunto de conceitos que são construídos sobre (embora diferentes) aqueles que discutimos até agora. A partir daqui, começamos uma investigação aprofundada, e de vários capítulos, dos estágios da construção de confiança, em uma tentativa de fornecer uma estrutura para a compreensão do desenvolvimento da confiança.

Sugerimos que há cinco passos distintos no desenvolvimento de um relacionamento de confiança. Neste capítulo definiremos cada um desses estágios. Nos capítulos subsequentes, exploraremos cada estágio em detalhes.

Expressos em sua forma mais simples, os cinco estágios são:

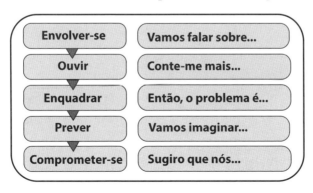

118 *O Conselheiro Confiável*

A figura abaixo resume, a cada estágio do processo de confiança, qual o principal sentimento do cliente e o que o consultor ganha com a conclusão bem-sucedida de cada etapa.

ENVOLVER-SE

O envolvimento, o primeiro estágio da construção de confiança, é o ponto do processo em que o cliente começa a sentir duas coisas: (1) há uma questão que vale a pena conversar; e (2) vale a pena falar com essa pessoa sobre esse assunto.

Fig. 9.1. Resumo do Processo de Confiança

Etapa do processo de confiança	Ação tomada	O que o cliente cobra	O que o consultor ganha
1- Envolver-se	A atenção se torna focada.	"Vale a pena falar com essa pessoa sobre esse assunto..."	Ganha o direito de falar e ouvir verdades.
2- Ouvir	Orelhas maiores que a boca; reconhecer e afirmar.	"Estou sendo ouvido e compreendido..."	Ganha o direito de sugerir uma declaração ou definição de um problema.
3- Enquadrar	A raiz do problema é declarada clara e abertamente.	"Sim, esse é exatamente o problema aqui..."	Une questões para avançar.
4- Prever	A visão de uma realidade alternativa é esboçada.	"Poderíamos, de fato, realizar isso? Isso seria um resultado realmente interessante."	Concretiza a visão; gera clareza ao objetivo.
5- Comprometer-se	Os passos são acordados; o sentido de comprometimento é renovado.	"Eu concordo, entendo o que precisa ser feito. Estou com você, vamos fazer isso."	Permite que comece a resolução do problema.

Deve haver ambos os elementos para criar envolvimento. Todos nós tivemos experiências em que os clientes estavam dispostos a falar conosco, mas não reconheceram que a questão era importante para eles. Nós também já tivemos clientes, mesmo de longa data, que reconheciam novas questões, mas pensavam que não éramos as pessoas com quem deviam falar sobre elas. Obviamente, nenhuma das situações representam um envolvimento bem-sucedido.

Note que o envolvimento não é apenas um processo que você usa quando encontra novos clientes em potencial pela primeira vez. É igualmente importante, se não mais ainda, retomar relacionamentos, que crescem para cobrir as necessidades de novos clientes. Em ambos os casos, novos e existentes, nós, como conselheiros, devemos demonstrar ao cliente que somos dignos de ouvi-los de uma maneira aberta e verdadeira sobre o assunto em questão.

ESCUTAR

A escuta, quando bem-sucedida, é o estágio do processo em que o cliente passa a acreditar que o consultor o entende. O propósito da escuta na construção da confiança é *ganhar o direito* de envolver-se em uma exploração mútua de ideias.

A boa escuta pode ser ativa, incisiva, consciente, comprometida e interativa. Mas uma boa escuta somente começa dessa forma.

O profissional de sucesso escutará o que foi dito *e* o que está implícito. Além disso, é necessário confirmar e validar o que ouvimos. Não devemos apenas escutar; devemos fazer algo que dê ao cliente a *experiência* de ter sido ouvido. Isso é vital para ganhar o direito de seguir em frente.

ENQUADRAR

O enquadramento bem-sucedido, que é simultaneamente um meio de construir confiança e parte essencial de aconselhar, é o processo pelo qual o conselheiro ajuda o cliente a cristalizar e esclarecer as muitas questões envolvidas no seu problema. O enquadramento consiste em formular declarações de problemas, hipóteses e pontos de vista, construídos ao redor do que é importante para o cliente. Enquadrar é geralmente o ponto do processo em que o cliente se torna atento, de forma consciente, do valor agregado pelo consultor e, portanto, em quais níveis significativos de confiança podem ser construídos.

120 *O Conselheiro Confiável*

Como veremos no Capítulo 12, o esclarecimento das questões pelo consultor pode ser racional ou envolver redefinir as questões do cliente em um quadro político ou emocional. Enquadrar é raramente um processo *exclusivamente* lógico ou racional. Seu propósito é revelar e organizar as questões do cliente e ajudar a compreender o problema (por todas as partes envolvidas) e formar uma visão comum, para que o processo possa avançar com clareza e solidariedade.

PREVER

Tendo definido o problema, alguns podem pensar que o próximo passo lógico é resolvê-lo. Nós não pensamos assim. Qualquer problema pode ter muitas soluções, dependendo do que o cliente quer alcançar ou para qual estado futuro ele quer almejar. O papel da visão conjunta no processo de desenvolvimento da confiança é concretizar uma visão específica (e escolha) entre os possíveis estados futuros.

Ao prever conjuntamente, o consultor e o cliente imaginam (com ricos detalhes) como o resultado final pode parecer, sem ceder prematuramente à tentação de resolver o problema.

Prever implica abordar (pelo menos) as seguintes questões:

1. O que *realmente* almejamos aqui?
2. Como se parecerá quando chegarmos lá?
3. Como saberemos que estamos lá?

No processo de previsão, o consultor pode dizer:

"Eu sei que você quer viver uma vida mais saudável e nós, certamente, podemos ajudar, mas quanto exercício você imagina fazer? Você quer perder cinco quilos ou quinze quilos? Qual a expectativa aqui? Nós não podemos ajudá-lo até que tenhamos explorado todas as implicações de sua escolha e entendido qual objetivo quer perseguir. Você, realmente, almeja tanto perder quinze quilos quanto parar de fumar? Tem certeza que esse é o seu objetivo? Você está *pronto* para alcançá-lo? Você deseja diminuir o nível de exigência antes de assumir um compromisso? Certifique-se de que você não está se arriscando a fracassar."

Observe que, às vezes, o consultor pode agregar valor ao fazer com que o cliente expanda seus sonhos (mirar alto), mas algumas vezes prever requer que o consultor gerencie as expectativas do cliente, baseado em seu conhecimento do que é e o que não é alcançável.

Quando feito com êxito, prever é, em geral, o ponto do processo em que o cliente começa a entender seus objetivos verdadeiros e os define para que ele possa se comprometer em alcançá-los, realisticamente. Deveríamos reconhecer que algumas vezes, mesmo problemas conhecidos permanecem sem solução por escolha do cliente. O cliente pode determinar que os benefícios do estado futuro não valem o esforço, e que ele pode viver com o problema. Um outro benefício da previsão é que ela pode criar exemplos simbólicos, que servem como atalhos para ajudar o cliente e o consultor a se comunicarem rápida e profundamente no futuro. Mark Hawn, executivo da EY, compartilhou essa experiência:

> Eu estava com a Accenture na época. Tive que dar à diretora de operações, um cliente muito difícil, um projeto muito sólido, que oferecia um valor adicional de US$0,05 por ação (um lucro por ação de cerca de US$1,25). O único problema: a Accenture tinha sido responsável anos antes pela sua demissão. Uma situação delicada, para dizer o mínimo.
>
> Um bom amigo, que também a conhecia, aconselhou-me, "Olha — pegue esses cinco centavos e dê a ela no início da reunião." Era para representar o valor que iríamos oferecer. Parecia um pouco piegas para mim na época, mas segui seu conselho.
>
> Conseguimos o trabalho. Só anos depois descobri que ela ainda guardava aquela moeda em sua mesa. Ela era uma metáfora, sim.

Mas o que ela também representava era um símbolo concreto do que realmente importava para a diretora: uma adição tangível aos ganhos por ação. Era perfeito: aqueles cinco centavos de cobre tocaram o coração do que era importante para ela.

COMPROMETER-SE

Assim como para perda de peso, um cliente pode entender o problema, desejar urgentemente o estado final, mas estar inseguro não apenas sobre o que é preciso para chegar ao objetivo, mas também se ele tem vontade de fazer o que for para alcançá-lo.

O propósito do estágio de comprometimento da construção de confiança (e aconselhamento) é garantir que o cliente compreenda (em toda a sua complexidade racional, emocional e política) o que será necessário para alcançar o objetivo e ajudá-lo a encontrar a determinação para fazer o que é necessário.

O que vem em seguida ao comprometimento é a ação (pelo cliente ou consultor). O consultor deve certificar-se de que as expectativas tenham sido gerenciadas minuciosamente. Somente por meio de um processo de compromisso detalhado o conselheiro pode saber o que fazer. Apenas quando há compromisso o cliente terá a confiança e segurança de que o consultor está fazendo o que ele quer.

O valor agregado desse estágio é ajudar o cliente a compreender o que será necessário para resolver o problema, e a construção de confiança vem da sinceridade com a qual o consultor expõe os desafios e riscos envolvidos. ("Essas pessoas estão sendo sinceras comigo, ao contrário daquelas outras pessoas que prometem a lua e fingem poder resolver tudo.")

O Desenvolvimento da Confiança 123

OUTRO OLHAR

Aqui está outra maneira de olhar para os cinco estágios:

1. Envolver-se: usa linguagem de interesse e preocupação.

   "Estive pensando sobre seus concorrentes, e..."

   "Seus funcionários me contaram que..."

2. Escutar: usa a linguagem da compreensão e empatia.

   "Conte-me mais sobre..."

   "O que está por trás disso?"

   "Nossa, isso deve parecer..."

3. Enquadrar: usa a linguagem da perspectiva e sinceridade.

   "Eu vejo três temas principais emergirem aqui..."

   "Sabe, o que é difícil de fazer aqui é...

4. Prever: usa a linguagem da possibilidade.

   "Não seria ótimo se..."

5. Comprometer-se: usa a linguagem da exploração conjunta.

   "O que seria necessário, para cada um de nós, para..."

HABILIDADES EXIGIDAS

Os cinco estágios da construção da confiança têm implicações emocionais muito diferentes, e esses exigem habilidades diferentes por parte de quem confia que sejam realizados.

1. Envolver-se exige a habilidade de ser notado (de forma credível).

2. Escutar exige uma habilidade de compreender outro ser humano.

3. Enquadrar exige perspectiva criativa e coragem emocional.

4. Prever exige espírito de colaboração e criatividade.

5. Comprometer-se exige a habilidade de gerar entusiasmo e, algumas vezes, a habilidade de gerenciar o excesso de entusiasmo.

É natural para todos nós termos uma tendência de liderar com nossas qualidades particulares. Essa tendência também se aplica ao ponto de vista das pessoas sobre o processo de desenvolvimento da confiança. Um de nossos clientes (uma empresa de consultoria estratégica), quando apresentado ao modelo de construção de confiança de cinco passos, disse: "Você sabe, a etapa de maior retorno e de maior probabilidade nesse processo (a única que resulta no aumento da confiança mais do que todos os outros passos) é a etapa de enquadramento."

Uma empresa diferente (por exemplo, uma na área de gestão de mudanças) poderia apontar a escuta e a previsão como os passos principais. Ainda outra empresa pode apontar o comprometimento, fazendo com que o cliente concentre sua atenção em um problema, como um botão mágico.

Entretanto, nenhum passo é o "fundamental". Todos são essenciais para o processo de desenvolvimento de confiança. O objetivo no processo, que um cliente possa articular um "momento fundamental", depende muito do assunto a ser discutido e, especialmente, na abordagem do conselheiro.

Nos capítulos seguintes, examinaremos cada um dos cinco passos com mais detalhes e ofereceremos sugestões de como executar cada um deles.

10
ENVOLVER-SE

Envolvimento, o primeiro passo na construção da confiança, é o estágio em que ocorre pela primeira vez ao cliente que talvez, de alguma forma, a pessoa diante dele — ou como mais frequentemente nesses dias, sentada do outro lado de um monitor — possa ser capaz de ajudá-lo a encontrar a solução para um problema (específico). Isso pode acontecer em uma situação de um cliente novo ou de um existente.

Muitos consultores acreditam que o processo de construção de confiança começa com a escuta. Mas algo mais deve vir primeiro, antes que um cliente (novo ou existente) realmente comece a falar sobre uma necessidade. Esse algo envolve uma conexão inicial entre o consultor e o cliente. Chamamos isso de envolvimento.

Para um cliente, o envolvimento é uma decisão não trivial. Qualquer problema que o cliente enfrente exigirá alguma energia emocional e risco pessoal, somente por propor algo. Isso não é feito a não ser que seja tomada uma decisão para investir tempo e energia, e correr um risco, o que não é feito a menos que o cliente em potencial veja alguma probabilidade de bons resultados.

Os clientes têm muitas pessoas que querem seu tempo. Recentemente, ouvimos um proeminente diretor financeiro falar para um grupo de sócios de contabilidade o que ele procura em um consultor. Começou dizendo que aquelas pessoas de contabilidade e firmas de consultoria estavam, constantemente, tentando agendar um horário, e que era melhor que elas tivessem algo valioso a oferecer. Infelizmente, muitos vêm "apenas me perguntar quais são meus problemas e querendo me ouvir. Não trazem nada de valioso para a reunião." Os clientes não se abrem somente porque ouvimos, nem os clientes existentes. Eles têm que pensar que vale a pena conversar *sobre esse assunto* conosco. Algum gatilho tem que ser puxado na mente do cliente para que ele se abra para *nós*, em particular. Pense em suas próprias experiências. Para quem você se abre? Quem se abre para você?

Como fazemos com que um cliente se envolva? Choque ou surpresa podem ser usados para alterar percepções e expectativas contínuas, que se tornaram habituais no relacionamento. Algumas empresas de serviços, nos últimos anos têm se tornado ligeiramente mais ousadas na sua disposição em surpreender ou alterar expectativas, embora dentro de limites socialmente aceitáveis.

ENVOLVER-SE COM CLIENTES NOVOS

Nós temos visto clientes apresentando propostas a uma rede nacional de pizzarias — em uma caixa de pizza. Isso pode parecer banal para você; mas incluir o logotipo de um cliente em uma apresentação para esse cliente provavelmente parece uma coisa óbvia a ser feita. Existe um mundo de alcance entre esses dois casos, e os profissionais muitas vezes se autocensuram excessivamente por medo de parecerem antiprofissionais.

Esses exemplos, e outros parecidos, ilustram o princípio de que ser visto como uma *tentativa visível de personalizar* nossas atividades a um cliente específico, ao fazer algo um pouco diferente para comunicar a mensagem e ganhar atenção, é potencialmente muito poderoso.

Não nos referimos apenas ao poder no sentido de vendas autodirecionadas, mas no sentido do início da construção de confiança. Ao mostrar que estamos dispostos a entrar em seu mundo, mesmo simbolicamente, geramos o seguinte sentimento no cliente:

> "Talvez essas pessoas não sejam como todas as outras. Essas pessoas estão realmente tentando ganhar e merecer minha atenção. Elas ganharam o direito, pelo menos para mim, de prosseguir para o próximo passo de falar com eles."

Isso é (o começo) a construção da confiança.

Asheet Mehta, sócio sênior da McKinsey e chefe da Partner Learning, define dessa forma:

> A confiança é realmente individual e a forma como a aborda tem que se relacionar com os "micro-hábitos" e mentalidade de cada indivíduo. Por exemplo, como eles cresceram? Algumas pessoas são muito articuladas sobre seus começos humildes, enquanto outras apresentam suas qualidades e antecedentes. Para outros, o importante pode ser os acontecimentos ou ocorrências em sua carreira que os influenciaram.
>
> Então, a questão como conselheiros é: como combinar essas predileções como uma ponte para se conectar, em algum nível, e construir um relacionamento baseado na confiança? Para mim, foi algo que eu tive que aprender com a experiência ao longo do tempo. Hoje, aprendi a procurar ativamente por isso.

Outros métodos de personalização visível incluem apresentar suas mensagens no formato usado na internet ou no site do cliente. Talvez possa incorporar os produtos do cliente de formas interessantes nas suas comunicações. Ouvimos sobre o uso bem-sucedido de vídeos, áudios e até mesmo apresentações ao vivo, feitas por profissionais, toda técnica que agite os padrões de percepção, toda forma de fazer o cliente se envolver.

Se você tem tempo ou um departamento de pesquisa para apoiá-lo você pode aprender muito sobre clientes em potencial e seus problemas

128 *O Conselheiro Confiável*

em revistas comerciais, associações comerciais e, é claro, na internet. Essa abordagem funciona maravilhosamente com clientes novos. Uma grande empresa de consultoria construiu seu sucesso na estratégia de selecionar, cuidadosamente, os novos clientes que buscava, e antes mesmo de fazer o primeiro contato com o cliente-alvo, concluía uma análise completa do segmento. Ela não apenas coletava os fatos, mas fazia uma análise e desenvolvia perspectivas e um ponto de vista. Eles então abordariam seu alvo e diriam:

> "Nós temos algumas perspectivas exclusivas sobre seu segmento e gostaríamos de compartilhá-los com você, de graça. Nós não fingimos conhecer seu negócio tão bem quanto você, mas achamos que temos alguma informação e pontos de vista que são um pouco diferentes. Podemos ir aí e discuti-las com você?"

Esse é outro exemplo de ganhar vendas ao conquistar confiança, e conquistar confiança pelos princípios apresentados no Capítulo 5 sobre construção de relacionamento: vá primeiro, esclareça e não imponha.

No livro *You're Working Too Hard to Make the Sale!* [*Você Está Se Esforçando Demais Para Fazer a Venda!*, em tradução livre], Bill Brooks e Tom Travisano sugerem que consultores precisam indicar rapidamente que compreendem os desejos dos compradores. Não necessidades. Desejos. E não apresentar, apenas compreender. Em outras palavras, temos que nos envolver rapidamente em torno de algo que é realmente significativo para o cliente.

Por que isso funciona como um captador de atenção? Porque é muito raro que um consultor consiga, verdadeiramente, sair de sua própria visão interna de mundo para apresentar uma visão de mundo voltada para o cliente.

Estamos muito frequentemente preocupados com nós mesmos, e isso é transparente. Nos preocupamos com nossas falas, ensaiamos nossa apresentação, verificamos nossa aparência e afinamos o texto da nossa proposta. Todas são atividades autodirecionadas, não focadas na outra pessoa. Quando um conselheiro consegue arrumar essa confusão e articular de maneira clara algo que é genuíno e precisamente dirigido ao desejo do cliente, é impressionante. Impressionante o suficiente para gerar envolvimento.

ENVOLVIMENTO DIGITAL

De todos os cinco passos da criação de confiança (envolvimento, escuta, enquadramento, previsão e comprometimento), o envolvimento pode ser o mais afetado pela revolução digital. Isso é especialmente verdade no envolvimento com clientes novos. Costumava haver uma clara distinção entre as interações baseadas em conteúdo relativamente baixo antes de uma reunião inicial de alto conteúdo. Hoje, já não há mais distinção — há muitas gradações de envolvimento, com níveis variados de conteúdo envolvido. Porém hoje, em geral, novos clientes esperam obter muito conteúdo no início dos relacionamentos, antes de uma reunião inicial frente a frente (ou voz a voz), virtual ou não.

Isso é, em grande parte, uma coisa boa. Muitos de nós, como consumidores, queremos ter acesso a pelo menos algum nível de informação sem estarmos presos a uma interação pessoal. Um conselheiro que tenta reter informações básicas para conseguir uma reunião tem mais chances de gerar ressentimento do que obtê-la.

Mas não tenha medo. É perfeitamente possível começar um envolvimento em ambiente digital. Exige ampliar suas habilidades de comunicação, ver corretamente quais tipos de assuntos demandam uma interação pessoal e quais não, e ter vontade de compartilhar pensamentos e hipóteses emergentes no início do ciclo de criação de confiança.

(RE-)ENVOLVER-SE COM CLIENTES EXISTENTES

Em um paralelo interessante a nossa discussão anterior sobre construção de relacionamento, surgem questões quanto ao processo de envolvimento com os clientes de longa data. Como se envolver novamente com um

130 *O Conselheiro Confiável*

cliente existente? Como podemos ser inovadores e cativantes por longos períodos de tempo ou após múltiplas atribuições? Como fazemos isso de forma que não sejamos percebidos como previsíveis demais (e que nossos motivos não sejam confiáveis)?

Nos estágios iniciais da construção de relacionamento (nos negócios ou na vida pessoal) são as coisas parcialmente novas, intrigantes e excitantes que dão início à relação. Em um relacionamento já existente, ser capaz de conseguir que os clientes se abram significa fazer ou dizer algo que seja ainda suficientemente novo, intrigante e excitante.

Os clientes existentes geralmente nos dão a oportunidade de uma reunião. Eles nos darão uma chance, nos ouvirão, acenarão apropriadamente. A questão mais profunda, no entanto, é se eles se envolverão e se abrirão. Eles nem sempre o fazem. Nós todos já tivemos a experiência um pouco inquietante de ter ido até um cliente para falar sobre algo que acreditávamos que poderia ser um assunto polêmico ou de grande interesse para eles, apenas para ser recebido por olhares vazios.

Com um cliente existente, você poderia dizer:

> "Susan, estive procurando em sites e noticiários sobre alguns de seus concorrentes e notei que muitos estão fazendo movimentos significativos. Eu certamente não tenho as respostas, mas tenho algumas sugestões de como você poderia reagir. Você ou a sua equipe gostaria de se reunir para discutir algumas ideias? Sem custo, é claro. Não quero me meter onde não sou chamado, mas se você quiser minhas sugestões, ficaria feliz em compartilhá-las."

As abordagens bem-sucedidas frequentemente (mas nem sempre) derivam do conhecimento prévio que ganhou sobre o trabalho anterior do cliente ou em conversas anteriores com ele. Aqui estão alguns exemplos e algumas frases específicas que as acompanham. Observe as ênfases e o que elas conotam:

1. Abordagens que demonstram preocupação com desenvolvimentos da concorrência.

   "Estou um pouco *preocupado* em como seu concorrente está aumentando o perfil no mercado e queria falar com você sobre isso."

2. Abordagens que sinalizam uma compreensão dos desafios de carreira que um indivíduo em particular enfrenta.

   "Tenho observado o que tem acontecido aqui com [por exemplo] sucessão e planejamento sucessório, e como isso pode afetar sua tomada de decisão."

3. Abordagens que podem oferecer uma solução para um problema gerencial específico.

   "Um tempo atrás, você mencionou que *estava preocupado* em como [por exemplo] os dois grupos se integrariam e eu queria compartilhar algumas observações."

4. Abordagens que demonstrem continuidade e desenvolvimento.

   "Pensei muito sobre algo que você disse há quatro semanas."

Esses são problemas com a concorrência, de carreira ou pessoais. Eles contrastam com abordagens mais orientadas pelo conhecimento do conteúdo, muitas das quais prevalecem nos estágios iniciais dos relacionamentos com o cliente. Nesses estágios iniciais, os consultores ainda não ganharam o direito (nem poderiam ter o conhecimento) de chegar e começar a discutir os desafios de carreira de um determinado cliente. Mais tarde, no entanto, é um tópico mais apropriado para a conversa.

Envolver-se com clientes existentes não se trata apenas de tópicos. Trata-se também de sincronização. Depois de reunirmos informações, que podem ser valiosas para ajudar a criar uma nova discussão com novos clientes, é essencial avaliar melhor a tentativa de envolver-se com bases de urgência e importância.

132 *O Conselheiro Confiável*

Stephen Covey fez uso das diferenças críticas entre urgência e importância em grande parte de seu trabalho sobre eficácia pessoal. Também tem grande relevância aqui. Todos sabemos como é irritante ser solicitado a abordar tópicos de grande importância quando nós não temos tempo para analisá-los.

Envolver-se com clientes existentes trata-se de escolher o tópico certo na hora certa. Temos oportunidades limitadas de tempo com eles e, se escolhermos mal, nossas oportunidades se tornam cada vez menores. Aqui estão dois princípios básicos rápidos que consideramos úteis:

Primeiro, apresente os tópicos em uma ordem que correspondam ao tempo disponível com o cliente. (É sempre incrível que algumas pessoas nem sequer verificam quanto tempo o cliente tem disponível.) Se você tem somente uma quantidade limitada de tempo (um encontro no corredor ou cinco minutos), organize a pauta, comece com o urgente e termine com o importante (mesmo se for apenas uma frase ou um pensamento para voltar em algum ponto anterior). Se você tiver um pouco mais de tempo, comece com o importante e guarde cinco minutos no final da conversa para o urgente. De qualquer forma, isso ganhará mais tempo com o cliente.

Segundo, não se contenha em levantar um tópico. Mesmo que você não consiga cobrir tudo ou mostrar o quão brilhante você é, ainda vale a pena levantá-lo. Nós nunca temos tempo suficiente para mostrar quanto sabemos e o quanto nos importamos, mas oferecer até mesmo uma indicação de nosso cuidado para com um cliente pode nos colocar em uma posição muito boa, mesmo anos depois.

ENVOLVER-SE COM NOVOS CLIENTES

Envolver-se com um novo cliente não é apenas sorte. Você pode melhorar suas chances consideravelmente ao fazer o seguinte:

Descubra absolutamente tudo o que puder sobre seu novo cliente em potencial. Qualquer pessoa que não faça uma pesquisa online bastante intensa (não dar uma espiada, lembre-se, mas fazer uma pesquisa) tanto sobre a entidade quanto do indivíduo está perdendo uma aposta fácil. Acompanhe isso com uma segunda fase de pesquisa sobre a pessoa (o LinkedIn tornou isso muito mais fácil): você conhece alguém que conhece alguém que costumava trabalhar com essa pessoa? Aprenda não só seu histórico, mas suas conexões e interesses.

Certifique-se que tenha pelo menos dois ou três pontos que você gostaria de falar com eles. Não perguntas, mas tópicos. O perigo aqui é ter certeza que não escolheu um tópico muito usado ou obsoleto. Algumas informações ou um ponto de vista (especialmente um não publicado) sobre concorrentes ou adversários é quase sempre de interesse.

Oferecer um ponto de vista em particular é valioso — *se* ele tiver dois elementos. Primeiro, (obviamente) ele deve ser bom e relevante. Não tão obviamente — também deve ser um pouco arriscado. Você quer dizer algo como: "Fizemos algumas pesquisas sobre isso e embora, claro, nós não conheçamos a sua organização completamente ainda — e portanto, isso pode estar errado — mas nos parece que X pode ser um grande problema para você."

Dessa forma, se estiver certo, parecerá muito inteligente. Mas o mais importante — mesmo se estiver errado — recebe crédito por ter assumido um risco ao sair da zona de segurança. É uma forma de presente e essencialmente serve para você se tornar o depositário da confiança — aquele disposto a assumir o primeiro risco para iniciar uma interação de confiança.

Você pode lançar fatos ou dicas de onde esteve ou sobre o que trabalhou, que possa ser de interesse para eles, desde que não pareça um esnobe. Só porque o primo do seu cunhado pintou o quadro do LeBron James, isso não se encaixa, a não ser que esteja falando com um artista esportivo. Certifique-se que seja do interesse deles.

Não faça interações iniciais puramente transacionais. Se você focar estritamente no conteúdo, será reconhecido mais como um técnico do que um conselheiro. Fale com eles como se fossem um *novo* amigo, não um velho amigo. Há uma diferença. Não há nada pior que alguém que finge ser excessivamente familiar. Faça com que seja sociável o suficiente para que queiram passar mais tempo juntos, não menos.

Ter somente uma reunião não é o suficiente. Se você não consegue agregar valor, adie a reunião. Espere até que *possa* agregar valor. A espera valerá a pena.

11
A ARTE DA ESCUTA

Conselheiros confiáveis eficazes são (sem uma única exceção, em nossa experiência) ouvintes muito bons. Ouvir não é uma condição suficiente por si só, mas é a única necessária, o segundo passo no nosso processo de cinco estágios.

Ouvir é essencial para "ganhar o direito" de comentar e estar envolvido nos problemas do cliente. Nós temos que efetivamente ouvir e efetivamente sermos *percebidos* como ouvintes *antes* que possamos proceder com qualquer processo consultivo. Ir direto ao ponto sem ter ganhado o direito de fazê-lo será, geralmente, interpretado como arrogância.

OUVIR: GANHAR O DIREITO

Jim Copeland foi o lendário CEO da Deloitte & Touche e alguém que construiu, de forma muito eficaz, relacionamentos duradouros e profundos. A Deloitte & Touche foi o resultado de uma fusão entre a Deloitte, Haskins & Sells e Touche, Ross & Co. Copeland estava com a Deloitte. Ele descreveu os primeiros cinco minutos de uma reunião de nove horas com o CEO de um cliente importante da Touche, Ross, um personagem inflamado, que não estava nada satisfeito por ter que "treinar" uma nova firma de contabilidade.

> Ele lidera com poder, energia, e quer sobrecarregá-lo, para que você saiba quem está no comando. E eu não lutei contra isso, apenas dizia "fale-me mais sobre esse problema: como aconteceu, como surgiu, o que está acontecendo?" Eu queria saber por que ele estava chateado e o que seria necessário para consertar as coisas. Basicamente, eu estava lá por ele e o deixava saber disso. Você somente começa com uma atitude que, por Deus, você corrigirá as coisas e para fazer isso tem que focar totalmente no cliente e nos problemas dele.

Nessa reunião, há muitos aspectos do comportamento de Copeland que explicam porque ela foi a gênese de um relacionamento muito longo e bem-sucedido. Mas naquela primeira reunião, nenhum desses aspectos importou mais do que sua capacidade de ouvir. Ouvir lhe valeu o direito de apresentar conteúdo de qualidade, de fazer vendas cruzadas, demonstrar capacidade de resolver problemas e falar sobre seu pessoal. Nada disso teria acontecido se ele não tivesse ganhado o direito por meio da escuta (assim descobrindo o que estava acontecendo).

Por que "ser escutado" é tão importante? A resposta não é somente sobre a necessidade de uma compreensão racional dos problemas. Nosso desejo de sermos ouvidos também flui da nossa necessidade por respeito, empatia e envolvimento. Ser ouvido sem julgamento é tomado pelo outro como um sinal de respeito — um sinal que é frequentemente retribuído. O conselheiro confiável reconhece isso e sempre certifica-se que a autoestima do cliente seja protegida.

Um conselheiro confiável pode dizer: "O que eu gosto sobre sua ideia é X; agora ajude-me a entender como podemos usá-la para realizar Y." Por meio dessa linguagem, o consultor constantemente deixa o cliente saber que é respeitado e que os dois estão livres para discutir, com grande sinceridade, os méritos específicos da ideia em questão.

Ao ouvirmos para ganhar o direito, descobrimos que os conselheiros cometem dois erros comuns. Um é ouvir somente o racional; o outro é ouvir passivamente demais.

ESCUTA EXTREMAMENTE RACIONAL

O conceito de "ganhar o direito" pode soar como uma abordagem racional. Afinal, enviamos currículos com a finalidade de "ganhar o direito" da entrevista. Enviamos as qualificações de nossa empresa para "ganhar o direito" de fazer uma oferta de trabalho. A verdade é que esses processos racionais somente imitam a ação real.

Ouvir para ganhar o direito é muito emocional como também um processo racional. Aqui está o resto da história de Copeland.

> Então ele recebeu a mensagem de que eu me importava com ele e não deixava passar nas coisas que não eram certas para ele. Anos depois, tivemos a oportunidade de lançar um projeto para ele, de US$5 milhões, um projeto bastante grande naqueles dias, e no final do lançamento, ele apenas olhou para mim e disse: "*Você* acha que eu deveria fazer isso?"
>
> O que significa que eu poderia olhá-lo nos olhos e dizer "pode apostar", então ele me colocou em posição de fazer a coisa certa para ele. E ele sabia que se eu não acreditasse naquilo, eu não o olharia nos olhos e diria, porque ele sabia que podia confiar em mim. E eu fui capaz de dizer, nesse caso, "com certeza deve fazê-lo; você precisa disso e faremos um ótimo trabalho para você."

Nós tivemos clientes (e você provavelmente tem também) que insistem que essa coisa de ouvir é um tanto sentimentalista. "Quero resultados, coisas difíceis, respostas," insistem conosco, "não me venha com essa de ouvir passivamente."

No entanto, no final do dia, esse cliente (e quase todos os clientes) querem ser capazes de olhar alguém nos olhos e saber que aquele alguém se

138 *O Conselheiro Confiável*

importa e não deixa passar coisas que não são certas para ele. Isso é ser "suave"? Achamos que não.

ESCUTA EXTREMAMENTE PASSIVA

O outro (relacionado) erro comum em ouvir para ganhar o direito é ouvir passivamente demais. Pensando bem, o ato de escutar é uma forma de presente — o presente da nossa atenção. Como tal, uma boa escuta não é apenas um presente, mas também uma exigência. A boa escuta é ativa, não passiva.

Uma parte fundamental da comunicação é a contínua discussão do reconhecimento de que cada um está sendo ouvido e compreendido. Todos conhecemos o vazio "aham" e o olhar vidrado que vem de alguém que simplesmente *sabemos* que não está realmente nos ouvindo.

Precisamos, em uma conversa normal, de algum tipo de reconhecimento da outra parte com frequência. Sem isso, somos forçados a parar e exigi-lo ou interromper nossa comunicação.

Mas o que é considerado reconhecimento? É a linguagem corporal? Palavras? A resposta é que depende do conteúdo da mensagem e da "linguagem" de cada agente.

Se a mensagem é puramente racional (por exemplo, um advogado sênior que transmite os detalhes de uma análise a um associado), então o reconhecimento apropriado pode ser quase inteiramente verbal. Um ocasional "aham", com um leve aceno de cabeça é suficiente para deixar um professor saber que ele está sendo ouvido e entendido, e que deve continuar.

Mas, se a mensagem transmite algum traço emocional (e a maioria transmite), então *não* usar cores ou tons emotivos em nossos reconhecimentos envia a mensagem que não estamos ouvindo.

Um cliente que diz "Fazemos 300 mil transações por dia aqui" tem um sentimento sobre esse número. Não é suficiente saber se 300 mil é acima ou abaixo do concorrente, ou mais alto ou mais baixo do que o último mês.

O cliente pode estar orgulhoso desse número, ou simplesmente orgulhoso de sabê-lo. Ou ele pode estar entediado, envergonhado por ele ou por inúmeras coisas.

O consultor que ouve passivamente (usando somente "aham") envia a mensagem de que somente o conteúdo racional importa, que os sentimentos de quem transmite a informação são irrelevantes. O consultor eficaz sabe que os dados emocionais são tão válidos e importantes quanto os dados racionais. Se um cliente tem um sentimento forte sobre algo, cabe a nós reconhecer esse sentimento em nossa reação a ele — assim como reconheceríamos dados racionais ao parafrasear, precisamos reconhecer sentimentos por meio de demonstração de empatia. Cada um desempenha seu papel para agregar valor e mudar com sucesso a organização do cliente.

Há até mesmo circunstâncias em que uma reação do consultor não é apenas boa de ter, mas essencial. Por exemplo, um CEO que reclama que um ex-funcionário importante está vendendo segredos comerciais a um concorrente merece mais do que um mero "aham." O consultor pode responder apropriadamente como segue:

> "Você deve estar indignado. Eu gostaria de ter um botão para apertar para resolver isso para você instantaneamente, mas não tenho. Acho que ninguém tem."

ESCUTAR A SEQUÊNCIA

Realizamos um questionário, em tempo real, para avaliar a frequência com que as mentes das pessoas se desviam do assunto em questão. Nosso estudo não científico sugere que, em média, os empresários podem prestar atenção por não mais de trinta a sessenta segundos sem se distraírem por um pensamento não relacionado. Escutar é um processo que exige habilidade e disciplina. Muito da comunicação segue o modelo de uma história. Há um começo, um meio e um final. Há configuração, tensão e resolução. Há cenário, configuração e conclusão. Quando falamos com al-

140 *O Conselheiro Confiável*

guém (sobre quase qualquer coisa), escolhemos nossas palavras para criar alguma versão de uma história.

Mas se o ouvinte interrompe nosso sentido da história (insiste em interromper, reformular ou impor seu próprio sentido da narrativa), o significado que pretendemos é interrompido. Parece inapropriado quando alguém chega a uma conclusão, perde uma conexão ou tira as coisas da sequência. Todas essas são formas de não "entender." A boa escuta respeita o orador ao respeitar a sequência da história, que ele escolhe nos contar.

Nossos bons amigos da Ariel Group, uma empresa de treinamento em comunicação baseado em teatro em Cambridge, Massachusetts, ensinam a ideia da "escuta reflexiva," seguida de "escuta de apoio", e finalmente "escuta por possibilidade".

1. A escuta reflexiva demonstra clareza e comunica ao orador que sua mensagem foi ouvida e que o impacto, as implicações e as emoções que estão relacionadas à questão também são bem compreendidas. ("O que eu ouço você dizer é...")

2. A escuta de apoio demonstra empatia e mostra que o ouvinte não somente entende porque o cliente se sente de uma determinada forma sobre uma questão ou problema, mas também que ele ajudará o cliente a se sentir confortável com aquele ponto de vista. ("Nossa, isso deve ser difícil!")

3. A escuta por possibilidade demonstra percepção e sugere ao cliente que um determinado caminho ou solução pode ajudar a resolver o dilema. ("Então, o que você pensou em fazer para lidar com isso?")

Se ouvirmos sequencialmente, ouviremos o significado que o orador pretende. Se impomos nossa própria estrutura ao que é dito, não ouviremos o significado que está sendo apresentado. Ouviremos alguma versão de nosso próprio significado, sobreposta ao orador.

Evite fazer perguntas como: "Quais são as três principais questões enfrentadas por XYZ?" Se fizer essa pergunta, geralmente, receberá sua lista de três. Você pode, entretanto, perder o fato de que uma dessas questões é muito menos significativa que as outras duas, e que qualquer pergunta espontânea teria suscitado apenas duas questões importantes.

Considere a situação de entrevistar pessoas que você pensa em contratar para sua empresa. Quando você entrevista candidatos, perguntando-lhes sobre suas capacidades, os priva da chance de contarem sua história muito pessoal. Se você ouvir a história deles, ouvirá o significado que *eles* veem de suas vidas e carreiras, não aquela que você pode ter atribuído. Você ainda tem o direito, é claro, de contratar ou não, mas faz sentido ouvir a ideia de alguém sobre o que os faz funcionar antes de formar suas próprias opiniões.

Isso é tão verdadeiro com clientes quanto com candidatos a entrevistas. Se conduzirmos as sessões de averiguação baseadas em noções rigidamente preconcebidas das questões, perderemos as histórias e o sentido que os nossos clientes querem nos contar. E, portanto, perderemos a verdade.

Finalmente, a necessidade de ouvir a sequência e evitar impor, prematuramente, nossa própria estrutura é ainda mais importante na venda do que na apresentação. Se estabelecermos uma pauta com antecedência e nunca nos afastarmos dela (se insistirmos em manter a sequência de nossas próprias apresentações, se respondermos a perguntas muito mais longas para responder perguntas não solicitadas), então estamos meramente impondo nossas opiniões em vez de ouvir.

Há uma velha (e cruel) piada sobre os perigos de impor sua própria estrutura no questionamento. É o seguinte:

Em um julgamento de assassinato, o advogado de defesa interrogava um patologista. Eis o que aconteceu:

> **ADVOGADO:** Antes de assinar o atestado de óbito, você verificou o pulso?
>
> **LEGISTA:** Não.

142 *O Conselheiro Confiável*

ADVOGADO: Você ouviu o coração?

LEGISTA: Não.

ADVOGADO: Checou a respiração?

LEGISTA: Não.

ADVOGADO: Então, quando assinou o atestado de óbito, não tinha certeza que o homem estava morto, tinha?

LEGISTA: Bom, deixe-me colocar dessa forma. O cérebro do homem estava em um jarro na minha mesa. Mas eu acho que é possível que ele pudesse estar lá fora exercendo advocacia em algum lugar.

A sequência básica da escuta é deixar o orador definir a estrutura e estar sincronizado com ela até que ele esteja satisfeito, que tenhamos entendido seu significado.

A DISCUSSÃO DA DEFINIÇÃO DA PAUTA

Definir uma pauta é muito simples, é socialmente aceitável (ou seja, sem risco), e é muito importante. Uma pauta é uma pré-declaração, um ponto de vista antecipado de uma reunião, sobre como ela deve ser conduzida e o que deve ser abordado.

Perguntar: "O que mais devemos discutir hoje?" ou "Onde temos que chegar com a reunião de hoje?" gera a abertura para os clientes nos falarem o que pensam e quais são suas prioridades. Definir a pauta, portanto, é uma poderosa ferramenta formal para a escuta.

Uma pauta nunca deveria ser apresentada sem discussão. Em vez disso, deveria ser usada como uma oportunidade de ouro para ter uma discussão breve e mútua sobre como a reunião deve ser conduzida. O convite para discutir uma pauta, mesmo que apenas por sessenta segundos, envia um sinal poderoso, no princípio, de que a reunião está sendo realizada para benefício de todos os presentes e não é de propriedade de capital fechado de uma pessoa ou segmento da reunião.

Uma oportunidade para usar a ferramenta de definição de pauta surge no início de quase qualquer reunião, com duas ou duzentas pessoas, entre estranhos ou amigos próximos, seja sobre o primeiro assunto ou sobre o trigésimo primeiro. Devemos sempre começar a interação fazendo da pauta em si um assunto para discussão. "Pensei que seria útil se falássemos principalmente sobre X e Y, e então um pouco sobre Z; como você se sente sobre essa abordagem?" Estamos falando aqui tanto sobre pautas formais e escritas quanto verbais e pequenas e até mesmo pautas de discussão implícita individual. Se nos comportarmos como se um de nós possuísse a pauta, se a predeterminarmos, como se estivéssemos conectados a ela, e tivéssemos um grande interesse em mantê-la, então teremos efetivamente criado uma dinâmica "eu versus você". As forças que nos separam, ganharam vantagem.

Se, por outro lado, por meio de simples gestos e palavras a pauta se torna compartilhada, criamos e agimos sobre um símbolo poderoso para trabalharmos juntos. O cliente se sente *envolvido*.

O QUE BONS OUVINTES FAZEM

O que bons ouvintes fazem, que os torna bons ouvintes? Eles:

1. Buscam por esclarecimento;
2. Ouvem emoções não expressadas;
3. Ouvem a história;
4. Resumem bem;
5. Sentem empatia;
6. Tentam ouvir o que é diferente, não o que é familiar;

144 *O Conselheiro Confiável*

7. Levam tudo a sério (eles não dizem: "Você não deveria se preo-cupar com isso");

8. Identificam suposições ocultas;

9. Deixam o cliente "desabafar";

10. Perguntam: "Como se sente sobre isso?";

11. Mantêm o cliente falando ("O que mais você considerou?");

12. Continuam pedindo por mais detalhes que os ajudem a entender;

13. Livram-se de distrações enquanto ouvem;

14. Focam em ouvir a versão do cliente primeiro;

15. Deixam o cliente nos contar sua história à sua maneira;

16. Se colocam no lugar do cliente, pelo menos enquanto ouvem;

17. Perguntam ao cliente como ele acha que eles podem ajudar;

18. Perguntam o que o cliente pensou antes de dizer a ele ou a ela o que ele pensava;

19. Observam (não encaram) o cliente enquanto ele fala;

20. Procuram por congruência (ou incongruência) no que o cliente diz e como ele gesticula e se posiciona;

21. Fazem parecer como se o cliente fosse a única coisa que importa e que eles têm todo o tempo do mundo;

22. Encorajam ao acenar com a cabeça ou dando um leve sorriso;

23. Estão cientes e controlam seus movimentos corporais (não ficam circulando, balançando as pernas, brincando com um clipe de papel).

Aqui está o que grandes ouvintes não fazem. Eles *não*:

1. Interrompem;

2. Respondem cedo demais;

3. Encontram correspondências com as situações do cliente ("Oh, sim, algo assim aconteceu comigo. Tudo começou…");

4. Fazem comentários no meio da conversa ("Bom, esse ponto de vista é inviável");

5. Tiram conclusões precipitadas (muito menos julgamentos);

6. Fazem perguntas fechadas sem motivo;

7. Apresentam suas ideias antes de ouvir as do cliente;

8. Julgam;

9. Tentam resolver o problema muito rapidamente;

10. Atendem ligações ou mensagens de texto no decorrer de uma reunião com o cliente (parece tão óbvio, mas veja quantas vezes isso acontece!).

12
ENQUADRAR A QUESTÃO

Enquadrar, o terceiro estágio da criação de confiança, é o ato de cristalizar e encapsular as questões complexas do cliente (e emoções) em uma definição do problema que, de uma maneira objetiva, fornece tanto percepção quanto uma nova maneira de pensar sobre o problema. Em muitas situações de aconselhamento, uma definição precisa do problema é mais da metade do caminho para a solução.

Dos cinco passos, enquadrar é normalmente o mais desafiador, muitas vezes o mais gratificante e quase sempre o mais difícil. Isso porque o enquadramento é uma combinação indissociável do racional e do emocional e deve, algumas vezes, ser concebido e articulado no meio da conversa.

Enquadrar envolve identificar (e enunciar) a essência dos assuntos em questão, em geral algo que está oculto, é crítico, é fundamental ou os três. Identificar (e levantar) a questão principal "instintiva" em uma situação do cliente normalmente envolverá um aspecto emocional, além do componente puramente racional.

ENQUADRAMENTO RACIONAL

Há dois tipos de enquadramento: o racional e o emocional. Geralmente, o racional é de longe o mais fácil para os consultores, uma vez que está em nossa zona de conforto. É o que somos treinados para fazer.

Os consultores de estratégia são especialmente propensos a acreditar que seus clientes estão comprando seu talento e percepção. A maioria das empresas enfatiza sua capacidade de levar ao cliente a aplicação incisiva do intelecto de forma a criar novas perspectivas e, portanto, abrir novas rotas de valor para o acionista.

Os advogados também são especialistas em enquadrar as questões racionalmente. Esse tipo é uma questão de responsabilidade civil ou de direito constitucional; tem essa ou aquela jurisdição. Considere "a questão é o que o Presidente sabia e quando ele soube?" como um exemplo particularmente bem-sucedido de enquadramento legal e racional. O enquadramento racional é uma habilidade principal no pacote de habilidades que os consultores, tradicionalmente, trazem à tona. É feito de formas tão enganosamente simples como gerar uma lista, desenhar um diagrama ou esboçar um processo ou uma abordagem. Na essência, todo o enquadramento racional consiste em destilar um conjunto complexo de questões até chegar a algumas variáveis críticas.

Considere o uso de um modelo formal (como o nosso modelo de confiança de cinco estágios), um método particularmente amado (e indiscutivelmente, usado em excesso) por consultores de gestão. A razão pela prevalência do uso dessa técnica é que a mente humana tem limitações sobre a quantidade de informações que pode processar.

Embora os humanos sejam incríveis, somos consideravelmente limitados no número de perspectivas que podemos considerar de forma simultânea. Quando somos confrontados por complexidade demais, frequentemente caímos em um ciclo infinito de frustração, até que nós, ou outra pessoa, consigamos simplificar a declaração do problema. Então, o progresso em direção a uma solução pode começar. Modelos formais fazem exatamente isso.

O enquadramento racional se parece tanto com a "essência" de muitas profissões que é fácil esquecer que é apenas um passo *intermediário* no processo de criação de confiança. A percepção mais brilhante e incisiva será ignorada completamente se o consultor ainda não tiver ganhado o direito de enquadrar a questão, passando pelos passos anteriores necessários de envolvimento e escuta. Os consultores às vezes enfatizam demais a necessidade de criar (e proteger) metodologias ou modelos de enquadramento patenteados. Achamos que essa preocupação é inapropriada. Há relativamente poucas grandes certezas na vida. A eficácia do consultor não reside tanto na invenção do próximo paradigma (patenteado) quanto em encontrar um caminho que leve um determinado cliente, com um problema em particular, a ver a *relevância* de um velho (ou novo) paradigma.

ENQUADRAMENTO EMOCIONAL

O enquadramento racional é um componente crítico, até mesmo necessário, do aconselhamento eficaz; mas dificilmente é suficiente. Frequentemente, relacionamentos de aconselhamento (ou discussões) ficam presos em uma represa emocional. As ideias, conversas e relacionamentos param de fluir livremente; eles estagnam e começam a impedir a eficácia. Algo tem que quebrar o bloqueio que inibe a discussão. Em tais situações, o problema não é causado (e não pode ser resolvido) por uma percepção racional. O que está causando o problema é, predominantemente, uma questão emocional ou política.

David trabalhou com o comitê executivo de uma empresa profissional, no âmbito de introdução de novos padrões de desempenho e de novas responsabilidades para todos os sócios da empresa. Em um momento da reunião, eles estavam discutindo a (óbvia) questão gerencial de que algo não pode ser um padrão se não for aplicado, ou se a empresa tolerar a não-conformidade.

Na superfície, tudo parecia ir bem, e todos pareciam estar de acordo. Entretanto, David notou algumas pessoas se mexendo desconfortavelmente nas cadeiras e várias conversas paralelas sussurradas acontecendo ao redor da mesa. "Alguma coisa está acontecendo aqui", ele pensou, mas não estava totalmente certo do quê.

Ele decidiu tentar abordar a questão. Chamar um dos que estavam cochichando resultou na seguinte conversa:

> **DAVID:** Fred, estou preocupado que não estamos colocando todas as questões em discussão. Há uma complexidade sobre fazer esse programa na empresa que eu não conheça?

> **FRED:** Bem, você parece dizer que, se um de nossos parceiros mais poderosos não fizer nesse padrão novo , então alguém terá que confrontá-lo até que ele entre em conformidade.

> **DAVID:** Isso é exatamente o que todos nós estamos dizendo, eu acho. Se forem feitas exceções a este padrão para os "poderosos," então ele não será plausível como um padrão a nível da empresa para todos. Alguém discorda disso?

A sala ficou em silêncio. Finalmente, Fred falou de novo.

> **FRED:** Mas quem falará com esse cara? Eu não posso imaginar alguém dizendo ao nosso maior mandachuva que ele tem que mudar!

> **DAVID:** Eu tenho uma opinião, mas antes de dá-la, você quer dizer quem acha que deveria ter essa responsabilidade?

> **FRED:** Suponho que deveria ser o sócio-gerente.

Nesse momento, Tom, o sócio-gerente (que estava relativamente silencioso), interveio.

> **TOM:** Oh, eu falo, mas preciso saber que o resto do comitê executivo me apoia incondicionalmente. Eu não posso fazê-lo, e não o farei, se um ou mais de vocês ficarem de fora. Tenho o seu total apoio? Todos vocês me apoiarão se seguirmos em frente com isso?

FRED: Nós o apoiaremos, Tom. Mas para ser franco, você nunca fez uma coisa dessas antes.

DAVID: Posso voltar a intervir? Nenhum de vocês fez isso antes e essa é a questão. Estamos aqui para discutir se vocês querem fazer as coisas de maneira diferente de agora em diante. Vocês não têm que levar isso adiante se não quiserem. Mas, como Fred nos ajudou a entender, trata-se tanto de ter coragem e determinação para levar isso até o fim quanto saber se o plano é bom ou não. Vamos explorar o que ele realmente exigirá de cada um de vocês?

Deveria ser óbvio que, a partir desse diálogo, uma situação problemática de questões emocionais e políticas foi levantada. Mas que progresso essa firma teria feito se isso não tivesse acontecido?

No início de sua carreira, não teria tido coragem de levantar esse tema abertamente. Teria sido suprimido e surgiria somente em conversas furtivas de corredor durante os intervalos.

Entretanto, todos nós aprendemos que resolver os problemas dos clientes, em todas as profissões, significa ajudar o cliente (ou a empresa dele) a resolver não apenas os aspectos técnicos do problema, mas também as emoções bem reais que envolvem qualquer tipo de tomada de decisão significativa.

O enquadramento emocional trata-se, antes de tudo, da coragem de assumir um risco pessoal e de fazer emergir emoções ocultas. Naturalmente, isso não é fácil. Mas pode se tornar um processo mais fácil do que pensa, se puder lembrar que se trata normalmente de enquadrar as emoções do cliente (e não as suas!). Eles estão pensando sobre suas situações e reações a elas. Então perder tempo focando em como eles *nos* fazem sentir não é realmente a questão. Isso torna as coisas muito mais fáceis, ter que lidar apenas com as emoções deles e não com as suas próprias emoções ao mesmo tempo.

Joe, um de nossos amigos, conta a história de uma "venda perdida" anos atrás. Seu cliente (um CEO) precisava fazer uma grande reestruturação em sua empresa. A reestruturação envolveria a venda de ativos, realocações e demissão de três a cinco mil funcionários. Joe não era o principal candidato a ganhar o trabalho, mas, pelo menos por enquanto, nenhum concorrente estava sendo considerado.

As discussões prosseguiram bem. Ao final da segunda reunião com o cliente, tudo parecia progredir como deveria e a reunião estava indo na direção de um aperto de mãos para fechar o negócio. Então, em uma brusca mudança de humor, o CEO inclinou-se em sua cadeira e, balançando a cabeça tristemente, disse: "Joe, o que vamos fazer com todas essas pessoas?" Joe ficou perplexo e no instante seguinte, tomou a decisão *errada*. Ele voltou ao humor otimista do momento anterior, deu um tapa no braço do CEO e disse: "Ei, sem problemas, Bill. Vamos alinhá-los com nossos conselheiros de recolocação, colocá-los em um prédio separado, eles estarão fora daqui em pouco tempo. Sem problemas."

Mas no fundo ele sabia que não era certo fazer uma piada (e, assim, ser omisso) com as emoções do cliente. A reunião terminou de forma inconclusiva. A reunião seguinte foi adiada e depois nunca aconteceu. Na verdade, toda a reestruturação não aconteceu por mais alguns anos e, quando aconteceu (como Joe diz), as demissões totalizaram duas a três vezes mais do que teriam sido originalmente.

Em sua cabeça, com ou sem razão, Joe se responsabiliza, pelo menos em parte, pelo aumento da perda de empregos, porque naquele momento não teve a habilidade de lidar com a tristeza profunda e pessoal que o CEO sentia. Ele achava que se tivesse tido coragem e habilidade em ajudar o CEO a lutar com a complexidade emocional da decisão quando ela surgiu pela primeira vez, a dor e o sofrimento sentidos por muitas pessoas (incluindo o cliente) poderiam ter sido evitados.

NOMEAR E REIVINDICAR

Uma técnica útil para enquadramento emocional é a técnica que chamamos de nomear e reivindicar. Essa frase se refere à revelação que pode vir de falar o que até aqui pode ter sido "indizível", articulando algo que previamente era desconfortável demais para ser dito.

Nomear e reivindicar se caracteriza por três fatores:

1. Reconhecimento da dificuldade em levantar a questão;
2. Aceitação da responsabilidade de levantá-la;
3. Declaração direta da questão em si.

Muitas culturas têm uma frase para essas situações, em que o constrangimento com o passar do tempo supera a própria situação original. Nós a chamamos de o "elefante branco na sala". Essa é uma frase para as "coisas que não podem ser ditas", mesmo que todos saibam que são verdadeiras. Essas situações só podem ser tratadas pelo enquadramento emocional.

Usar o enquadramento emocional é o equivalente a dinamitar um fluxo que ficou obstruído até o ponto da disfunção. Existem ecos de enquadramento emocional em psicoterapia e na religião, na geração (por meio de aconselhamento ou confissão) de algo que antes ficava por dizer.

A HISTÓRIA DE ELLEN

Ellen é sócia de uma empresa de contabilidade, que participou de um de nossos programas. Ela foi contratada, um dia, com a necessidade de apresentar notícias difíceis para seu cliente sobre a área fiscal.

Ao começar a dar as más notícias, ela notou que "o rosto do cliente ficava vermelho e os nós de seus dedos ficavam brancos". Nós podemos imaginar as mil e uma emoções e pensamentos que poderiam ser, instantaneamente, evocados pela mente ativa de Ellen, sentada na cadeira naquele momento: "Como eu posso sair daqui? Lá se vai a conta", e coisas assim.

No entanto, Ellen adotou uma abordagem diferente. Ela pausou, respirou fundo e disse: "Você parece um pouco zangado." E então esperou, em silêncio, o cliente responder.

Depois de um momento, o cliente gritou: "Não, eu não estou zangado! De forma alguma!" Ele, então, complementou: "Bem, quero dizer, não com você; estou zangado com o nosso pessoal. É que não deveria ser você a tra-

154 *O Conselheiro Confiável*

zer essa notícia, é embaraçoso. Sabe, estou feliz que tenha apontado isso. Sim, estou zangado, embora não com você."

A recompensa de Ellen por fazer essa pergunta foi clara e instantânea. Ela descobriu qual era a verdade, desse modo, libertando a si mesma de medos que havia criado internamente. Ela permitiu que o cliente articulasse o problema em questão, movendo assim a conversa produtivamente na direção de uma solução conjunta. E ela criou um vínculo adicional entre si e o cliente ao estar disposta a ir além de seus próprios medos e prestar serviço pessoal imediato à outra pessoa, seu cliente.

A questão aqui não é se Ellen estava correta. A questão é que ela escolheu, conscientemente, focar não em sua própria mente (nas mil emoções e pensamentos, cada um exigindo sua própria versão de falar mais rápido e mais eficiente), mas na mente de seu cliente. Ela fez uma observação simples, uma claramente sobre seu cliente, não sobre ela mesma.

Se Ellen tivesse ido com seus próprios medos provavelmente teria dado as más notícias o mais rápido possível e correria para se esconder. Se ela não tivesse feito a pergunta, ela ainda acharia (incorretamente) que a raiva do cliente era dirigida a ela. Mesmo que tivesse sido esse o caso, ela nunca saberia se não tivesse feito a pergunta (ou a observação).

O enquadramento emocional trata-se de correr riscos. Requer alguma coragem para dizer algo que as pessoas geralmente tem medo de dizer. Ellen teve coragem de tratar os sinais emocionais (punhos cerrados, rosto vermelho) que seu cliente enviava como fatos objetivos e não como julgamentos sobre ela.

ENQUADRAR E CULPAR

A maioria das tentativas iniciais de enquadramento, talvez especialmente, aquelas feitas pelos clientes, é carregada de culpa. "Não consigo que o pessoal do marketing me ouça." "Precisamos de melhor treinamento." "Não funcionará se o CEO não estiver por trás disso." Todas essas são declarações típicas de problemas que não são, do ponto de vista de um conselheiro confiável, suficientemente livres de culpa para constituir declarações de enquadramento úteis. A culpa realmente atrapalha o enquadramento eficaz da questão. Na verdade, ela atrapalha o aconselhamento eficaz em geral. Um conselheiro que gasta energia culpando um cliente (ou qualquer pessoa) desperdiça energia que poderia ser concentrada em fazer algo útil para o cliente. Mesmo nos raros casos em que a culpa é "justificada", ela é, na melhor das hipóteses, inútil. A culpa é um mecanismo de defesa, que protege o ego de quem está culpando. Como tal, é apenas uma outra forma de autodirecionamento.

Ao dizer a verdade sistematicamente e eliminar a culpa do seu repertório, um conselheiro confiável pode manobrar em direção ao pleno domínio de uma declaração de problema livre de culpa, que pode ser posta em prática, avaliada e transcendida.

COMO IMPLEMENTAR ENQUADRAMENTO EMOCIONAL

Quando discutimos exemplos como os dados acima, descobrimos que as pessoas podem compreender cada exemplo que mencionamos, mas quando descrevem suas próprias situações de "elefante", elas sentem que "minha situação é diferente. Há muita coisa em jogo aqui; não é brincadeira."

Não, não é brincadeira. É por isso que todos nós temos que aceitá-lo como crucial para o nosso papel de conselheiros. A essência disso é passar de uma atitude defensiva ou de culpa para uma atitude de assumir a responsabilidade.

Estar disposto a mudar da culpa para a responsabilidade parece arriscado. Por que eu deveria desistir da segurança de culpar outra pessoa por situações difíceis? Ironicamente, nomear e reivindicar é uma técnica para aceitar a responsabilidade que, na verdade, reduz o risco pessoal.

É uma técnica que faz uso criterioso das ressalvas. As ressalvas são relativas ao quão difícil é levantar o problema em questão e assumir a responsabilidade pelas consequências de tê-los levantado. Parece mais ar-

156 *O Conselheiro Confiável*

riscado? Adicione mais ressalvas. Acrescente quantas forem necessárias, amarrando-as até o ponto em que tenha apenas compensado ligeiramente, além do risco percebido do problema que está prestes a enquadrar. Escolha a partir da seguinte lista de ressalvas de responsabilidade:

1. Provavelmente sou só eu mas...

2. Eu devo ter me desconcentrado por um momento, desculpe-me, você dizia...

3. Tenho certeza que você cobriu isso antes, mas...

4. Desculpe interromper, mas não consigo tirar isso da cabeça...

5. Você, provavelmente, já pensou sobre isso...

6. Eu gostaria de saber, mas simplesmente não sei como lidar com esse problema...

7. Percebo que você tem uma forte preferência por XYZ, mas...

8. Provavelmente, estou pensando nisso tudo errado, mas...

9. Não tenho certeza se isso é relevante, mas me ocorreu...

10. Eu posso não ter entendido isso direito, então tenha paciência comigo...

11. Eu não sei exatamente como dizer isso, então espero que me ajude quando eu ponderar...

12. Eu não tenho certeza se não estou sendo inconveniente ao mencionar isso, mas...

13. Espero que me perdoe por não saber bem como dizer isso, mas...

Tendo colocado ressalvas suficientes para assumir responsabilidades, diga o que deve ser dito. Embora o enquadramento emocional pareça ser muito arriscado, oferece enormes recompensas. Além disso, é o processo de gerenciar esses riscos ao levantar temas ocultos (enquadramento emocional) que desencadeia as recompensas. Nunca é demais salientar sua importância.

13

PREVER UMA REALIDADE ALTERNATIVA

Previsão é o quarto estágio no processo de criação de confiança, após envolvimento, escuta e enquadramento.

Como observado no Capítulo 9, o qual começamos a apresentar os cinco estágios do processo, o papel da previsão conjunta no processo de desenvolvimento da confiança é concretizar uma visão específica e escolher entre os vários estados futuros aos quais o cliente possa querer apontar. Ao prever, o consultor e o cliente imaginam conjuntamente como pode parecer o resultado final, abordando as questões:

1. Qual é o objetivo que queremos realmente aqui?
2. Como será quando chegarmos lá?
3. Como saberemos que estamos lá?

Dos cinco estágios, a previsão é o mais frequentemente negligenciado. Modelos de vendas, por exemplo, podem ir direto da definição do problema para ação e solução. Até certo ponto, focar nos benefícios é paralelo ao que chamamos de prever; mas não é a mesma coisa.

A linguagem da política nos oferece alguns exemplos de previsões do "tamanho de frases de efeito", e sugere seu valor. Considere os programas New Deal, New Frontier, Great Society ou o discurso de Martin Luther King "Eu tenho um sonho".

Todas são tentativas de articular, de forma sucinta, a essência de algo pelo qual aspirar, e algo que realmente *poderia ser* alcançado com esforço real. Eles têm um impacto tremendo na construção de energia e consenso ao articular um objetivo (e uma maneira de pensar sobre ele).

Prever é o que tentamos fazer com você no Capítulo 1, Uma Prévia. Pedimos que imaginasse como seria ser confiável para os seus clientes, e se você queria esses benefícios. Também pedimos que pensasse como seria seu papel se fosse um conselheiro confiável.

A previsão bem-sucedida em um negócio liberta as pessoas. Isso as tira da perspectiva técnica de resolução de problemas de alto risco, com as quais elas abordam a maioria das resoluções, e as leva a uma nova perspectiva. Essa nova perspectiva encoraja a liberdade e a criatividade. De todos os passos na criação da confiança, ele é o único que não é absolutamente necessário, mas que muitas vezes pode agregar o maior valor.

A United Research, uma firma de consultoria que mais tarde se tornou parte da Gemini Consulting, fez bom uso desse passo. Eles empregaram um processo de vendas em várias etapas, incluindo etapas de escuta e diagnóstico, mas a etapa principal foi um exercício de previsão em larga escala.

Eles interagiriam com um grande número de pessoas e lhes fariam uma série de perguntas importantes. Eles perguntariam:

> Algo poderia ser diferente aqui? Se sim, poderia ser melhor? Como? De qual maneira? Como seria isso nesse futuro melhor? O que teria que mudar para isso acontecer? Onde os benefícios apareceriam?

À medida que as pessoas passavam tempo nessa etapa de previsão, elas começavam a articular, em grandes detalhes, como tudo poderia ser em um mundo onde o grande problema que enfrentavam tivesse sido resolvido, ou a grande oportunidade à sua frente tivesse sido alcançada. A ideia de que uma mudança real poderia ser realizada e poderia valer a pena trabalhar por ela rapidamente tomou força. De repente, não era mais abstrata. Era real e possível. E, de repente, não era mais assustadora. Era energizante ("Vamos nessa") e reconfortante ("Podemos fazer isso"). Esse resultado é idêntico ao que pode acontecer a uma conversa de duas pessoas, de construção de relacionamento e baseada na confiança. Ao nos concentrarmos em um futuro mutualmente atrativo, livre dos problemas do presente, as barreiras podem ser derrubadas e pontes, construídas.

Depois de ouvir e enquadrar com sucesso, há uma tentação enorme em omitir a previsão e passar para o próximo passo (compromisso e ação), mas é uma tentação que vale a pena resistir.

A gramática é um bom guia aqui. Em vez de usar as palavras "por que nós não?" nessa etapa, substitua pelas palavras "como seriam as coisas se..." Foque em frases descritivas. Faça perguntas sobre algo como benefícios, estados finais ou resultados.

UMA ILUSTRAÇÃO

Charlie tinha um cliente, Mark, que estava extremamente frustrado com a sua situação profissional. Ele havia assumido uma tarefa, como consultor, para o CEO de um cliente existente, apesar da carga de trabalho já pesada. Embora a tarefa carregasse algum risco de fracasso, o CEO garantiu a Mark seu interesse pessoal no projeto e sua intenção de estar totalmente disponível quando necessário. O contato principal de Mark era o chefe de operações.

Pouco tempo depois, o chefe de operações experimentou algumas dificuldades pessoais graves e pediu que Mark trabalhasse com outro executivo. Essa pessoa tinha boa vontade, mas muitas vezes era mal informada e ineficaz. Depois de um tempo, Mark levantou essa questão com o CEO, mas pouco mudou como resultado dessa conversa.

160 *O Conselheiro Confiável*

Com o passar do tempo, a situação se deteriorou; o CEO ficou ainda menos disponível, assim como o chefe de operações, mas não houve diminuição da pressão em entregar os resultados do projeto. Previsivelmente, Mark estava chateado e frustrado.

Quando Charlie falou com ele pela primeira vez, a forma de Mark enquadrar a questão foi:

> "O cliente está sendo muito injusto comigo: assumi alguns riscos consideráveis por sua garantia pessoal de acesso aberto, mas descobri que ele não está cumprindo sua parte do acordo."

Essa forma instintiva de enquadrar a questão é perfeitamente compreensível e natural, mas bastante inapropriada. Em primeiro lugar, trata-se inteiramente de Mark, não do cliente. Segundo, está carregada de atribuições especulativas do motivo por parte do cliente. Finalmente, ele está fazendo julgamentos. Mark e Charlie trabalharam juntos para reenquadrar a questão se concentrando mais no cliente e removendo o tom de culpa, buscando objetividade em vez de julgamento. Um passo ao longo do caminho soou mais como:

> "Estou chateado porque o cliente não está passando comigo o tempo que eu esperava, comprometendo assim a qualidade do trabalho."

Entretanto, essa informação ainda sofre de egocentrismo, culpa e julgamento. À medida que trabalhavam mais, concordavam que um enquadramento útil do problema tinha que levar em conta o ponto de vista do cliente. Não conhecendo sua posição, tiveram que fazer as seguintes hipóteses sobre ele:

> "A rotina ficou agitada. Como resultado, ele não tem sido capaz de fornecer o tempo que esperava de comprometimento, o que significa que está em posição de ter que fazer algo diferente do que havia prometido. E eu me encontro em uma posição de, possivelmente,

produzir menos qualidade do que havia prometido. Nenhum de nós está feliz com a situação."

Com base nesse enquadramento revisado, Mark decidiu tentar fazer uma previsão com seu cliente CEO. Ele começou a conversa como segue:

"Olhe, Albert, antes de nós dois pularmos para ainda mais compromissos dos quais possamos nos arrepender, podemos tomar um minuto e nos certificarmos que estamos sincronizados com o que está em jogo? O que estamos tentando alcançar? Como saberemos quando tivermos acertado?"

Finalmente, criaram uma imagem do que poderia ser, prevendo um futuro diferente, dizendo algo como:

"Se estabelecêssemos uma visão comum de para onde vamos, seríamos capazes de apresentar uma questão até que tivéssemos tempo de falar sobre ela, em vez de nos preocuparmos com o significado do atraso. Saberíamos que o atraso não era pessoal. Saberíamos que qualidade é sempre variável e que todas as decisões têm impacto. Levantaríamos as questões mais rapidamente. Não deveríamos esperar as crises surgirem. Não interpretaríamos eventos apenas como fracassos ou sucessos pessoais, mas, às vezes, apenas como eventos. Teríamos uma fórmula acordada, se não um cronograma, que nós dois entendemos e poderíamos confiar. Não perderíamos o sono nos preocupando. Teríamos confiança um no outro."

Mark obteve a cooperação que precisava para atender seu cliente, ao fazê-lo vislumbrar os benefícios do estado futuro.

SUMÁRIO

É muito tentador deixar de fora a atividade de prever e passar para a linguagem de ação diretamente após o enquadramento. O cliente, na verda-

de, tem a mesma probabilidade de dizer, depois que o problema foi definido, "Bem, o que podemos fazer sobre isso?" E as palavras "o que podemos
fazer" são como um sino pavloviano para muitos consultores: sentimos
que temos que responder, porque nossa autoimagem como mestres técnicos está em jogo.

É muito melhor ser capaz de dizer: "Espere, vamos chegar lá, mas primeiro vamos passar algum tempo falando sobre onde queremos ir e o que,
na verdade, estamos tentando alcançar."

Com uma clara compreensão do destino, ambas as partes da conversa
terão articulado apenas o que está em jogo, terão concordado com os benefícios e ambas também terão iniciado o esboço, as especificações, para o
que uma eventual solução pode parecer. Tendo tido essa conversa, agora
estão muito melhor preparadas para falar sobre "o que fazer sobre isso".

14
COMPROMISSO

Ao usar a palavra "compromisso", nós não nos referimos a atividades como "fechar a venda" ou a elaboração de um contrato para o engajamento prosseguir. Em vez disso, nos referimos ao estágio final da *construção de confiança* (não venda), quando o consultor garante que o cliente compreende o que será necessário para resolver o problema e está disposto a fazer o que for para alcançar os objetivos.

No dicionário tem dois significados para compromisso: (1) um acordo ou promessa de *fazer* algo no futuro e (2) o estado ou uma instância de *ser* obrigado ou emocionalmente impelido.

A primeira é sobre ação; a segunda trata de um estado emocional. É a segunda que nos mantêm no âmbito pessoal e emocional, que é o que pensamos que compromisso deveria significar no contexto de confiança.

Sem compromisso, aconselhamento é meramente a expressão de opiniões:

CONSELHEIRO: Você deveria fazer isso!

CLIENTE: Sim, eu deveria! Obrigado! Tchau!

164 *O Conselheiro Confiável*

Se tivéssemos seguido o processo de construção de confiança, estaríamos agora no estágio em que o problema foi enquadrado, para a satisfação de todos, e o que pretendemos alcançar (a visão) também está clara. O que deve seguir agora é uma série de conversas sobre temas como:

1. O que atrapalhará isso?
2. O que pretendemos fazer sobre isso?
3. Quem precisa ser trazido para o circuito?
4. Quem deve fazer que parte?
5. De que informações precisamos?
6. Quando devemos fazer contato?
7. Quais são os prazos principais?

Não se trata apenas de desenvolver o plano de trabalho do consultor. Trata-se de garantir que o cliente entenda todos os detalhes básicos de implementação, todas as dificuldades que ele/ela enfrentará na busca do novo caminho, que novos comportamentos poderão ser requeridos do cliente.

Somente quando ele tiver sido exposto a tudo isso é que o cliente (e nós) saberemos se existe ou não compromisso verdadeiro. *Há* um grau de autodefesa em tudo isso: se seus clientes não estão comprometidos a fazer o que for necessário para resolver o problema, eles não se beneficiarão de nosso conselho e nós teremos falhado! (Mesmo se tudo que tivermos feito estiver certo!)

Se não tivermos sido claros (antecipadamente) sobre os riscos, barreiras e verdadeiras exigências para o sucesso, então quando surgirem as armadilhas (aquelas que poderiam ou deveriam ter sido previstas), nosso cliente pode entender que não estávamos tão abertos nem fomos tão profissionais no início do processo.

Assim, o processo de compromisso está dizendo algo como:

> "Deixe-me testar sua determinação em se comprometer com esse curso de ação. Vamos nos certificar que entendemos o que será requerido de cada um de nós e onde as contingências podem surgir.

Deixe-me fazer o papel de advogado do diabo e tentar convencê-lo a *não* fazer todas as coisas que acabamos de acordar."

Visto dessa maneira, compromisso é "um passeio no parque"!

A confiança é reforçada pela abertura e sinceridade do consultor. Ele está fornecendo uma instrução, baseado em sua experiência, sobre algo que o cliente talvez nunca tenha passado antes.

Conversas que produzem comprometimento são aquelas que exploram todos os aspectos do que a ação proposta significará para o cliente. Exemplos podem incluir: "Isso parecerá arriscado, mas valerá a pena", ou "Isso significa que você terá que se estender por áreas de marketing que não conhece", ou "Cindy provavelmente não gostará disso e você terá que lidar com ela," e assim por diante.

Pode ser muito tentador omitir discussões sobre riscos, incertezas e armadilhas no início da tarefa, ou pior, quando ainda estamos tentando ganhar a tarefa. Um instinto natural é projetar um ar de "Isso pode ser feito, sem problemas, cuidaremos de tudo!" Isso é frequentemente feito na noção equivocada de que essas frases criam confiança ao projetar autoconfiança. Muitas vezes, porém, pode ser interpretado como arrogância ou sigilo ("O que ele esconde?").

Os clientes, geralmente, se comprometem por uma de duas razões: ou estão sentindo dor ou energia em torno de um tema; ou foram cativados por algo novo, diferente e totalmente atrativo.

Dessas duas razões, o que você acha que seria a frequência relativa de ocorrência? Nosso palpite é que a primeira razão, sentir dor ou energia, impulsiona o compromisso do cliente em torno de 80% das vezes. A inspiração pode ser muito boa, mas o alívio da dor é uma das causas principais. Isso é um pré-requisito para qualquer outra coisa. Isso nos ajuda, pelo menos, a considerar se oferecemos inspiração ou alívio da dor e como o oferecemos também.

Então, com o que os clientes de fato se comprometem? Para muitos consultores a resposta frequente a essa pergunta é "não com o suficiente."

166 *O Conselheiro Confiável*

Muitas vezes parece que nossos clientes concordarão conosco a princípio, mas falham na prática. "Você está certo," eles dizem. "Absolutamente temos que fazer isso, mas nesse momento há tanta coisa acontecendo que nós simplesmente não temos a capacidade de abordar isso agora." Todos nós já ouvimos variações nesse tema. Não tem tempo, orçamento e apoio organizacional suficientes. Na maior parte do tempo, os clientes se comprometem um pouco menos do que poderiam. É, em grande parte, um mecanismo de defesa da parte deles. Precisam de espaço para manobrar, apenas no caso de algo inesperado acontecer.

O que sempre acontece.

No entanto, frequentemente, nos sentimos desapontados se nossos clientes não se beneficiam de toda sabedoria que temos a oferecer. Como conselheiros confiáveis, contudo, é uma declaração gratificante que tenham reconhecido a necessidade de agir e tenham de fato se comprometido a começar a trilhar um caminho conosco. E quando você considera todos os anúncios que ignoramos, todas as ofertas que rejeitamos, todas as solicitações que recusamos, deveria ser gratificante que nossos clientes aceitem nossa orientação mesmo em parte do caminho.

GERENCIAR EXPECTATIVAS

Uma parte importante da construção de compromisso em agir é administrar, cuidadosamente, as expectativas do cliente sobre o que vai e o que não acontecerá na solução do problema. Quando bem feito, isso pode construir grande confiança ao demonstrar que o consultor tem conhecimento sobre solução de problemas desse tipo, e que pode prever com antecedência onde as armadilhas e contingências se encontram.

Devemos assegurar que nossos clientes tenham uma compreensão clara do que podem e não podem, razoavelmente, esperar de nós, e o que tanto eles quanto nós devemos fazer. Expectativas (de ambos os lados) devem ser identificadas e compreendidas com antecedência.

Os clientes precisam estar cientes de cada etapa do que estamos propondo para alcançar seu objetivo em particular. Alguns clientes podem começar a assumir um projeto muito grande ou projetos demais. Precisamos avaliar o compromisso deles e a sua capacidade de fazer o que é necessário para alcançar o objetivo que têm em mente.

Alguns clientes podem até decidir que não querem investir o tempo, energia ou recursos necessários para fazer o projeto funcionar. Eles podem decidir reduzir suas expectativas a algo mais realista. O cliente deve compreender os resultados específicos, conclusões ou objetivos que nosso envolvimento pretende produzir, assim como as contingências produzidas por suas restrições de tempo e recursos.

Para administrar bem as expectativas, precisamos:

1. Articular claramente o que faremos e o que não faremos;
2. Articular claramente o que o cliente fará e o que não fará;
3. Definir os limites das análises que realizaremos;
4. Verificar com o cliente quais áreas ele não quer que nos envolvamos ou com quais pessoas não quer que falemos;
5. Identificar mecanismos precisos de trabalho;
6. Acordar sobre métodos e frequência de comunicação;
7. Decidir quem deve receber quais relatórios;
8. Decidir com que frequência um relatório deve ser entregue;
9. Decidir como os relatórios serão utilizados;
10. Decidir quais marcos e revisões de progresso são necessários;
11. Decidir como o sucesso será medido, tanto no final quanto durante o processo.

Pode parecer que esses detalhes são básicos, insignificantes. Entretanto, não são. Por meio de conversas tão detalhadas, os clientes obtêm a impressão exata que nós tentamos servi-los da maneira que desejam ser servidos. Além disso, vamos revelar detalhes do que eles (e o seu pessoal) deverão

168 *O Conselheiro Confiável*

fazer e evitar mal-entendidos. Finalmente, garantiremos que eles tenham uma compreensão verdadeira do que exatamente estão concordando. Isso é comprometimento!

Ao criar confiança na gestão das expectativas, oferecemos as seguintes sugestões adicionais:

1. Sempre diga a verdade clara sobre o que você pode (e não pode) fazer e quando puder (e não puder) entregar. Algumas vezes, em um esforço para conseguir o trabalho, dizemos sim ao trabalho que somente pode ser concluído (quando muito) com grande dor pessoal. Não vale a pena. Repito: não vale a pena. Mais uma vez, para enfatizar: não vale a pena.

2. Comece o projeto antes de estar envolvido.

3. Mostre seu entusiasmo. É um grande cliente; é o trabalho que você queria; eles lhe pediram que o fizesse. O que poderia ser melhor?

4. Faça as perguntas que o incomodam, antes cedo do que nunca. Não tenha medo de revelar seus pensamentos no início. Isso ajudará o cliente a ver que você está concentrado nas questões difíceis desde o início.

Devemos também fazer o máximo possível de pesquisa sobre nossos clientes. Isso provará que pelo menos tentamos entrar em seu mundo.

Com os clientes existentes, poderíamos mostrar-lhes nosso plano de trabalho completo e perguntar se eles têm alguma sugestão. Isso demonstra claramente que tentamos criar uma orientação "nós e não eu."

Em algumas circunstâncias, poderíamos nos oferecer para mostrar aos clientes o produto final completo ou produto de trabalho de uma tarefa similar feita para outros clientes, revisado e com partes ocultas conforme necessário para proteger a confidencialidade de outros clientes.

Poderíamos oferecer maneiras de poupar dinheiro na tarefa com antecedência, mostrando formas alternativas de resolver o problema, dando uma escolha entre a versão completa e a versão simples e rápida! Podemos ser abertos quanto aos desafios e dificuldades do trabalho em que estamos prestes a nos envolver. Além de aumentar nossa credibilidade e intimidade, isso também mostra uma atitude de "nós e não eu."

RESISTÊNCIA AO COMPROMETIMENTO

Na etapa de compromisso, os clientes podem resistir a tomar ações que façam avançar o assunto em questão. Frequentemente, é porque as etapas anteriores do processo de confiança não foram tratadas adequadamente. Charlie tinha um cliente com setecentas lojas de varejo. Toda discussão sobre estratégia e posicionamento parecia começar com uma declaração de visão global e parecia terminar com alguém apontando que a loja número 327 não se encaixava na declaração.

Charlie e sua equipe sugeriram que talvez não houvesse um ou setecentos tipos de lojas, mas sugeriram um esquema de segmentação, bem básico, por tipo de loja, descrevendo três tipos de lojas. Ainda assim, foi difícil conseguir o comprometimento, mesmo em algumas implicações não controversas. Ou seja, até eles surgirem com a ideia de atribuir cada loja a um dos três tipos e executar uma declaração composta de lucro e perda. De repente, eles puderam quantificar os resultados. Todas, exceto uma dúzia, foram categorizadas, o que significa que tinham isolado estatisticamente o desacordo histórico sobre a direção.

O mais importante, as declarações de lucros e perdas eram radicalmente diferentes. O grupo de lojas mais lucrativo tinha sido historicamente o mais evitado, porque tinha as maiores taxas de encolhimento. As outras duas apresentavam taxas de crescimento radicalmente diferentes.

De repente, o compromisso floresceu. Ações foram tomadas no setor imobiliário e de merchandising, tudo porque uma questão havia sido enquadrada e alternativas previstas. A previsão havia passado do abstrato para o concreto.

Quando o cliente pôde ver isso, ficou claro que era de seu interesse se comprometer com várias ações (investimento e desinvestimento, restauração, merchandising) e continuar o trabalho estratégico em conjunto e com renovada confiança.

Em retrospectiva, ficou claro que o cliente precisava de mais previsões. Eles não conseguiram obter uma ideia clara do que este novo esquema de segmentação implicava para seus negócios. Mas ao usar uma descrição familiar, armazenar declarações de renda, eles conseguiram prever (em termos concretos familiares) uma realidade alternativa. Com isso no lugar, a etapa de compromisso foi desbloqueada e o progresso foi feito muito rapidamente.

A lição é que, quando o comprometimento parece estar em dúvida, abdique de uma (ou até mesmo duas) etapas do processo de confiança.

Há outras razões pelas quais os clientes resistem ao compromisso. As principais delas são o medo e a complacência. Em tais circunstâncias, o que um conselheiro deve fazer? Ele pode prestar um serviço ao cliente nesses momentos, nomeando e reivindicando a situação por o que ela é. Se for medo, então enfrentá-lo é o começo para reconhecê-lo. Se for complacência, então pode ser a hora de o conselheiro empregar algum capital de confiança para aumentar a tensão sentida, para levar o cliente a superá-la.

Que tipos de ações servem para gerar compromisso? Em nossa experiência, a velha combinação de "quem, o quê, quando" é o guia mais poderoso. Há valor a ser acrescentado, conectando a previsão (muitas vezes agradável, mas abstrata) aos detalhes do que realmente pode ser. Neste sentido, o comprometimento é conectar o estado "como está" e a situação "a ser."

Ajudar os clientes a se comprometerem pode parecer um pouco monótono. Não é. Na verdade, é provável que o risco e as emoções venham à tona mais aqui, à medida que eles começam a perceber o alcance total do que estão prestes a realizar. Boas práticas de compromisso podem aumentar muito o entusiasmo e cimentar o senso de pertencimento das pessoas a uma iniciativa.

COMPROMISSO CONJUNTO

O compromisso no contexto do processo de confiança difere do simples planejamento de ações em dois aspectos: é conjunto e é pessoal.

Considere um relacionamento entre cliente-conselheiro que funcione em grande parte nos níveis inferiores de confiança (ou seja, o nível de especialista de conteúdo). No final de uma conversa ou de uma reunião, pode haver um diálogo como este:

> **CLIENTE (MYRA):** Muito bem, o que nós dissemos é que você escreverá o esboço do programa. Joe, você trabalhará na métrica e eu desenvolverei uma apresentação para a equipe. Cada um de nós deve ter nossas apresentações prontas para uma reunião de revisão no dia vinte e oito.

> **CONSULTOR (ANDY):** É uma boa ideia. Temos um ótimo trabalho sobre esse tópico; vou enviar ao Joe algum material de apoio. Além disso, mandarei fazer o esboço no dia anterior.

Certamente esta conversa cobre o critério "quem, o quê, quando"; ela também mostra o consultor buscando oferecer conteúdo e superar as expectativas. No entanto, embora possa ser paralela, não é conjunta. E não é particularmente pessoal. Neste exemplo, não tem nada nesse compromisso que faça a contribuição do consultor ser diferente da de qualquer outra pessoa. Ele poderia ser substituído por outro cliente, ou por outro conselheiro.

Como seria a discussão se fosse baseada na confiança?

> **CLIENTE (MYRA):** Tudo bem, o que dissemos é que Andy escreverá o esboço para o programa. Joe, você trabalhará na métrica, e eu desenvolverei uma apresentação para a equipe. Cada um de nós deve ter nossas apresentações prontas para uma reunião de revisão no dia vinte e oito.

172 *O Conselheiro Confiável*

CONSULTOR (ANDY): É uma boa ideia, mas eu gostaria de envolver minha colega Judy nesse esboço de programa; ela tem a perspectiva bancária que complementa o meu ângulo tecnológico. Tudo bem se eu passar para ela primeiro?

Joe, esse trabalho de métrica também é crítico para sua divisão ABC; posso deixar Bill Y., meu cliente na ABC, saber que você está trabalhando nisso? Acho que ele estaria muito interessado no que você tem a dizer sobre isso.

Finalmente, Myra, lembra-se do que combinamos sobre sua necessidade de delegar certos trabalhos e passar mais tempo externamente? Este não é o caso de aproveitar a oportunidade para você mudar seus hábitos?

Nesse caso, o consultor agrega valor ao colocar a questão no contexto de outro trabalho que está sendo feito para o cliente, algo que pode ser feito por relativamente poucas pessoas. O compromisso é bilateral, verdadeiramente conjunto, e não apenas a partir de um cálculo de carga de trabalho compartilhado.

O conselheiro está propondo um aprofundamento dos vínculos tanto do lado do conteúdo quanto do lado pessoal. Os relacionamentos serão fortalecidos. O crescimento pessoal do cliente é visto como uma base válida para a inclusão neste exemplo de compromisso. Incorporado na resposta do conselheiro está um compromisso adicional de todas as partes, não apenas com um conjunto particular de etapas de ação, mas também com a exploração contínua das implicações e com os demais indivíduos. Entre outros resultados, o consultor emerge desta conversa como se desempenhasse um papel verdadeiramente único, um papel que não poderia ser desempenhado por mais ninguém.

PARTE TRÊS

USAR A CONFIANÇA

Essa seção começa com uma exploração das dificuldades que todos nós temos em aplicar os conceitos e técnicas discutidos até agora. É seguida pelo tópico relacionado, que fala de como aplicar as ideias apresentadas até aqui a diferentes tipos de clientes e diferentes tipos de situações de clientes.

Em seguida, exploramos a construção da confiança durante quatro etapas do relacionamento cliente-conselheiro: ser contratado, construir confiança na atribuição atual, construir confiança longe da atribuição atual e vendas cruzadas.

Finalmente, fechamos com uma lista de dicas práticas.

15
O QUE É TÃO DIFÍCIL NISSO TUDO?

A maior parte, se não tudo, do que dissemos até agora neste livro é objetivo. Por que, então, os conselheiros confiáveis qualificados não são mais comuns? O que é tão difícil nisso tudo?

Há muitas razões pelas quais as pessoas acham difícil cumprir o papel de conselheiro confiável. Aqui está uma lista de alguns dos comentários mais frequentes que ouvimos:

1. Isso tudo é muito arriscado pessoalmente. As questões emocionais são embaraçosas, diferentes, irracionais.

2. Não é fácil deixar de se preocupar consigo mesmo e focar nos outros.

3. As empresas de serviços profissionais frequentemente criam uma cultura de conhecimento e domínio do conteúdo. (Nos ensinam que o conteúdo é tudo.)

4. Não podemos superar nossos medos de parecer ignorantes, estúpidos ou desinformados, por isso agimos de forma assertiva.

5. É difícil se calar e ouvir antes de resolver o problema. Temos dificuldade em refazer nossos instintos ou hábitos.

176 *O Conselheiro Confiável*

6. É preciso muita coragem para falar sobre o indizível. Algumas coisas você simplesmente não diz; são muito pessoais, muito arriscadas, ou muito antiprofissionais.

7. Aproxima-se demais do limite de invasão da privacidade.

8. Essa abordagem desconsidera excessivamente o valor de um bom conteúdo ou conhecimento.

9. Tudo isso soa muito moralista.

10. Esse processo parece l-e-n-t-o! Meu orçamento não permitirá algo assim!

11. Meu cliente quer que eu foque no trabalho em questão; ele não quer me ver por mais nada.

12. É arriscado tomar uma posição sobre um assunto antes que eu esteja absolutamente seguro.

13. Tomei uma posição, e agora estou preso a ela. Mudar minha opinião destruiria minha credibilidade!

14. É difícil ser humilde assim!

Vamos examinar cada um deles por vez.

1. Isso tudo é muito arriscado individualmente. As questões emocionais são embaraçosas, diferentes, irracionais.

> **Está certo.** *É* **arriscado, e, se não o fizermos com um equilíbrio cuidadoso, será irracional, e nos sentiremos envergonhados. Portanto, o equilíbrio cuidadoso é fundamental. Significa consciência, foco e prática. O fato de não ser feito com frequência é uma oportunidade, não um problema. É uma chance de nos distinguirmos. O risco é a essência de criar intimidade.**
>
> **A profissão de coaching oferece aqui uma visão. Veja Alan Booth:**

O elemento pessoal é frequentemente impulsionado por três questões-chave de coaching de alto nível: *O que é importante para você sobre esse assunto? O que você quer que surja de nosso trabalho juntos? Qual serviço está prestando — qual missão você tenta cumprir?* Essas perguntas fazem com que a conversa seja *toda sobre o cliente,* não sobre o "problema" deles e, certamente, não sobre você. Embora não possa fazer essas perguntas e obter uma resposta significativa, se não tiver confiança, pedir permissão para explorar essas perguntas cria confiança.

2. Não é fácil deixar de se preocupar consigo mesmo e focar nos outros.

Certo novamente. Para a maioria de nós, "nós" é nosso tema favorito. Mas ficamos muito melhores sendo nós mesmos se nos concentrarmos no que as outras pessoas estão preocupadas. Isso nos ajuda a nos encontrar. Lembre-se da citação de Ralph Waldo Emerson: "*Quem você é fala tão alto que eu não consigo ouvir o que você está dizendo.*"

Novas maneiras de pensar e se comportar podem ser aprendidas, mas temos que praticá-las. Como diz Andrea Howe: "A consultoria de confiança é um trabalho interno". Ser mestre em seus relacionamentos começa com você... dominar você". O foco nos outros requer dedicação para manter os pés no chão e estar centrados, manter os níveis de estresse o mais baixos possíveis e manter a perspectiva, em geral. Muitos profissionais estão ao mesmo tempo cansados e distraídos. Temos que fazer algo sobre isso se quisermos estar no nosso melhor".

3. As empresas de serviços profissionais, frequentemente, criam uma cultura de conhecimento e domínio do conteúdo. (Nos ensinam que o conteúdo é tudo.)

178 *O Conselheiro Confiável*

O fato de que nos ensinam isso não é absolutamente nenhuma garantia de que esteja certo, apenas de que é comum. A afirmação é precisa, mas incompleta. Muitas culturas de escritórios profissionais criam um culto de foco exclusivo no domínio do conteúdo. Afinal de contas, é tão mensurável, tão quantificável.

Mas provavelmente também é justo dizer que as principais empresas de serviços profissionais fizeram (ou tentam fazer) o ajuste para uma abordagem que reconhece quão pouco domínio do conteúdo importa se o cliente não confiar em nós. Nós nos atrevemos a dizer que as grandes empresas de serviços profissionais (e as do futuro) não fizeram apenas o ajuste dessa abordagem; elas são (ou serão) construídas com base nela.

4. Não podemos superar nossos medos de parecer ignorantes, estúpidos ou desinformados, por isso agimos de forma assertiva.

Oh, sim, podemos. Só que é difícil, ou estamos sem prática, ou não percebemos que parecemos ainda mais ignorantes, estúpidos ou desinformados se deixarmos a pura assertividade tomar conta.

Estes medos são uma resposta humana normal, como o instinto de luta ou fuga. Isso não significa que não possamos superá-los. O que também nos torna humanos é nossa capacidade de reconhecer nossos sentimentos pelo que eles são e de transcendê-los. A essência da "inteligência emocional" é a capacidade de reconhecer e interpretar as emoções em nós mesmos e nos outros e de agir de acordo com essa interpretação, em vez de sermos guiados cegamente pelas emoções puras em si.

5. É difícil se calar e ouvir antes de resolver o problema. Temos dificuldade em refazer nossos instintos ou hábitos.

O Que É Tão Difícil Nisso Tudo? 179

É realmente difícil calar-se e ouvir. Esses instintos e hábitos estão profundamente interligados. Mas eles podem ser, e são, mudados todos os dias, por muitas pessoas. O primeiro passo é reconhecê-los pelo que eles são, apenas hábitos arraigados. Nós três, pessoalmente, ainda sentimos que não fizemos isso direito. Ficamos superexcitados quando pensamos saber a resposta à pergunta de um cliente, e saltamos com uma resposta antes mesmo que o cliente tenha terminado de descrever a situação. Podemos pensar que estamos provando nosso valor fornecendo uma resposta rápida, mas é mais do que possível que o cliente tenha uma reação negativa e pense que não estamos ouvindo e que estamos ansiosos demais para nos exibir.

Rob aprendeu a seguinte técnica: ele aprendeu a se controlar mantendo uma caneta na mão direita (ele é canhoto) e forçando-se a esperar pelo menos o tempo suficiente para trocar sua caneta para a mão oposta. Todos nós temos que encontrar dispositivos que quebrem hábitos (por mais simples que sejam), que funcionem para nós. Caso contrário, estaremos presos aos velhos comportamentos.

6. É preciso muita coragem para falar sobre o indizível. Algumas coisas que você simplesmente não diz; são muito pessoais, muito arriscadas, ou muito antiprofissionais.

Certo novamente. É preciso mesmo coragem. Uma coisa que ajuda e nos dá coragem é a compreensão de que, muitas vezes, a alternativa (isto é, não falar) pode ser pior. Significa uma oportunidade perdida de ajudar alguém que poderia realmente se beneficiar com isso. Sem risco, há a garantia de uma intimidade limitada e, por conseguinte, de confiança. Em nossa experiência, os conselheiros superestimam amplamente o risco

180 *O Conselheiro Confiável*

de tomar uma ação e subestimam o risco de não tomar uma ação. Alan Booth nos lembra:

> É pessoal também para o conselheiro/coach: o medo do cliente é sua oportunidade — mas seu medo é seu inimigo. Se você não entender e "possuir" seu próprio medo, ele o impedirá que trabalhe com seu cliente ao lidar com o medo dele — que é sua oportunidade.

7. Aproxima-se demais do limite de invasão da privacidade.

Se tivermos respeito sincero pela outra pessoa, as palavras que o transmitem provavelmente virão. A maioria das pessoas acolhe bem as intervenções feitas com respeito. Quando não a acolhem bem, não retribuem o respeito com indignação, mas com um simples "Não, obrigado".

A maioria dos conselheiros, quando sente que algo chega "perto demais" de invadir a privacidade, na verdade não estão se referindo a como a outra pessoa se sentirá, mas estão concentrados em suas próprias preocupações sobre como se sentirão em reação à resposta da outra pessoa.

Se invadirmos a privacidade, *estamos* muito próximos do limite. É por isso que nomear, reivindicar, se expressar com gentileza e dar às pessoas uma "saída" é tão valioso.

8. Essa abordagem desconsidera, excessivamente, o valor de um bom conteúdo ou conhecimento.

Desconsidera? De jeito nenhum! Esta abordagem realmente *permite* que o bom conteúdo e a experiência sejam eficazes. Se não tivermos um nível adequado de confiança, nenhum conteúdo e conhecimento especializado jamais passarão.

O Que É Tão Difícil Nisso Tudo? 181

9. Tudo isso soa muito moralista.

Seria moralista se fosse julgamento e se fôssemos críticos em relação a outros que não seguem esta abordagem. Nós não somos. Não somos moralistas, mas sabemos que esta abordagem *funciona*. Ela pode fazer com que você tenha sucesso de maneiras que, caso contrário, não ocorreriam.

Avalie-a puramente em termos pragmáticos, baseado em suas próprias observações. A confiança é uma estratégia de sucesso? As pessoas compram em grande parte com base na confiança e nos relacionamentos? As pessoas respondem positiva ou negativamente à aproximação da parte de outra pessoa? Pergunte a si mesmo se isso funciona. Deixe sua própria experiência ser seu guia.

10. Esse processo parece l-e-n-t-o! Meu orçamento não permitirá algo assim!

Essa afirmação faz duas falsas suposições. Primeiro, pressupõe que os clientes não pagarão pelo tempo de aconselhamento. A verdade é que pelo aconselhamento ser feito com eles, em sua presença, eles percebem mais prontamente o valor do aconselhamento (e pagarão por ele) do que podem perceber o valor do que os conselheiros fazem em seus próprios escritórios.

Em segundo lugar, a preocupação assume que o tempo gasto aconselhando um cliente deve ser recuperado na tarefa atual, quando a verdade é que, bem feito, um aconselhamento eficiente (reembolsado ou não) pode ser o meio mais eficaz que existe de gerar receitas futuras. O que você prefere fazer? Ser o conselheiro de alguém ou escrever propostas?

182 *O Conselheiro Confiável*

11. Meu cliente quer que eu foque no trabalho em questão; ele não quer me ver por mais nada.

> A menos e até que você ganhe o direito de fazer o contrário, isto pode muito bem continuar. Vale a pena uma tentativa de vez em quando. Você pode fazer um serviço aos clientes, declarando-lhes (muito claramente, muito diretamente, uma vez) que você os percebe querendo que você se concentre no trabalho em questão, e que eles não querem vê-lo sobre qualquer outro assunto. Peça para confirmarem esta observação, porque você pretende cumpri-la e quer ter certeza de que agiu corretamente.
>
> Então, ouça atentamente a resposta do cliente e esteja preparado para se empenhar com base nela. Se, em determinado momento, você sentir que a situação simplesmente nunca mudará, então graças aos céus você tem agora um sinal claro de que seu investimento em se tornar um conselheiro confiável para um cliente será feito melhor em outro lugar.

12. É arriscado tomar uma posição sobre um assunto antes que eu esteja absolutamente seguro.

> É arriscado tomar uma posição *rígida* sobre um assunto até que tenha certeza. Se você tomar uma posição preliminar com seu cliente, certifique-se de que seja exatamente isso, e que ele a reconheça como tal. Então, você pode realmente parecer muito bom na maioria das vezes, e muito atencioso o tempo todo.
>
> Há pecados de omissão e pecados de comissão. Não tomar uma posição sacrifica uma enorme gama de opções para ajudar um cliente. Diminui a possibilidade

de enquadrar hipóteses, fazer brainstorm, estimular conversações e ganhar a percepção do cliente ao envolvê-lo no pensamento evolutivo. Em nome de um medo interior (leia-se autodirecionamento), esta chamada aversão ao risco renuncia muitos pontos positivos. Não é arriscado fazer isso; é antiprofissional *não* o fazer.

13. Tomei uma posição, e agora estou preso a ela. Mudar minha opinião destruiria minha credibilidade!

Nossa credibilidade está muito mais em jogo se formos vistos persistindo em uma visão incorreta perante novos dados ou pensamentos do que admitindo que estávamos errados. Admitir que estávamos errados é admitir que somos imperfeitos (ou seja, humanos). Não admitir é afirmar que somos onipotentes. Agarrar-se a uma ideia errada em nome da "credibilidade" também é o auge do autodirecionamento, porque tudo tem a ver conosco, e nada a ver com os fatos ou com o cliente.

14. É difícil ser humilde assim!

A humildade não é fraqueza. Servir aos outros não exige que sejamos servis. A força do ego significa não ter que acariciar nossos egos continuamente. Reconhecer e respeitar a força nos outros não diminui nosso respeito ou força.

Em resumo, acreditamos que os riscos de fracasso na tentativa de construir confiança são superestimados, desde que as pessoas estejam suficientemente conscientes de si mesmas para evitarem ser desagradáveis. Raramente ouvimos falar de alguém que realmente tentou construir confiança e fracassou.

PORQUE NOS APRESSAMOS EM AGIR TÃO CEDO

Há um erro cometido com mais frequência do que todos os outros juntos, que é simplesmente saltar adiante no processo de confiança para impulsionar a ação antes de completar as outras etapas.

Imagine-se como um consultor de sistemas. Você está reunido com um cliente em potencial de uma nova parte de uma organização, que você já conhece razoavelmente bem. Depois de alguns momentos agradáveis, o cliente em potencial começa a lhe falar sobre alguns problemas de desempenho em seu sistema.

Você acena com a cabeça vigorosamente, com interjeições como "aham", consciente de todas as referências corretas de hardware e software. Você entra com algumas delas: "Sim, eles têm esse mesmo problema na [parte da organização que você conhece muito bem]". Depois de um tempo, você tem certeza do que sempre suspeitou ser de fato o caso: eles têm um problema no projeto arquitetônico. Você faz a única pergunta que faltava para ter certeza, e voilà! Você obtém a resposta que esperava!

"Ouça," você diz, "e se nós reconfigurássemos algumas características arquitetônicas básicas. Não deve demorar muito (temos um processo patenteado para fazê-lo, chamado IMEX; vou deixar-lhe um folheto) e não só resolverá os problemas de desempenho que você tem, como fará com que seus usuários o amem."

E então, para seu desapontamento, o cliente se afasta. Por quê? Porque mesmo que sua resposta seja absolutamente, completamente, 100% correta, o cliente não a comprará (na verdade, resistirá a comprá-la) até e a menos que você ganhe o direito de até mesmo discutir uma declaração do problema. Você não *ganhou esse direito*. O ponto interessante não é *que* saltamos muito cedo para o comprometimento e a ação, mas *por que* o fazemos. Há quatro razões pelas quais os conselheiros saltam para a ação muito cedo:

1. A tendência humana de focarmos em nós mesmos;
2. A crença de que vendemos apenas conteúdo;

O Que É Tão Difícil Nisso Tudo? 185

3. O desejo por tangibilidade;

4. A busca da validação.

A TENDÊNCIA HUMANA DE FOCARMOS EM NÓS MESMOS

Gastamos muito do nosso tempo focando em nós mesmos, e tanto do tempo dos outros é gasto focando neles mesmos, que é um evento raro e surpreendente sempre que alguém retira o véu. O interesse sincero por outra pessoa se manifesta de forma impressionante, simplesmente porque é incomum.

Uma pesquisa do *New York Times* mostrou o mesmo resultado. Sessenta por cento dos norte-americanos disseram que não se podia confiar na maioria das pessoas, mas apenas 20% disseram que não podiam confiar na maioria das pessoas que conhecia. Em outras palavras, quanto mais conhecemos alguém, maior é a probabilidade de presumirmos que podemos confiar nele ou nela.

Em um extenso programa de educação executiva, fizemos uma pergunta em cada sessão e nunca recebemos uma resposta diferente. A pergunta era: "Quem opera em um nível superior de confiabilidade: você ou seus colegas?" A resposta sempre foi "eu". Especificamente, cerca de 800 participantes classificaram 15% de seus colegas no nível mais baixo de confiabilidade. No entanto, apenas um dos 800 se pôs nesse nível inferior.

Não estamos completamente seguros do que significa esta constatação. Pode significar que as pessoas são egocêntricas, ou que elas têm um respeito saudável por si mesmas, ou que são irremediavelmente egocêntricas. Isso significa claramente que as pessoas confiam no que sabem.

Todos nós classificamos nossas próprias intenções melhor do que as de outras pessoas. Nos serviços profissionais (um negócio no qual não há *nada mais do que* seres humanos), esta observação assume uma importância empresarial crítica. A ação é o único passo que parece ser principalmente sobre nós, conselheiros. Trata-se de respostas e alimenta nosso desejo de mostrar que somos os especialistas em respostas. Somos nós que sugerimos a ação, e ela geralmente consiste em algo que sabemos como fazer.

A CRENÇA DE QUE VENDEMOS APENAS CONTEÚDO

Um advogado amigo nosso (um dos melhores em sua área) nos disse que acreditava que a chave do sucesso no direito é ser um dos dois ou três melhores especialistas de conteúdo em sua cidade, em sua área. Por essa definição, há, provavelmente, menos de cem advogados de sucesso em toda a cidade de Nova York. Sem tentar tomar uma posição sobre os níveis absolutos de importância dos relacionamentos e do conteúdo, isto nos parece restritivo.

Agora é mais difícil para os conselheiros se manterem atualizados. Para os médicos é, literalmente, uma impossibilidade física acompanhar os trabalhos de pesquisa. Para os advogados, é a mesma coisa. Para os consultores de gestão, o céu é o limite em termos de quão bem informado se gostaria de ser. Para os contadores, o código fiscal é enorme o suficiente para desafiar a tentativa de qualquer indivíduo de dominá-lo. Com todo esse esforço, é tentador acreditar que, quando dominamos algum subconjunto específico de conteúdo, fizemos o suficiente. Os clientes colocam lenha nessa fogueira, porque eles abraçam a crença (em seu nível consciente) de que o conteúdo é rei. Eles caracterizarão seus advogados, contadores e consultores como especialistas em conteúdo. Quando eles o elogiam, é provável que seja por causa do seu domínio técnico.

Embora isto seja enganoso, é uma crença fortemente sustentada, o que faz com que os consultores instintivamente pulem à frente no processo de desenvolvimento da confiança para o que parece ser o conteúdo — o passo que diz: "Vamos à ação!"

Em um mundo de crescente complexidade técnica, é útil lembrar que isto é uma faca de dois gumes. O guru do planejamento financeiro, Michael Kitces, nos lembra que no mundo da consultoria financeira:

Avaliar a competência dos conselheiros como especialistas está além do limite para a maioria dos clientes, mesmo quando estamos cada vez mais em uma posição de "tarefa sagrada" com eles, que confiam cegamente nessa competência por não conseguirem identificar quando ela pode estar errada. No entanto, a dificuldade de avaliação significa que eles muitas vezes acabam avaliando fatores intangíveis como o tamanho da empresa, reputação social, conexão emocional e afinidade. Assim, paradoxalmente, o efeito da tecnologia, que força o aumento da experiência dos consultores, tem contribuído, em grande parte, para conduzir a tomada de decisão dos consumidores em direção à dimensão emocional.

O exemplo de consultoria financeira pode ser extremo — mas dificilmente é o único.

O DESEJO POR TANGIBILIDADE

Nas profissões, a solução de problemas é altamente valorizada. Aqueles que solucionam os problemas naturalmente abominam o vácuo. Eles ficam muito desconfortáveis com a incerteza, inerente às primeiras partes do processo de desenvolvimento da confiança. Procuram preencher silêncios com hipóteses e preencher lacunas hipotéticas com perguntas sobre dados.

Portanto, não é surpreendente que, para muitos, uma pitada de ambiguidade ou incerteza seja desconfortável. Na realidade, os conselheiros são treinados não para fazer perguntas abertas, mas sim perguntas fechadas, que reforçam hipóteses e demonstram brilhantismo. Muitas vezes somos explicitamente treinados para controlar as reuniões, para não correr o risco de elas serem monopolizadas pelos clientes. Neste mundo ambíguo, não é de se estranhar que haja uma pausa quando finalmente se chega às etapas de ação: quem fará o quê, com quais recursos, quando, em qual ordem, qual o custo, com que tipo de especificações e assim por diante. A ação é tangível, e a necessidade dela está profundamente embutida nas psiques de muitos profissionais.

A PROCURA POR VALIDAÇÃO

Finalmente, os profissionais vivem em um mundo paradoxal e, inconscientemente, sobrevivem dessa tensão. Considere estas fontes comuns de confusão para o profissional típico:

- Devemos dominar enormes níveis de detalhes concretos; no entanto, nosso "produto" raramente é tangível.

- Frequentemente trabalhamos em empresas que têm declarações de missão, que defendem que o valor da empresa vem à frente do indivíduo; mas também nos é dito, com frequência, que a maioria dos clientes compra indivíduos, não empresas.

Muitas empresas de serviços profissionais falam sobre a importância das pessoas, mas têm altas taxas de rotatividade. Elas falam, simultaneamente, sobre a necessidade de "podar" pela qualidade (demitir), e a necessidade de "atrair e reter os melhores" (contratar).

Os profissionais, que saem e depois retornam às suas empresas, citam todo "o pessoal" como o principal atributo competitivo de sua empresa, não importa qual empresa seja. No entanto, a atenção às habilidades no trato com as pessoas é, muitas vezes, negligenciada.

- Psicologicamente, em nossa experiência, muitos profissionais são ao mesmo tempo um pouco inseguros e um pouco egocêntricos.

Em meio a esta confusão, há um enorme desejo de feedback positivo por parte do cliente, pois é ele quem decide tudo no final do dia. O feedback vem, em grande parte, da reação do cliente às nossas atividades de ação. Só então o profissional, em geral um pouco nervoso, pode estar realmente, verdadeiramente, certo de que tudo está bem. É nesse ponto que compromissos são assumidos, financeiros e outros. Somente então, o profissional tem a oportunidade de utilizar o que foi treinado para fazer: aplicar habilidades técnicas. Até então, tudo parece incerto.

O Que É Tão Difícil Nisso Tudo? 189

Essas tendências estão praticamente interligadas a nós. Em nosso trabalho de educação executiva, achamos um pouco divertido dizer às pessoas, pouco antes da apresentação do processo de confiança, que o erro que elas provavelmente cometerão é pular para a solução de problemas e para a ação. Eles então procedem, quase inevitavelmente, a provar esse argumento.

Sem autocontrole consciente e prática no controle de nossos instintos, novos hábitos não se desenvolvem. Aprender a interagir com outras pessoas de novas maneiras não é algo que possa ser absorvido instantaneamente. Muitos de nós temos uma vida inteira de maus hábitos para quebrar.

Há fortes instintos trabalhando contra o desenvolvimento natural de relacionamentos de confiança nos negócios, e todos nós precisamos de autodisciplina consciente (e autoconsciência) na modificação de nossas abordagens instintivas.

RISCO

Rebecca, uma consultora de gestão, nos falou de um relacionamento com uma cliente de seu passado. O projeto havia corrido bem, e ela havia gostado do relacionamento, mas não tinha tentado mantê-lo depois que o projeto terminou. Um ano depois, a cliente ligou para Rebecca e disse, com um toque de dor na voz: "Por que você nunca ligou? Achei que tínhamos um bom relacionamento e poderia ter usado sua ajuda várias vezes". Rebecca nos explicou mais tarde o motivo de não ter mantido o contato: "Achei que era muito arriscado. Poderia ter sido percebida como presunçosa. Achei que, se ela precisasse de mim, ligaria." Que vergonha para todos os envolvidos!

A razão número um (em nossa lista, é claro) pela qual as pessoas não "fazem essas tais coisas de confiança" é geralmente expressa assim: "Bem, eu não faria isso, é muito arriscado." A palavra "risco" vem continuamente à tona. Vamos examinar exatamente o que as pessoas querem dizer com isso.

Vamos começar lembrando que não há confiança sem risco. Alguém tem que assumir o primeiro risco. Se nunca nos sentimos à vontade para iniciar um relacionamento de confiança assumindo um risco, então desistimos da possibilidade de criar confiança proativamente.

Que tipos de coisas as pessoas consideram "arriscadas"? Quase tudo o que listamos que são maneiras de aumentar a confiança: traçar um ponto de vista, nomear e reivindicar, escuta reflexiva, observar um fato emocional, trabalhar o processo de confiança em vez de pular para a ação. Os mesmos passos que recomendamos são os mais comumente citados como impraticáveis, pois são muito arriscados!

Isto não significa que estejamos certos ou errados. Significa simplesmente que os passos para aumentar a confiança trazem *alguma* conotação de risco. O risco não é antagônico à confiança; o risco é parte e parcela da confiança. Portanto, quando as pessoas dizem: "Isso não aumenta a confiança, é muito arriscado", nós dizemos: "Correr um risco é, precisamente, como se constrói a confiança."

Em segundo lugar, o que ouvimos expresso como risco comercial acaba sendo, sob exame atento, um risco pessoal. Ouvimos geralmente dois tipos de comentários avessos ao risco: risco percebido para a credibilidade e risco percebido para a intimidade. Estes são analisados na Figura 15.1.

O risco percebido sobre a credibilidade é baseado em uma concepção errônea sobre o que significa ser um profissional. Muitos profissionais de serviço (e clientes, se você perguntar diretamente a eles) trabalham sob vários mal-entendidos sobre profissionalismo. Eles acreditam que ser profissional significa:

1. Você deve ter as respostas.
2. Você deve ficar quieto se não souber a resposta (e encontrar outro profissional com o conhecimento necessário o mais rápido possível).

3. Você mantém a base total de conhecimento um pouco escondida.

4. Você deve (geralmente) manter escondida do cliente qualquer lacuna em sua base de conhecimentos.

Figura 15.1 Razões para o Risco Percebido

Risco Perceptível para Credibilidade	"Você não pode"	"Porque o cliente quer"
	Especular	Uma resposta
	Dizer que não sabe	Segurança
	Focar em enquadrar o problema	Conhecimento
Risco Perceptível para Intimidade	**"Você não pode"**	**"Porque o cliente quer"**
	Ficar ouvindo tempo demais antes de colocar em prática	Ação
	Ficar muito pessoal	Um relacionamento "profissional"
	Falar sobre emoções	Apenas os fatos
	Sair da pauta	Progresso
	Apontar situações difíceis	Não quer se envergonhar

Com esta visão de profissionalismo, não é de se admirar que pareça arriscado admitir abertamente a ignorância, sugerir que o refinamento da declaração do problema possa estar em ordem, ou sugerir que uma série de hipóteses ou pontos de vista possam realmente avançar a causa em vez de sinalizar incompetência.

O senso de risco da credibilidade depende, portanto, de um sentido restrito de profissionalismo, que chamamos de profissionalismo exclusivo em vez de inclusivo.

O risco percebido de intimidade vem da ideia (equivocada) de que os clientes não querem ampliar a pauta para além do puramente racional. Os próprios clientes dificilmente oferecerão, de forma voluntária, a ideia de que querem um relacionamento mais profundo e íntimo com seus prestadores de serviços. Mas os mesmos clientes serão os primeiros a dizer que um critério principal de compra é o *entendimento* que seu fornecedor tem de sua situação específica (não situações como esta em geral).

A maioria das pesquisas sobre compra sugere que é um processo altamente emocional. Isto é particularmente verdadeiro para compras de grande porte, altamente diferenciadas, complexas, arriscadas para o cliente, como os serviços profissionais. Nesse ambiente, ambos os lados acham fácil enganar a si mesmos, pensando que a lógica deve prevalecer e que o cliente não quer intimidade. Mas a decisão de compra é altamente emocional. Praticamente sempre.

Há dois tipos de riscos: o risco de fazer uma coisa errada e o risco de não fazer uma coisa certa. A maioria dos empresários está paralisada pelo medo do primeiro tipo de risco, muitas vezes ao ponto de cometer involuntariamente o segundo tipo, o que é mais insidioso e prejudicial do que simplesmente fazer a coisa errada. Fazer uma coisa errada é um erro compreensível, com o qual podemos aprender e pelo qual esperamos ser perdoados. Mas não fazer uma coisa certa normalmente envolve ignorância intencional (ou arrogância) durante um longo período de tempo, e indica falta de coragem pessoal. No entanto, mesmo esses dois aspectos de risco não explicam tudo.

Como explicamos a Rebecca, que assumiu que seu cliente não se importava muito com o contato contínuo? Há outro nível de crenças ou sentimentos no trabalho, alguma forma de medo que o consultor sente.

Medo de quê? Aqui podemos gerar uma lista e tanto. Isso incluiria o medo de:

1. Não ter a resposta;

2. Não ser capaz de obter a resposta certa rapidamente;

3. Ter a resposta errada;

4. Cometer alguma gafe;

5. Parecer confuso;

6. Não saber como responder;

7. Ter perdido algumas informações;

8. Revelar alguma ignorância;

9. Errar no diagnóstico.

As pessoas nas profissões de serviço são um pouco severas consigo mesmas. Talvez este seja o sinal do perfeccionista. Talvez venha do trabalho em um negócio, no qual não há limite superior prático para qualidade. Ao ser perfeccionista, amaldiçoado com a capacidade de prever um grande número de maneiras de ficar aquém das expectativas, faz sentido que nossos piores pesadelos tendam a centrar-se nesses medos. Entretanto, se nossos medos dominarem nosso comportamento, nunca correremos um risco e alcançaremos muito menos.

Finalmente, pode ser que as profissões sejam paraísos de racionalidade para aqueles menos confortáveis com uma abordagem mais direta e emocional da vida. Boas habilidades sociais e uma mente excelente nas profissões podem, geralmente, compensar um grau muito grande de evasão emocional. Combinado com ética que adora à mente, não é surpreendente que alguns conselheiros sintam que trabalhar na parte sobre intimidade da equação da confiança é arriscado.

Estamos obcecados pela crença de que a única maneira segura de não perder o jogo é nunca jogar o jogo (como diz o provérbio siciliano *"Chi gioca solo non perde mai"*, ou "Se alguém joga sozinho, nunca perde"). O problema é que não jogar o jogo *garante* que você nunca ganhará. O famoso Wayne Gretzky disse: "Você erra 100% dos arremessos que nunca faz."

A boa notícia é que uma tentativa de correr risco pessoal é muito mais frequentemente retribuída pela outra parte do que não, aumentando assim a intimidade e a confiança.

GERENCIAR SUAS PRÓPRIAS EMOÇÕES

O quanto ser um conselheiro de confiança de sucesso se resume em administrar as próprias emoções? Provavelmente muito.

Considere um exemplo simples com o qual provavelmente todos nós podemos nos relacionar. Imagine-se nos estágios iniciais da descoberta de fatos com um cliente, em uma reunião com várias outras pessoas, com uma série de conceitos desconhecidos flutuando ao seu redor. Alguém menciona a "situação XP-27" e muitos dos outros riem conscientemente. Você não sabe do que se trata. Você para e pergunta? Ou você deixa a reunião continuar, pensando que talvez tenha perdido algo dos materiais lidos previamente e que você pegará o assunto no contexto à medida que a reunião for avançando? (Afinal de contas, provavelmente, você se saiu muito bem em sua carreira até agora, pegando coisas do contexto deles).

Suponha que você faça o último. Então, suponha que, alguns minutos depois, outro momento semelhante surja, em que alguém se refira ao RB-5, e alguém diga: "Sim, e se for assim, fará com que a XP-27 pareça café pequeno!" Todos riem e acenam vigorosamente com a cabeça. Exceto você, claro, porque não faz a menor ideia do que estão falando. Enquanto isso, a conversa se volta rapidamente para outros tópicos.

Agora você tem um problema um pouco maior. Se você parar a conversa para perguntar o que tudo isso significa, você corre o risco original de parecer destreinado ou ausente. Você também corre o risco de parecer que tentou fugir do risco inicialmente, ao não perguntar sobre a XP-27 quando ela surgiu pela primeira vez. E, enquanto você pondera este último desenvolvimento, sua atenção está longe de estar concentrada na conversa, assim estabelecendo mais confusões ainda por vir.

Um exemplo trivial, para ter certeza. Mas a maioria de nós sabe como lidar com isso. Todos nós tivemos que dizer coisas como: "Eu provavelmente sou o único que não fez nossa leitura ontem à noite, mas..." ou "Com o risco de parecer bobo, alguém poderia me ajudar a entender..." Então, por que não fazemos isso com mais frequência?

O Que É Tão Difícil Nisso Tudo? 195

A verdade é que quanto maior a responsabilidade, mais difícil é dar esses passos simples e pequenos de autocorreção. Nossas emoções prevalecem sobre o que nossas mentes nos dizem ser a coisa mais sábia a fazer.

Nossas próprias necessidades emocionais (como a satisfação do ego) muitas vezes dominam nossas reações, em vez de uma calma reflexiva e fria, seguindo as linhas de "O que estou tentando alcançar nesta fase e qual é a melhor maneira de eu chegar lá? O que devo dizer agora, e como devo dizê-lo?" Um conselheiro confiável é, acima de tudo, alguém capaz de se dedicar total e completamente, e dedicar seu cuidado e sua atenção ao cliente. O maior obstáculo para fazer isso é a tendência a dedicar nosso cuidado e atenção a nós mesmos. E a razão fundamental para isso é o medo egocêntrico; o medo de perder o que temos, ou de não conseguir o que queremos.

Emoções e desejos que devemos aprender a controlar incluem:

1. Querer (precisar?) levar o crédito por uma ideia;

2. Querer preencher o silêncio com conteúdo;

3. Agir segundo nossa insegurança e mostrar todas as nossas referências;

4. Querer ocultar um problema para podermos resolvê-lo depois, sem pressão;

5. Querer proteger nossas respostas no caso de estarmos errados.

16
DIFERENCIAR OS TIPOS DE CLIENTES

Um dos perigos de escrever, falar e ensinar sobre o tema da construção da confiança é a tendência de generalizar demais o que pensamos sobre os clientes e assumir que todos são parecidos. É tentador, mas é perigoso e está errado. Todo o nosso trabalho (e provavelmente o seu também) mostra como os clientes podem ser diferentes. Nessa linha, é valioso pensar em como reconhecer e lidar com os diferentes tipos de clientes que se encontra.

Oferecemos uma coleção de princípios norteadores fornecida a fim de ajudá-lo a pensar sobre a melhor forma de interagir com clientes de diferentes tipos.

1. Trabalhe com antecedência sobre o que é diferente nesse cliente, e o que pode ser diferente em você nesta situação.

Pense em como este cliente se compara a outros, onde você foi mais bem-sucedido e onde foi menos. Leve pelo menos uma lição de cada um deles com você cada vez que visitar um cliente.

Rob lembra-se de assistir uma reunião externa de uma empresa de consultoria, que estava em rápido crescimento. Afinal, um dos sócios fundadores da empresa o havia convidado, esperando que Rob oferecesse um pouco de seu conhecimento em consultoria na reunião da empresa. Rob preparou alegremente sua sessão de noventa minutos, acrescentou um título cativante (algo parecido com "Até Lady Gaga Tem Medo de Palco e Até Mick Jagger Tem que Ensaiar") e entrou com o espírito elevado.

Infelizmente, o sócio que havia convidado Rob havia se esquecido de contar a seus dois cofundadores as razões por trás do convite, e (também infelizmente) tinha se esquecido de informar a ele. Rob não tinha sido informado de que havia um desacordo interno substancial sobre exatamente como a empresa deveria se posicionar diante dos clientes, como deveria ser exatamente seu produto final de consultoria e como deveria exatamente enviar suas mensagens. Além disso, o sócio convidado fez apenas a mais superficial das apresentações no início da sessão e depois deixou a sala.

Os dois sócios fundadores restantes aproveitaram esta oportunidade para interromper a sessão apenas cinco minutos após o início. Um deles começou (bastante beligerantemente) a desafiar toda a premissa para a sessão em si, abrindo assim um debate dentro da sala de reuniões que durou quase uma hora.

Desnecessário dizer que a sessão de Rob sobre aconselhamento aos clientes nunca começou. Rob ainda se lembra da sensação de choque, quando ela terminou. Um dos sócios menos experientes da firma passou por ele, encolheu os ombros e disse: "Boa tentativa".

Esta história serve como lembrete para garantir que haja um entendimento *completo* do que você deve fazer pelo cliente antes de entrar em uma reunião.

David teve uma experiência semelhante com um cliente em andamento. Ele foi contratado para facilitar o recesso anual dessa firma pelo terceiro ano consecutivo. Como ele tinha vasta experiência com essa firma, ele presumiu que sabia tudo o que precisava saber. Infelizmente, a reunião foi um desastre, pois este ano o grupo ficou claramente dividido e ninguém havia informado David sobre as novas circunstâncias.

Naturalmente, foi o instinto de David de proteger seu próprio ego e dizer que a culpa foi do cliente, porque o cliente deveria tê-lo informado.

Entretanto, David rapidamente percebeu qual deveria ter sido a lição óbvia: era *sua* obrigação profissional procurar informações de antemão. Como mencionamos em nossa discussão sobre enquadramento emocional, os conselheiros confiáveis devem evitar atribuir culpas e devem assumir a responsabilidade pelo sucesso ou fracasso do processo.

O que David deveria ter feito, mesmo correndo o risco de ser visto como insistente, é ter feito, em seu contato principal, uma série de perguntas delicadas:

- Há algum tópico que eu deva evitar por serem delicados demais para serem discutidos em uma grande reunião?
- Há algum tópico sobre o qual as opiniões de seus colegas estejam significativamente divididas?
- Onde provavelmente encontraremos a maior resistência?
- Você já tem alguma iniciativa em andamento, que possa interagir com essa discussão?

O conselheiro confiável, para ser eficaz, deve fazer perguntas desse tipo com antecedência.

2. Ao olhar para um cliente, force-se a fazer três perguntas:

- Qual é a motivação pessoal predominante do cliente?
- Qual é a personalidade do cliente?
- Como o estado de sua organização afeta sua visão de mundo?

200 *O Conselheiro Confiável*

Tendo respondido a estas perguntas, force-se a responder à pergunta: "Como adaptar meu estilo e abordagem para lidar com esta pessoa como ela gosta de ser tratada?"

3. Ao pensar na motivação pessoal predominante de um cliente, qual das seguintes perguntas vem em primeiro lugar?

- a necessidade de se sobressair?
- a necessidade de agir e alcançar resultados?
- a necessidade de compreender e analisar antes de decidir?
- a necessidade de conduzir o consenso?

Dependendo de qual vem primeiro (ou como eles se classificam em geral), você tem pelo menos a chance de adaptar sua narrativa a um resultado específico (excelência, ação, análise ou consenso organizacional).

Quando pensa na personalidade de um cliente, como você se compara? Visto que cada panela tem sua tampa, o mesmo tamanho não servirá em todas. Algumas pessoas são reflexivas; outras gostam de interações mais rápidas. Em outras situações, o inverso é verdadeiro. Às vezes, temos um colega que podemos dispensar e às vezes precisamos fazer ajustes.

Diz-se que boa atuação não é mentir, mas se concentrar em um aspecto de sua personalidade ou caráter que é necessário para o papel, e depois suprimir os outros aspectos de sua personalidade. Este é um bom conselho. Não seja falso, minta ou deturpe, mas encontre a parte de você que possa sentir empatia com essa situação.

Mesmo que corresponda à motivação pessoal predominante do cliente, assim como à sua personalidade, e mesmo que tenhamos o momento certo, ainda há mais uma questão que pode levar os conselheiros a tropeçar. Isso tem a ver com conhecer a organização. As pessoas que forem otimistas em uma organização podem mudar de empresa e serem levadas para uma direção totalmente diferente. Todos nós já vimos pessoas sofrerem o que parece ser uma mudança drástica de personalidade apenas pela mudança de função.

4. Descubra porque você pode realmente gostar deste cliente como pessoa.

Tente encontrar algo que seja especial, divertido, significativo ou envolvente sobre essa pessoa, algo com que você possa se relacionar. Você não precisa gostar de tudo sobre seu cliente, mas se puder encontrar algo em que se concentrar, será mais fácil se comportar de forma apropriada.

Se nada lhe vem à mente facilmente, ou se nada sobre eles o lembra de algo que você gosta (ou alguém que você gosta), isso é uma grande dica de que este provavelmente não é o melhor tipo de cliente para você, e nenhum ajuste de personalidade ajudará.

Isto não é categorizar, ou estereotipar, ou sugerir que cada cliente deve caber em uma determinada caixa. Em vez disso, nos ajuda a focar nos tipos de clientes mais importantes de todos: aqueles com os quais temos mais probabilidade de nos conectar, de desfrutar e com os quais podemos ser conselheiros confiáveis.

5. Use a equação da confiança.

Outra abordagem para tentar descobrir como lidar com clientes de diferentes tipos é notar suas diferenças em relação a como reagem aos principais modelos de desenvolvimento da confiança.

Nem todos os clientes potenciais colocarão o mesmo peso em cada fator da equação da confiança. O primeiro corte significativo é quanto tempo, ênfase ou experiência o indivíduo coloca nos dois primeiros componentes: credibilidade e confiabilidade. Para muitos clientes, credibilidade e confiabilidade serão "fatores de entrada" nos estágios iniciais de uma interação de confiança. Eles lidarão com intimidade e autodirecionamento somente depois de estarem satisfeitos com a credibilidade e a confiabilidade.

202 *O Conselheiro Confiável*

Para outros clientes, esta fase inicial levará muito mais tempo. Pode ser que sua forma de avaliar a intimidade e o autodirecionamento seja ganhar tempo falando sobre questões mais convencionais. Pode ser que a razão para se concentrarem na credibilidade e na confiabilidade é que eles sentem que "deveriam" se concentrar primeiro nos aspectos mais objetivos; ou pode ser, simplesmente, que estejam mais confortáveis no âmbito objetivo. As razões não importam. Os clientes que se sentem confortáveis com os fatores de intimidade e autodirecionamento sinalizarão isso logo. Os clientes que se sentem confortáveis com os fatores de credibilidade e confiabilidade podem precisar ser conduzidos aos fatores de intimidade e de autodirecionamento. Embora eles possam não liderar o caminho, isso não significa que não precisem seguir adiante; significa apenas que você precisa liderar.

Que tipos de pessoas estão concentradas em cada um dos fatores? Sugerimos que você faça a si mesmo as seguintes perguntas sobre seus clientes particulares; você, provavelmente, sabe as respostas para cada indivíduo. E, afinal de contas, é isso que importa.

- O quanto meu cliente me valoriza por minhas opiniões claras, objetivas e imparciais, considerando-me o reduto de credibilidade?

- O quanto meu cliente me valoriza pelo meu histórico com ele, por minha integridade em fazer o que eu disse que faria?

- O quanto meu cliente valoriza o fato de poder falar comigo sobre quase tudo, sem medo de constrangimento ou quebra de confidencialidade?

- O quanto meu cliente valoriza o fato de eu estar do seu lado, de eu estar nisso por ele?

Há diferenças individuais que também interferem nas situações, e sobre as quais generalizações podem ser feitas. Há alguns clientes que valorizam muito o fato de serem compreendidos. Essas pessoas podem conceder-lhe espaço o bastante para se mover, rapidamente, por meio das demais etapas do processo.

Há outros que dão ênfase desproporcional à escuta, não por necessidade, mas sim por preferência. Essas são tipicamente pessoas adeptas a uma comunicação rica. Se você encontrar esse tipo de pessoas, vá para os problemas reais rapidamente. Não só você pode fazer isso com baixo risco, mas eles o apreciarão por isso.

Pessoas altamente racionais dão ênfase desproporcional ao enquadramento, seja ele racional ou emocional. Elas usam flip charts e marcadores (apagáveis), a formulação de hipóteses e pontos de vista e técnicas verbais que encorajam o pensamento ousado.

O enquadramento emocional é apropriado onde as pessoas estão se sentindo em conflito, frustradas, extremamente felizes, envergonhadas ou despreocupadas. Pode ser feito diretamente, mas muitas vezes deve ser feito em particular, com cuidado. Enquanto algumas pessoas estão cronicamente sujeitas a estados emocionais, que têm impacto nos negócios e exigem enquadramento, a maioria das pessoas apenas ocasionalmente se encontra em tais situações. Portanto, a abordagem apropriada é determinada não apenas pela pessoa, mas pela situação em que a pessoa se encontra atualmente.

As pessoas para as quais a previsão estruturada é mais útil são aquelas que tendem a ser dedutivas, críticas, estruturadas, altamente racionais e céticas, bem como aquelas que são adeptas do pensamento blue sky (uma forma de brainstorm criativo) e são altamente criativas.

Para o primeiro tipo, isto se deve, em parte, ao fato de se vislumbrar benefícios para as empresas, abordando assim os céticos e os críticos. É também porque prever é um exercício que pode alavancar os talentos do pensamento dedutivo e estruturado, se for bem estabelecido. Finalmente, ele apela para o racional, porque atinge as pessoas como uma forma "sensata" de examinar o que, em outros ambientes, poderia ser percebido como "suave".

Para o segundo tipo, a previsão funciona porque incentiva o uso livre e altamente criativo da imaginação.

204 *O Conselheiro Confiável*

Desestimulamos os instintos dos clientes que estão inclinados a pular para etapas de ação no processo de confiança. Isto porque a ação, como discutido anteriormente, é melhor vista como resultado natural das etapas anteriores do processo.

ALGUNS TIPOS DE CLIENTES DIFÍCEIS E COMO RESPONDER

Após deixarmos claro como os clientes diferem, e como é importante que nos concentremos em suas diferenças, assumiremos agora o risco de sugerir vários padrões ou tipos abrangentes de comportamentos, que observamos nos clientes. Estes são arquétipos ou construções elaboradas para nos ajudar a nos concentrar no que, reconhecidamente, são sempre personalidades mais complicadas.

TIPO 1. O CLIENTE "SÓ OS FATOS, SENHORA"

> **Cliente:** "Apenas me dê os fatos. Responda quando solicitado. Não me venda nada. Por que o preço é tão alto? Eu sou o chefe aqui."

Pense primeiro (esclareça e confirme): não se deixe enganar pelo conteúdo do que este cliente está dizendo. Este é um apelo para ser compreendido, como qualquer outro; para alguns, é até mesmo um medo, disfarçado, de estar errado ou de ser enganado. O truque é falar na língua do cliente, não na sua. Use declarações esclarecedoras e assertivas. Afirme seus valores; depois tente se comportar dessa maneira, verificando seu comportamento de vez em quando.

> **Resposta:** "Certo, entendi. Você não quer se distrair com delicadezas. Que ir direto ao ponto. Não quer perder tempo. Você quer que eu tenha conteúdo toda vez que conversarmos. Esse é o tipo de pessoa que você é. Estou certo?"

TIPO 2. O CLIENTE "EU TE LIGO DE VOLTA"

> **Cliente:** "Isso parece bom, mas não quero fazer promessas agora. Não quero dar esperanças a ninguém. Tenho que voltar, pensar e falar sobre isso com o chefe. Falarei com você mais tarde."

Pense primeiro (antecipe-se): esse é tipicamente o cliente que está nervoso acerca de julgamentos, e mais ainda por compromissos imediatos. Eles são conservadores, preocupados em estar errados e preferem ter tempo para pensar bem nas coisas. Não há nada de errado com isso. Planeje algo com eles sendo assim, e planeje facilitar-lhes a vida.

> **Resposta:** "Eu preparei um resumo de uma página com os pontos-chave. Você pode levá-lo para o escritório (somente se quiser) e debater com o chefe. Tudo bem. Estarei em meu escritório; por isso, se quiser mandar um e-mail ou me encontrar no intervalo das suas reuniões, com certeza lhe retornarei."

Legitime sua hesitação e desejo de "necessidade de tempo", e sugira que você pode ser confiável.

TIPO 3. O CLIENTE "VOCÊ É O ESPECIALISTA, IMBECIL"

> **Cliente:** "Então, o que você acha que devemos fazer? Eu não posso passar todo o meu tempo instruindo você. Já faz um bom tempo. Você é o especialista. Qual é a resposta?"

Pense primeiro: este cliente está cedendo à sua inclinação para dominá-lo. É inútil especular o porquê. Pode ser medo, pode ser ressentimento, ou pode ser apenas que ele esteja tendo um dia ruim. Não diga que ele está blefando, ou você envergonhará o cliente tanto quanto a si mesmo. Em vez disso, devolva o valor na forma de uma série de hipóteses.

Resposta: "Bem, eu sei qual tem sido a resposta para vários outros clientes, mas cada um era diferente. Você tem escolhas reais à sua disposição aqui. Gostaria de explorar um pouco mais, porque isso poderia tomar vários caminhos diferentes. Acho que depende de algumas coisas, particularmente X e Y; podemos explorar esses dois um pouco mais?"

TIPO 4. O CLIENTE "DEIXE-ME CUIDAR DISSO"

Cliente: "Isso é coisa boa, mas você não conhece a política. Você seria massacrado. Eles ainda não o entendem. É um pouco arriscado. Me dê essas coisas, eu cuidarei disso. Eu vou interferir na política. Deixe-me tratar disso."

Pense primeiro: esta é a linguagem de um cliente que não confia em você. Seu primeiro caminho é aplicar as habilidades de confiança e o processo de confiança, e ver se você consegue ganhar o direito de representá-los tanto em áreas políticas como técnicas. Entretanto, esta também pode ser a linguagem de um cliente que não confia em *ninguém*. Portanto, seu segundo caminho pode ser tentar nomear e reivindicar, em uma conversa particular, o quão segura a pessoa se sente no trabalho. A segurança é uma razão profunda para alguém guardar contatos em vez de delegá-los.

Resposta: "Isso é realmente interessante; posso ver muito do que você está dizendo, mas não tenho certeza sobre tudo isso. Você pode tirar alguns minutos para me falar mais sobre isso"?

TIPO 5. O CLIENTE "VAMOS PASSAR POR ISSO DE NOVO"

Cliente: "O quinto rascunho está indo bem, mas as nuances são o que mata. Você sabe, o diabo está nos detalhes. Estes rascunhos de ensaio são realmente fundamentais, especialmente para os comitês de pessoal".

Pense primeiro (enquadrar por meio de alternativas): clientes como este ficam mais confortáveis com detalhes. Eles provavelmente aprenderam a acrescentar algum valor razoável nesse domínio, portanto, não o descarte completamente. Por outro lado, esta orientação para os detalhes possivelmente mascara o desejo de controlar as coisas, o que pode atrapalhar as abordagens do quadro geral. Sua solução é fazer com que o quadro geral "pareça" controlável.

> **Resposta:** "Devemos gastar 40% no quadro geral e 60% nos detalhes, ou o contrário?" ou "Vamos usar este modelo conhecido de cinco etapas para caminhar pelo quadro geral em detalhes".

TIPO 6. O CLIENTE "VOCÊ NÃO ENTENDE"

> **Cliente:** "Você não entende nosso negócio. Você é de Dakota do Leste, não do Oeste, então é claro que não apreciaria as coisas. Você não está aqui há muito tempo, então você não entenderia isso."

Pense primeiro: esse cliente, como qualquer ser humano, quer se sentir especial. A verdade é que, quanto *mais* os clientes percebem as semelhanças com outros negócios, *mais* confiantes eles se tornarão de que sua própria experiência lhes serve bem no mundo. Mas não se pode discutir. Você terá muito tempo para demonstrar as semelhanças durante o relacionamento, mas você tem que começar por onde esta pessoa está começando.

Não tente ganhar essa batalha de cabeça erguida. Reconheça que você é da Dakota do Leste; você tem certeza de que ali é diferente. Você não tem certeza apenas de como, mas espera que a pessoa o ajude nesse caminho, e no devido tempo vocês avaliarão juntos o quão criticamente deficiente é sua falta de conhecimento.

> **Resposta:** "Tenho certeza de que isso está completamente certo. Você estaria disposto a me ajudar a entender o que é diferente aqui? Estou realmente disposto a aprender, para que eu possa ao

menos tentar ser útil. Você poderia compartilhar comigo algumas das coisas que eu preciso saber?"

TIPO 7. O CLIENTE "O INIMIGO DO MEU INIMIGO É MEU AMIGO"

Cliente: "Então, o que isso significa para a Alison? E você sabe que não funcionará em Richmond. Não mencione isto para o pessoal da área jurídica, o que eles não sabem não pode prejudicá-los. E o que Bill pensou sobre esta recomendação?"

Pense primeiro: esses clientes adoram política. Talvez esta seja sua maneira de buscar uma área interna de poder ou vantagem na qual haja menos concorrência do que na área de conteúdo. Independentemente disso, você pode falar a língua deles e servir bem tanto a eles quanto a você.

Não debata o valor do que eles dizem e não os critique. Em vez disso, faça da política uma questão de conteúdo. Fale sobre isso livremente, embora com a porta fechada, com uma pauta, objetivos, prós e contras, todas as armadilhas das discussões de investimento ou marketing. Se de fato for inapropriado discutir algum tipo de assunto, então eles serão forçados a encerrar a conversa, mas sem que você os tenha forçado a fazê-lo, e sem envergonhá-los abertamente.

Resposta: "Certo, isso parece importante; vamos passar por isso. Qual é o interesse de Alison nisto? Por favor, ajude-me a entender exatamente o que não funcionará em Richmond. Você poderia, por favor, me dar algumas diretrizes sobre o que pode e o que não pode ir para a área jurídica? Bill estava bem com isto. Por que pergunta?"

TIPO 8. O CLIENTE "ASSIM COMO, VOCÊ SABE, VAMOS LÁ"

Cliente: "Eu quero que você, hã, entende? Faça isso acontecer. Uma declaração clara sobre isso. É uma proposta simples. Só precisamos de ajuda para fazê-la funcionar, administrar, fazer acontecer, entende? Escreva o que eu acabei de dizer."

Pense primeiro: os pontos fortes de algumas pessoas, simplesmente, não estão na área verbal. Esses clientes frequentemente têm pontos fortes compensatórios em clareza de visão, ou têm habilidades de comunicação que são muito menos verbais.

Junte-se a eles e ajude-os. Não os force a trabalhar em *sua* zona de conforto. Dê-lhes alternativas. Escreva *algo*. As pessoas que não conseguem articular suas necessidades têm um bloqueio de necessidades a expressar. Você precisa dar-lhes voz. Escreva opções às quais eles possam reagir por classificação ou pontuação. Não espere que perguntas abertas funcionem. Se não conseguem explicar em termos abertos o que querem, por que perguntas mais abertas devem ajudar? Não fique frustrado. Você tem uma grande oportunidade de agregar valor reduzindo a frustração deles de toda uma vida e se tornar inestimável no processo.

> **Responda:** "Eu me esforcei para escrever algo sobre o que falamos no outro dia. Esse é um esboço completo, embora seja apenas um rascunho; eu queria repassá-lo com você antes de começarmos a finalizar. De que parte você gosta mais? E menos?"

TIPO 9. O CLIENTE "OH, A PROPÓSITO"

> **Cliente:** "Oh, a propósito, eu provavelmente deveria ter convidado você para aquela reunião que acabamos de ter. Você leu a apresentação? Provavelmente, eu deveria tê-la enviado a você. Você provavelmente deveria ter se envolvido nesse projeto, mas olha, faça o melhor que puder."

Pense primeiro: você está constantemente perdendo iniciativas-chave, reuniões, memorandos ou dados? Uma de duas coisas está ocorrendo. Ou o cliente tem algum tipo de problema pessoal com você, ou você desconhece que o cliente o vê carregando uma etiqueta muito grande em sua testa, proclamando que você é especialista na área XYZ, mas não tem nenhuma ideia fora dela. De qualquer forma, é provável que você se sinta insultado. Não se sinta.

O Conselheiro Confiável

Solicite uma reunião privada. Assuma que você está sendo rotulado, não que o cliente não goste de você. Use todas as melhores técnicas de nomeação e reivindicação. Peça ao cliente que o ajude a se colocar no lugar dele. Modifique seu linguajar para garantir que não entre uma única frase que soe como "nós realmente pensamos" ou "eu gostaria de" ou "nós somos bons em" ou "nós queremos". Este cliente não se importa com o que você pensa, gosta, ou quer. E ele não vai, e não deve, até que ele tenha alguma razão para acreditar que você tenha alguma pista sobre questões não relacionadas ao XYZ. Esse cliente precisa ser envolvido (ver Capítulo 10). Se a questão realmente é que o cliente não gosta de você, é provável que ele lhe diga, em vez de deixá-lo na incerteza. Mesmo quando um cliente não gosta de você, não é provável que continue mentindo se você for sincero.

> **Responda:** "Obrigado por me encontrar. Eu pedi este breve momento juntos porque me faltam alguns dados, sem os quais não posso ser de grande ajuda. Houve cinco ocasiões em que perdi uma reunião, um documento ou um estudo e não estou certo de por que isso acontece. O que eu teria que fazer para entrar no circuito? Realmente quero ajudar a fazer a diferença aqui e gostaria de trabalhar junto com você e apoiar seus esforços. Estou preparado para fazer o que for preciso. Peço desculpas se esta é uma conversa difícil (é para mim também), mas meu palpite é que todos nós estaremos melhor se formos francos. Isso faz sentido para você? Se sim, você pode me ajudar a entender o que eu posso fazer para ter certeza de que estou sendo eficaz?"

17
O PAPEL DA CONFIANÇA NO DESENVOLVIMENTO EMPRESARIAL: SER CONTRATADO

Muitos dos desafios mais difíceis de ser um conselheiro confiável são encontrados no desenvolvimento de negócios. A maioria dos profissionais de consultoria que conhecemos é sinceramente motivado pelo serviço ao cliente — um desejo de fazer a coisa certa (e de ser visto fazendo isso). E ainda assim, à medida que avançam em suas carreiras, mais cedo ou mais tarde se deparam com um desafio difícil: a necessidade de vender negócios.

É raro conhecermos alguém que entrou em uma profissão simplesmente para ser um vendedor. Na verdade, a grande maioria associa "venda" a percepções negativas: os "vendedores de carros" normalmente estão na base das pesquisas anuais de profissões da Gallup dos Estados Unidos, classificadas por honestidade e ética. Os profissionais se veem como especialistas com altos ideais; eles acham termos como "fechar" e "venda agressiva" um anátema, e falam de preço como se fosse um tratamento

O *Conselheiro Confiável*

de canal. Isso por si só explica porque tantos profissionais são péssimos negociadores e porque as profissões preferem falar de "desenvolvimento de negócios" em vez de "venda".

Esta mentalidade psicológica é profunda. E, no entanto, não há como contornar o fato de que sem gerar vendas a empresa profissional morre.

Esta tensão — entre a autoimagem como sendo "acima de tudo" e a real necessidade de fazer negócios — é, em geral, abordada indiretamente. Algumas empresas contratam profissionais de vendas; outras contratam uma das inúmeras empresas de treinamento em vendas (que, como realmente *acreditam* em vendas, muito raramente se conectam com seu público profissional). Outras ainda vivem com tensões internas não resolvidas. Tudo subotimizado ao não enfrentarem a tensão.

Acreditamos que há uma resposta e ela vem diretamente de focar no conceito de conselheiro confiável.

Imagine-se no lugar de nossos compradores: pense em um produto ou serviço que seja complexo, caro, baseado na experiência e emocionalmente pesado. Pode ser uma casa de repouso para um parente; seu primeiro plano financeiro; refazer o sistema de climatização de sua casa; um testamento para si mesmo ou um fundo de investimento para uma criança.

Imagine que você está frente a frente com um vendedor desses serviços. Você está ansioso; você sabe menos sobre o serviço do que o vendedor; é muito dinheiro e o serviço é importante para sua vida.

Agora, imagine que, quando conhecer o vendedor pela primeira vez, ele:

- Parece ter seus melhores interesses em mente;
- Procura compreender seus interesses;
- Oferece conselhos que são úteis para você;
- Não parece tentar fazer você comprar;
- É guiado pelo seu calendário, não pelo deles;

- Não está casado com esta transação;

- É completamente transparente e honesto;

Não é esse o perfil do vendedor ideal — da perspectiva do comprador? Não é *exatamente* de quem preferimos comprar?

Se sua resposta é sim (e para a maioria de nós é), então por que deveria ser diferente para outras pessoas? E se é verdade para a maioria das pessoas como compradores, então talvez devêssemos nos olhar no espelho: não é exatamente assim que nós mesmos devemos tentar *vender*?

Não é apenas o perfil de um vendedor de serviços bem-sucedido — perceba que ele também resolve a tensão interior entre o profissional "ético" e o vendedor "sujo". Porque os atributos de um conselheiro confiável se parecem, notavelmente, com a lista de atributos listados acima. Não precisamos cruzar para o "lado sombrio" para sermos desenvolvedores de negócios bem-sucedidos — apenas temos que acreditar que os mesmos valores e ações governam tanto o domínio da entrega do cliente quanto o da venda.

Consideramos isso um conceito libertador. Por que, então, a maioria de nós não o segue? Em grande parte, porque não internalizamos alguns conceitos-chave relacionados à confiança.

A META DAS VENDAS

Vamos começar pelo nível das metas. A "meta" da maioria das abordagens de vendas é conseguir a venda. Se isso não soa notável, é um sinal de quão profundamente interpretamos mal o problema. Entretanto, se você abordar a questão das metas a partir da perspectiva do conselheiro confiável, o objetivo não é "conseguir a venda" — é ajudar o cliente. (Mais uma vez, o mesmo objetivo que visamos no atendimento ao cliente). E tudo se segue a partir disso.

214 *O Conselheiro Confiável*

Se o objetivo final é o serviço ao cliente, então devemos estar dispostos a:

- Parar de tentar "fechar", ou seja, parar de impor nossa vontade a nossos clientes;

- Ser transparentes — e consistentes — sobre nossos preços;

- Ser (muito) menos apegado ao resultado final — ver a venda como um subproduto, não como um objetivo;

- Recomendar um concorrente se ele tiver uma oferta melhor;

- Acolher "objeções" como uma forma de compromisso, não um ataque a ser defendido ou um desafio a ser superado;

- Navegar no sistema de compra do cliente, em vez de forçá-lo a navegar em nosso sistema de venda;

- Investir tempo extra no desenvolvimento de uma liderança, em vez de ter pressa em qualificá-los ou desqualificá-los;

- Visualizar os fluxos de liderança do cliente estrategicamente, e não taticamente — ser reclassificado, digamos, trimestralmente em vez de semanalmente.

Se essas ideias parecem antitéticas para a maioria dos processos ou abordagens de vendas — você está certo novamente. A maioria das abordagens de vendas é focada a curto prazo, pesada com marcos e métricas, e impulsionada acima de tudo por conceitos de eficiência. Elas podem funcionar para algumas indústrias, mas não tanto para serviços profissionais.

A digitalização das últimas duas décadas não tem sido favorável a este ponto de vista. O canto da sereia das mensagens de custo marginal zero e métricas por tonelada levaram o campo das vendas para além das abordagens de vendas transacionais de curto prazo. A boa notícia para aqueles que acreditam na abordagem baseada na confiança é que os clientes estão ansiosos por interações com os desenvolvedores de negócios de alta confiança. É a sua oportunidade para a colheita.

O CASO DA DALTON

Dalton era uma empresa (disfarçada) de consultoria de gestão, com um excelente processo de venda para novos clientes. Ela foi pioneira na aplicação de técnicas de vendas industriais a serviços profissionais. Ela virou de cabeça para baixo a ideia predominante de que a pessoa que vendia o trabalho era a única pessoa que o cliente queria para fazer o trabalho.

Dalton tinha um processo de vendas e serviços em quatro etapas, com pessoas e unidades organizacionais totalmente diferentes em cada etapa do processo. Funcionou surpreendentemente bem por vários anos, mas o modelo de vendas bem-sucedido acabou por guardar as sementes de sua própria destruição.

Parte da engenhosidade da Dalton foi criar especialistas em geração de leads, especialistas em fechamento, em diagnósticos e em entrega. Todos eram partes distintas da organização, com sistemas distintos de medição e recompensa. E todos eram muito profissionais e competentes em uma situação de cliente novo.

A organização de entrega viu seu trabalho, não surpreendentemente, como entrega de resultados, que eram pelo menos tão bons, e de preferência melhores, quanto as expectativas do cliente em termos de orçamento, entregas, prazos e benefícios, tanto em termos de aumento de receita, quanto de economia de custos. Eles *não* perceberam a venda como parte de seu trabalho, já que essa era a tarefa das outras três divisões da organização.

O grupo de geração de leads, não surpreendentemente, viu sua tarefa como uma identificação e qualificação de novos clientes. Eles não viam como seu trabalho ligar para os clientes existentes; e, de fato, as outras três partes da organização provavelmente teriam se ressentido se o tivessem feito. Idem para os "fechadores" e para os diagnosticadores. Seu trabalho era processar os leads da etapa anterior a deles.

A equipe de entrega via seu trabalho como executar uma especificação e orçamento definidos. Eles se viam como profissionais e tinham orgulho do trabalho que faziam. Mas sua definição de profissionalismo raramente incluía a ideia de que eles deveriam estar atentos a outras oportunidades de melhoria que o cliente pudesse ter.

Os clientes não costumavam pensar em oportunidades de expansão ou de trabalho de seguimento. Quando o faziam, eles tendiam a se concentrar na organização da entrega, com a qual estavam mais familiarizados e com quem trabalhavam diariamente. Mas esse grupo não era hábil em vender e, na verdade, via a venda como detrimento e distração do cumprimento de seu objetivo principal: entrega no prazo e orçamento.

O resultado foi uma máquina de retenção de clientes perpetuamente baixa. A rentabilidade e as margens eram bastante baixas, mas enquanto um fluxo constante de novos clientes mantivesse o crescimento alto, ninguém se importava muito. Entretanto, quando a demanda pela linha de serviços primários da Dalton diminuiu, e quando a Dalton começou a ficar sem clientes de primeira categoria, o motor começou a ficar sem combustível, e a fortuna da Dalton, rapidamente, diminuiu.

Embora o caso da Dalton Consulting mostre que a venda e a entrega não precisam coexistir na mesma pessoa ou mesma unidade organizacional, ele nos lembra que *deve* haver um mecanismo para relacioná-los. Esse estudo de caso se trata de muito mais do que o fracasso de um programa de vendas de clientes existentes. Trata-se de como integrar as duas funções fundamentais que qualquer empresa tem — vendas e entrega.

A questão *não* é que você não possa ter organizações especializadas em torno das funções de vendas e serviços. Achamos que a Dalton fez algumas inovações importantes a este respeito. O que o caso *de fato* diz é que deve haver *alguma* forma de combinar a perspectiva profissional de sempre buscar diferentes oportunidades com a de buscar a excelência na entrega daquilo que já foi observado. Ter as duas funções em uma pessoa ou em uma unidade organizacional são formas bastante óbvias de conseguir essa combinação — mas em um mundo cada vez mais fragmentado e complexo, isso raramente é possível.

INTEGRAR VENDAS E SERVIÇO

Embora a maioria dos profissionais não fosse tão longe quanto Dalton, eles reconheceriam uma diferença significativa entre vender os próprios serviços e prestar o serviço. Primeiro conseguimos fazer com que o cliente concorde com o trabalho (isso é vender). Depois fazemos o trabalho (isso é servir). O que poderia ser mais claro?

Mas quanto mais se tenta definir a diferença, mais difícil se torna fazer a distinção. Como se vende? Ao demonstrar (não impor) a um cliente que temos algo a oferecer e que somos alguém em quem ele pode depositar sua confiança. Esses são, essencialmente, ações de serviço. Como se serve? Servir significa ajudar o cliente e atender às suas necessidades de tal forma que o cliente fique encantado, queira nos contratar novamente e conte a todos os seus amigos e conhecidos de negócios sobre nós. O que é isso se não venda?

A verdade é que vendas e serviços, quando pensados adequadamente, convergem. Os dois são lados opostos da mesma moeda a serviço do objetivo comum de servir o cliente.

Note que esta integração de vendas e serviços também resolve um problema não comercial de desenvolvimento — que é o de motivar os profissionais que estão receosos de vender. Por muitos anos, David fez uma pesquisa informal sobre quantos profissionais gostavam e apreciavam o trabalho com seus clientes. Basicamente, os profissionais gostam de cerca de 25% de seus clientes e de trabalhar com eles e toleraram o resto.

Este nível de tolerância por uma parte tão grande do tempo foi, naturalmente, um assunto de interesse da gerência. Particularmente, essa atitude era prejudicial ao desenvolvimento dos negócios. Uma atitude de tolerância ao que parece é, sobretudo, prejudicial à venda. As empresas tentaram a ladainha da administração de treinamento, motivação, apelos ao espírito de equipe, incentivos — e nenhum deles pareceu funcionar.

O que funciona — para melhorar as vendas, bem como a atitude geral — é um significado maior. Muitos profissionais simplesmente não conse-

218 *O Conselheiro Confiável*

guem superar a sensação de falta de brilho (se não for claramente negativo) sobre a venda — *até* perceberem que isso pode ser sinônimo de serviço ao cliente. Esta conexão das vendas com uma ética maior de atendimento ao cliente resolve muito mais do que apenas um problema de vendas!

SERVIÇO COMO VENDA

Como já observado, a maioria dos consultores se sente um pouco desconfortável com a venda ostensiva. Eles gostariam de acreditar que a qualidade de seu trabalho fala por si só, que a necessidade de seus serviços é evidente para o cliente e que, portanto, é desnecessário menosprezar o óbvio sobre a venda. Infelizmente, isto nem sempre é verdade.

Uma coisa que ajuda é pensar na tarefa, não como vendas ("Como eu empurro o que temos?"), mas como ser contratado ("Como eu convenço essa pessoa a confiar em mim?"). As atividades necessárias tornam-se, então, muito mais claras.

Imagine o seguinte cenário: você é convidado, juntamente com três concorrentes, a participar de uma competição por videoconferência entre empresas para obter um contrato ou negócio significativo. O cliente não é um novato em serviços e está bastante disposto a dar a você (e a seus concorrentes) considerável acesso de pré-apresentação de várias de suas pessoas-chave. Passar por cima dos outros, no entanto, não é aceito.

O cliente deixa bem claro que uma decisão será tomada entre várias empresas e que a decisão se baseará em grande parte no que eles ouvirem em uma apresentação final. Até noventa minutos são atribuídos a cada empresa. Como você deve gastar seu tempo? Você poderia, é claro, fazer a apresentação padrão. Você poderia embalá-la com uma série de técnicas para aumentar a eficácia da apresentação, muitas das quais são muito sólidas.

Há outra opção, no entanto. Comece a trabalhar imediatamente! Use os noventa minutos previstos como os primeiros do projeto programado. A lógica desta abordagem é simples. Em serviços profissionais, onde o

O *Papel da Confiança no Desenvolvimento Empresarial: Ser Contratado* 219

"bem" comprado não é apenas caro, mas também intangível e muitas vezes vago, o vendedor que tem sucesso é o que pode mostrar ao comprador como é estar em um relacionamento.

A maioria dos compradores de serviços profissionais, mesmo os relativamente experientes, está bastante consciente de uma série de riscos. Há riscos financeiro, emocional, de perda de tempo, de constrangimento, em caso de decisão errada, de carreira e assim por diante. Um consultor que pode reduzir todos esses riscos ao demonstrar (com impacto visceral) como se sentirá ao trabalhar em conjunto está com uma vantagem significativa. É também por isso que o indivíduo (ou empresa) em um relacionamento tem essa vantagem nos serviços profissionais: de mil pequenas maneiras, o cliente sente "essa pessoa sabe o que quero dizer, usa minha linguagem, sente o que é importante para mim, conecta os pontos como eu, aprecia meus pontos fortes (e sabe como trabalhar com minhas fraquezas) — sei o que esperar deles, e assim estou muito mais disposto a ser aberto, aceitar críticas e colaborar do que com alguém que ainda não ganhou tudo isso."

Portanto, a melhor técnica de vendas é não pensar em vender, mas em iniciar o processo de serviço. Muitos profissionais, em suas atividades de desenvolvimento comercial, *falarão em* servir, em vez de servir de fato. ("Vai ser maravilhoso, quando você começar a pagar, nós lhe prometemos. Mas não lhe mostraremos nada até que o dinheiro mude de mãos").

Uma das piores formas de autoilusão é supor que se está vendendo conhecimento especializado e que há uma quantidade limitada para ser utilizada. Este preconceito leva os profissionais a resistir a convites para dar sua opinião, a se recusarem a se arriscar. Com uma combinação de medo e crença de que não se deve "dar" a mercadoria até que o cliente tenha pagado, o profissional perde um novo trabalho e também um relacionamento.

As profissões, em certo sentido, vendem confiança, segurança e tranquilidade. Mas nenhum cliente quer comprar ar, a menos que possa respirá-lo primeiro. Nenhum cliente quer comprar um quadro sem vê-lo. Se for dada alguma escolha, os clientes preferem comprar com base em uma

220 O Conselheiro Confiável

amostra — e quanto mais complexo, esotérico, caro, arriscado e pessoal for o produto ou serviço, mais isso é verdade.

VENDA COMO SERVIÇO

A maioria de nós concordaria que se virmos algo ruim prestes a acontecer a nossos clientes, temos a obrigação profissional de apontar a situação para eles. E não é exagero dizer que devemos fazer o mesmo se víssemos uma oportunidade significativa de melhoria.

Também concordamos que todos os nossos clientes, em qualquer momento, estão longe de ser perfeitos, e que todos eles se deparam com um grande número de oportunidades de melhoria em várias dimensões? Se for esse o caso, não temos obrigação profissional de estarmos continuamente atentos a essas oportunidades, da melhor forma possível? Então por que tomamos essa atitude tão raramente?

Para sermos profissionais, devemos salientar as possibilidades. Alguns chamam isso de venda. Nós a chamamos assim, mas também chamamos de contribuir com ideias. Uma boa venda requer dar ao cliente um gostinho do que ele sente ao trabalhar em conjunto. É uma sensação de servir. Boa venda é bom serviço, e é boa venda, e assim por diante.

Há muito pouca diferença entre o que acabamos de descrever como obrigação profissional e o que alguém poderia chamar de venda. Afinal, ambos envolvem perceber uma oportunidade legítima de melhoria e aumentar a consciência do cliente sobre o significado e os benefícios de tomar a ação sugerida.

Frequentemente, parece que os consultores não apenas deixam as cartas na mesa, eles, na verdade, deixam oportunidades para os clientes passarem despercebidas. Isto significa que, em nossos termos e nessa medida, eles estão se comportando de forma pouco profissional. A fim de nos comportarmos de forma mais profissional, devemos entender o que atrapalha a indicação de oportunidades para os clientes.

A verdadeira ligação é entre o ethos de vender e o ethos de servir. Para agir profissionalmente, um conselheiro deve ter sempre em mente os melhores interesses do cliente.

O objetivo *tanto* da venda quanto do serviço, afinal, deve ser o de servir o cliente.

Em muitos aspectos, a era digital tornou mais difícil para os consultores verem esta afinidade natural entre vendas e serviço. Antes da internet, existiam algumas barreiras econômicas naturais ao escopo e à escala das buscas por novos clientes. O termo "custo por mil" já existe há gerações. Mas a internet realmente mudou as coisas. De repente, o custo marginal de contatar outro cliente tornou-se, para todos os efeitos práticos, zero.

O efeito tem sido profundo, e não apenas ao permitir ofertas generosas de príncipes de terras distantes. Uma indústria inteira, a da tecnologia publicitária, foi construída em torno de progressivos microajustes de públicos-alvo por meio de uma variedade de mídias digitais.

Por um lado, isso possibilitou o sonho de longa data dos profissionais de marketing — o conceito de marketing "um a um".

Por outro lado, o *conteúdo* tem sido tristemente negligenciado. Com a pressa de identificar a demo e a psicografia, os profissionais de marketing falharam em capitalizar uma enorme oportunidade: a chance de verdadeiramente personalizar o conteúdo para o consumidor, individualmente.

Isto pode não ter tanta importância no marketing para consumidor da faixa de preços baixos. Mas se você é um cliente em potencial de uma empresa de serviços profissionais, buscando serviços de ponta valiosos, e é atendido com o que é, claramente, uma voz artificial, suas reações variarão de favoráveis a negativas. Na melhor das hipóteses, você verá as informações como se fossem um anúncio em outdoor. Na pior das hipóteses, a falsa tentativa de concentração ou intimidade com o cliente é insultuosa.

A resposta é não duplicar o microajuste de suas mensagens automatizadas. É saltar sobre a divisão digital e injetar alguma conexão humana: mesmo com algo tão simples como "A propósito, vejo que você está ba-

222 *O Conselheiro Confiável*

seado em Minneapolis — eu me pergunto como você passou por aquela tempestade na semana passada?" ou "Vejo que você conhece Fulano — eu o conheci há dois anos em uma convenção de investimento, eu gostaria de saber como você o conheceu?"

Suspeitamos que esta ênfase no direcionamento, em oposição à personalização, se deve não apenas à preguiça e ao foco na eficiência, mas também à relutância dos vendedores e dos profissionais de marketing em parecerem "assustadores" ao usar informações prontamente disponíveis. O fato é que, feito corretamente, há riqueza de informações disponíveis para nós agora, que nunca tivemos antes. Usada criteriosamente, isto pode criar conexões pessoais. Considere Yvonne Wassenaar, CEO da Puppet, e executiva com vinte anos em tecnologia e serviços profissionais:

> Achamos que é importante ter uma variedade de ferramentas de vendas, que nos deem todo tipo de dados sobre clientes, tanto do ponto de vista corporativo como humano: seus temas favoritos, hobbies, informações familiares, coisas sobre suas vidas. Onde os indivíduos disponibilizaram informações sobre si mesmos em fóruns públicos, não vemos isso como uma invasão de privacidade, mas sim como uma oportunidade de se envolver mais com eles e fazer o melhor uso de seu tempo em um mundo em que o tempo é um bem escasso.
>
> Lembro-me de um representante de vendas (do Workday) que se aproximou de mim de forma vigorosa ao conduzir sua introdução, com conhecimento de minhas prioridades e filosofias, mesmo nunca tendo nos encontrado pessoalmente. Ficou claro que ele havia tirado um tempo para fazer suas pesquisas virtuais, lendo meus blogs, tweets e mensagens que eu havia escrito para apresentar uma resposta personalizada. Isso ratificou em mim minha oposição a uma abordagem genérica, que eu teria ignorado. Foi impressionante; eu não o considerei intrusivo. Em última análise, somos humanos e nossos negócios são interativos; ser capaz de apreciar o elemento humano e o que lhe é singular quando procuramos nos envolver com os outros é importante.

Na verdade, eu diria que nos relacionamentos, com todo o trabalho que você pode fazer e todas as informações que pode reunir sobre alguém, a primeira impressão, na verdade, acontece bem *antes* de você conhecê-lo pessoalmente.

A maior coisa que encontrei no progresso de um relacionamento é fazê-lo de uma forma completamente sem interesse próprio. O cliente está, na verdade, perguntando: "Até que ponto você *me* conhece *(a pessoa com quem está tentando se conectar)* e *quem sou eu?*" É a pergunta fundamental. Mudar o equilíbrio para essa abnegação é a dimensão mais importante da construção de um relacionamento forte e duradouro.

Wassenaar enquadra corretamente o desafio digital. A importante questão empresarial não é como cortar custos ou substituir interações pessoais pelo digital, mas "qual é o papel certo a ser desempenhado pelo digital, tanto na digitalização de interações, onde for desejável, quanto na melhoria das relações pessoais onde for viável?"

18
CONSTRUIR CONFIANÇA NA ATRIBUIÇÃO ATUAL

No livro *Managing the Professional Service Firm* [Gerenciando a Empresa de Serviços Profissionais, em tradução livre], David descreve alguns dos fatores que aumentam o valor percebido por um cliente como serviço. São eles:

1. Compreensão;
2. Senso de controle;
3. Sentido de progresso;
4. Acesso e disponibilidade;
5. Capacidade de reação;
6. Confiabilidade;
7. Apreciação;
8. Senso de importância;
9. Respeito.

Tudo isso, se bem feito, promove a confiança do cliente no conselheiro. Note, por exemplo, que não é suficiente que realmente respeitemos o clien-

226 *O Conselheiro Confiável*

te. Devemos também agir de tal forma que o cliente *experimente* o fato de que o respeitamos. Como isto é feito? Uma maneira, por exemplo, é pedir (regularmente) a opinião do cliente.

Algumas outras estratégias para construir confiança na atribuição incluem:

1. Envolver o cliente no processo, por meio de:

   sessões de brainstorm;

   dar ao cliente tarefas para desempenhar;

   dar ao cliente opções e deixá-lo escolher;

   manter o cliente informado sobre o que acontecerá, quando e por quê.

2. Fazer relatórios e apresentações mais úteis e fáceis de repassar:

   fazer com que o cliente nos instrua sobre o formato e apresentação disponibilizando um resumo para que o cliente possa utilizá-lo internamente sem modificação;

   ter todos os relatórios revisados por uma pessoa externa ao projeto, para garantir legibilidade e compreensão antes da entrega;

   fornecer todos os gráficos, tabelas e resumos em cópia eletrônica para uso interno do cliente.

3. Ajudar o cliente a usar o que entregamos:

   treinar o cliente para lidar com outros na empresa, capacitando-o com etapas de raciocínio;

   aconselhar sobre estratégias/políticas de como os resultados devem ser compartilhados dentro da organização do cliente;

   escrever resumos de progresso de uma forma que o cliente possa usá-los internamente sem modificação.

4. Tornar as reuniões mais valiosas:

   estabelecer pauta específica e objetivos antes da reunião, enviando informações e relatórios com antecedência, economizando tempo da reunião para discussão, não para apresentação;

   descobrir os participantes com antecedência e pesquisar sobre eles;

estabelecer as próximas etapas para ambos os lados;

*elaborar um resumo de todas as reuniões e interações signifi-
cativas, e enviar uma cópia para o cliente no mesmo dia ou
no dia seguinte;*

*verificar posteriormente para confirmar que as metas foram
cumpridas.*

5. Estar acessível e disponível:

*notificar o cliente com antecedência quando soubermos que não
estaremos disponíveis;*

tornar mais fácil saber onde estamos e quando retornaremos;

*garantir que nossas equipes saibam os nomes de todos os clien-
tes e nomes de todos os membros das equipes dos clientes
envolvidos no relacionamento;*

*trabalhar para deixar os clientes confortáveis com nossos "no-
vatos", para que eles possam estar disponíveis quando não
estivermos.*

Todas essas estratégias são pequenos gestos, e não podem ser utiliza-
das em todas as situações. Entretanto, ao utilizar estas e outras ações similares com frequência, podemos demonstrar que estamos tentando facilitar
a vida de nosso cliente e tentando atender suas necessidades em relação
tanto ao conteúdo quanto ao processo. Se o cliente nos vê tentando antecipar e responder às suas necessidades, manteremos e, possivelmente,
aumentaremos o grau de confiança que temos.

CONSTRUIR CONFIANÇA DURANTE O PROCESSO
DE ENVOLVIMENTO

Servir um cliente não significa apenas ir embora, fazer o trabalho e voltar com um produto maravilhoso esperando que ele elogie. Em vez disso,
devemos manter os clientes atualizados, continuar a fazer-lhes perguntas
que mostrem que estamos trabalhando de verdade e incluir sua contribuição de forma visível em nosso produto de trabalho. Isto mostra que ainda
(e sempre) estamos lhes escutando.

228 *O Conselheiro Confiável*

Construir confiança não significa dizer que é tudo fácil ou esconder as coisas difíceis dos clientes. Significa deixá-los conhecer as partes mais difíceis e problemáticas da atribuição (não para se queixar, mas para perguntar-lhes se esta foi também a impressão deles).

Devemos ter certeza de que podemos ver como a atribuição, em particular, se encaixa em uma perspectiva maior, como afeta o que mais estejam tentando realizar, de um ponto de vista mais amplo, e comunicá-los (talvez apenas uma vez!) que nós desenhamos essa conexão. Isso constitui um enquadramento em um nível, aumenta a credibilidade em outro, e também ajuda a vislumbrar uma realidade alternativa ao fazer conexões.

Pare para ter certeza de que você ainda está em contato com o cliente, talvez só para verificar pessoalmente como eles estão. Pergunte sobre o que mais estão planejando ou com o que estão preocupados. Isto cria intimidade, mostrando que nos preocupamos o suficiente para parar o trabalho urgente em mãos e nos concentrarmos no indivíduo como pessoa.

Devemos também perguntar a eles quem mais em sua organização pode ser "resistente" ao que eles estão tentando realizar e tentar colocar algo para "quebrar a resistência" em nosso produto de trabalho ou em como o produto é apresentado à organização. Ao nos envolvermos e pensarmos antecipadamente na implementação interna de nossas recomendações, adotamos uma abordagem "nós, não eu" e ajudamos a prever a realidade alternativa.

Devemos aprender os nomes do suporte ao cliente e do pessoal administrativo. Deveríamos aprendê-los bem, rápido e minuciosamente. Isso impressiona as pessoas e pode resultar em alguns favores ao longo do caminho. Também demonstra, simplesmente, um comportamento atencioso. Em um nível mais profundo, nos tornará mais familiarizados e mais confortáveis com a organização do cliente.

Devemos ler nossas anotações passadas de tempos em tempos, procurar por questões que foram levantadas, mas que ainda não foram abordadas. Então, podemos voltar e falar sobre elas. Mesmo que nada acabe sendo feito, isso mostrará que nós os ouvimos e que nos preocupamos o suficiente para voltar ao assunto em questão.

Devemos, ocasionalmente, trazer um item de interesse de fora do tópico da atribuição atual. Não devemos ser o único juiz do que é útil, mas devemos envolver o cliente nessa decisão. Se for mesmo, possivelmente, interessante, devemos trazê-lo à tona. Aprenderemos algo com isso de qualquer maneira. Isso estrutura a abordagem "nós, não eu" e mostra que estamos pensando neles e que, ocasionalmente, estamos dispostos a assumir um risco por eles em termos de relevância.

Quando em dúvida, devemos compartilhar informações. Deveríamos errar por mais comunicação, não por menos; mais aviso prévio, não menos. Certamente há momentos de discrição, mas nem todos os momentos exigem isso. Compartilhar informações mostra respeito pela inclusão do cliente na decisão sobre relevância e aumenta a credibilidade ao mostrar que não temos nada a esconder.

Devemos encontrar maneiras de assumir muitos compromissos pequenos e depois cumpri-los. Exemplos: "Entrego para você às 17h", "Ligarei para você ao meio-dia", "Deixe-me garantir que Jimmy também receba isso", "Vi um artigo técnico sobre isso; com certeza o entregarei para você". Como argumentamos, a confiabilidade, e portanto a confiança, é construída não sobre tempo decorrido, mas sobre experiências acumuladas.

Devemos estar preparados para lidar com a mente em constante mudança do cliente. Podemos ter certeza de que as circunstâncias mudarão desde o ponto em que nossa atribuição começa, até o ponto em que ela é concluída. Conforme a situação de nosso cliente evolui e muda, devemos esperar que os objetivos e a mente de nosso cliente também mudem.

Se não previrmos que nossos clientes mudarão de ideia sobre alguns elementos da transação, é provável que tenhamos um conflito com eles quando ela começar a acontecer. Nossa representação de um cliente é uma sequência, e o que pode ter começado como uma meta apropriada para o

230 *O Conselheiro Confiável*

cliente, no início da atribuição, pode ser totalmente inapropriado, à medida que se aproxima do fim.

Após nossos encontros iniciais com um cliente, começamos a entrar em um período de euforia muito curto, que é quando o cliente se sente aliviado que alguém competente esteja agora trabalhando na resolução do seu problema. Há uma evolução natural no relacionamento, em que esses sentimentos de conforto podem se dissipar rapidamente, deixando o cliente se perguntando se seu consultor está dedicando o tempo necessário e se a abordagem funcionará mesmo.

A confiança é construída com base no respeito, e uma vez que o respeito surge, em parte, por perceber algum desempenho, torna-se imperativo que encontremos os meios para entregar um resultado pequeno e rápido para evidenciar nossos esforços. Temos que fazer algo acontecer, e fazê-lo acontecer rapidamente.

Há momentos, porém, em que a natureza da atribuição não se presta a resultados rápidos. Nesses casos, mesmo a elaboração de um relatório de situação pode garantir nossa credibilidade. Desde o envio de uma breve atualização ao cliente até o envio de e-mails durante o fim de semana, precisamos encontrar diferentes meios de demonstrar que estamos fazendo nossos melhores esforços em nome do cliente. Outras considerações:

1. Devemos sempre manter os clientes informados em relação ao nosso progresso. Não devemos esperar o final para impressioná-los com uma perspectiva brilhante. As chances são de que as perspectivas não sejam tão brilhantes. Além disso, se for provável que as conclusões surpreendam o cliente, não devemos tentar usar o drama para deslumbrar. Não há nada pior do que um cliente zangado, que se sente "surpreendido" por descobertas (mesmo que as conclusões sejam boas), particularmente se elas forem entregues em um fórum semipúblico ou em uma reunião. Quando falhamos em cumprir os acordos que fizemos com um cliente (não cumprir um prazo, passar por cima do orçamento, ficar aquém do resultado prometido), comprometemos qualquer

Construir Confiança na Atribuição Atual 231

confiança que estamos tentando desenvolver. Pior ainda, se sugerirmos ao nosso cliente que talvez o prazo, o orçamento ou o resultado prometido seja um pouco irrealista, comprometemos totalmente nossa credibilidade.

Com prazos e cotações de taxas, devemos ter cuidado com o que prometemos. Os consultores confiáveis reconhecem que podem se meter em problemas ao querer causar boa impressão e prometer mais do que podem entregar. Os clientes frequentemente esquecem as promessas que cumprimos, mas lembram-se das promessas que não cumprimos. Você também não deve ceder à tentação de, repetidamente, "prometer menos e entregar demais" — essa combinação equivale a uma forma de mentir. Geralmente, é melhor você fazer exatamente o que prometeu.

2. Devemos sempre dizer a verdade e não o que pensamos que o cliente quer ouvir. Um dos maiores perigos para o relacionamento com o cliente é dizer o que ele quer ouvir, em vez do que é melhor para ele. Os clientes podem ficar especialmente frustrados e desapontados quando os conselheiros se recusam a aceitar a responsabilidade, mesmo por atos não intencionais. Ouvir: "Não foi minha culpa" ou "Mas essa não foi minha intenção" chega aos clientes como uma desculpa esfarrapada. Eles consideram isso como uma abdicação de responsabilidade, um desvio de culpa e uma infração na relação de confiança.

3. Devemos amar nosso trabalho. Deixar o cliente ver nosso entusiasmo. Gostar é bom. Paixão é ainda mais legal.

4. Devemos sempre tentar ter certeza de que nossa resposta não é puramente técnica. E perguntar sempre como nosso trabalho afeta o cliente, individual e pessoalmente. Quais são as implicações financeiras? Quais são as implicações do trabalho, função ou carreira? Precisamos estar eternamente alertas para o que vem em seguida para o cliente. O que nosso cliente deveria fa-

232 *O Conselheiro Confiável*

zer como resultado do nosso trabalho? Criar o plano de acompanhamento para eles (sem custo), mesmo que não estejamos envolvidos no acompanhamento. Eles então poderão muito bem nos chamar para aconselhamento. Na verdade, as chances disso acontecer são boas.

5. Não peça um trabalho de acompanhamento muito rápido. Ansioso é bom. Agressivo, não é.

Aqui estão as cinco principais razões que podem destruir a confiança em um envolvimento:

1. *Comprometer as confidências de um indivíduo.* Revelar os segredos para mostrar o quanto "está por dentro" não é uma atitude sensata. Todos queremos ser vistos como credíveis. Estar no circuito é uma manifestação disso. Mas isso tem um preço. As pessoas perdoarão alguém por não estar informada. Elas não perdoarão alguém por usar informações de maneira errada. Especialmente uma pessoa de fora.

2. *Não captar a sensação de que um cliente possa ter dúvidas, incertezas ou infelicidade sobre um determinado aspecto de seu trabalho.* Uma vez, há muitos anos, Charlie e Rob tiveram um pequeno trabalho com um prazo muito apertado para uma grande empresa bancária de investimentos, e isso aconteceu em uma época em que as coisas estavam muito agitadas (para Rob, Charlie e o cliente).

   O cliente-chave (que depois dissemos a nós mesmos, repetidamente, que era impaciente e imperioso) tinha preocupação com o produto final. Não era sobre o conteúdo, mas sobre o formato. Charlie e Rob salientaram que o conteúdo estava certo e tentaram fazer pouco sobre o fato de que apenas o formato era o problema. Não importava para o cliente que posteriormente decidiu que, se o formato não era aceitável, o conteúdo também não era. Desnecessário dizer que o relacionamento não se desenvolveu mais.

Construir Confiança na Atribuição Atual 233

3. *Rodear o cliente (ou ficar atrás dele) para conseguir alguma coisa, mesmo que seja algo importante.* Simplesmente não vale a pena. As pessoas sempre descobrem. Assuma que nada permanece em segredo por muito tempo.

4. *Adotar um comportamento "às vezes estou errado, mas nunca estou em dúvida".* As pessoas simplesmente odeiam esse tipo de coisa. Mesmo que alguém seja bem ligado ao cliente sênior, esse comportamento afasta o resto da organização do cliente mais rapidamente do que qualquer outra coisa. Rob se lembra de um jovem advogado fiscal em particular, cuja veemência fazia parte de seu instrumento de trabalho. Foi fascinante observar, ao longo do tempo, quantos relacionamentos promissores iniciados por este indivíduo acabaram em fracasso.

5. *Ultrapassar um prazo que é importante para o cliente.* Mesmo que seja um prazo artificial, mesmo que seja arbitrário, é o prazo deles, a menos que eles digam, explicitamente, o contrário. Se não for razoável, é melhor pedir uma prorrogação ou até mesmo discutir sobre isso. Se o produto ainda estiver atrasado, é melhor deixar claro com antecedência do que entregá-lo com atraso sem aviso. Se um cliente estiver zangado, mas prevenido, só há uma coisa com a qual se preocupar. Se um cliente está com raiva e não prevenido, há *muito* mais com o que se preocupar!

19

RECONQUISTAR A CONFIANÇA FORA DE UMA ATRIBUIÇÃO ATUAL

A confiança e os relacionamentos são construídos não apenas por atividades ligadas à atribuição atual. Há muitas oportunidades para construir seu relacionamento com seu cliente fora das exigências do trabalho atual.

A fim de ajudar empresas profissionais a projetar e implementar programas de gerenciamento de relacionamento, David entrevistou clientes de empresas, que representam uma grande variedade de profissões e países, para obter sua visão de seus relacionamentos com fornecedores externos.

Muitas das preocupações desses clientes são semelhantes. Algumas das preocupações mais comumente expressas pelos clientes são:

- Eles se interessam apenas em vender seus serviços, não em resolver nossos problemas.

- Eles não fazem nada para que sintamos que nosso negócio é importante para eles.

236 *O Conselheiro Confiável*

- Somos completamente desprezados. Eles nunca telefonam para perguntar como vai nosso negócio. Nós só os vemos quando querem vender algo.

- Há poucos sinais de que eles, realmente, nos ouvem. Eles nos trazem problemas genéricos enfrentados por todas as empresas. Queremos ouvir sobre oportunidades específicas e desafios enfrentados por nossa empresa.

- Não queremos ser "românticos". Já temos muitas oportunidades para ir a jantares extravagantes ou participar de eventos esportivos. Eles devem se concentrar em ser úteis para nós, não em se tornar nossos amigos.

Diversas conclusões importantes podem ser tiradas desta lista. É evidente que os clientes querem que seus fornecedores *ganhem continuamente* seus futuros negócios. Os relacionamentos não podem ser considerados menosprezados. É igualmente claro que eles não querem "papo de vendedor". Em vez disso, a ênfase deve ser colocada no investimento do próprio tempo (não-reembolsado) do consultor para construir o relacionamento. Isto nem sempre é feito. Em vez de um plano de relacionamento, muitos consultores elaboram planos de vendas. A diferença é facilmente visível para os clientes.

O QUE OS CLIENTES QUEREM

O que os clientes querem, *de fato,* que os conselheiros façam para desenvolver seu relacionamento? Aqui estão algumas das sugestões mais comumente expressas pelos clientes:

1. Cause um impacto em nossos negócios, não apenas seja visível.

2. Faça mais coisas "por conta própria" (ou seja, invista seu tempo em trabalhos preliminares em novas áreas).

3. Gaste mais tempo nos ajudando a pensar e a desenvolver estratégias.

4. Conduza nosso pensamento. Diga-nos como será nosso negócio daqui a cinco ou dez anos.

5. *Parta para* cima de quaisquer novas informações que tivermos, para que você possa se manter atualizado sobre o que está acontecendo em nosso negócio. Use nossos dados para nos dar um nível extra de análise. Solicite-os, não espere que nós os forneçamos a você.

6. Agende algumas reuniões fora do escritório conosco. Junte-se a nós para sessões de brainstorm sobre nossos negócios.

7. Faça um esforço extra para entender como nossos negócios funcionam; participe de nossas reuniões.

8. Ajude-nos a ver como nos comparamos aos outros, tanto dentro como fora de nossa área de atuação.

9. Diga-nos por que nossos concorrentes estão fazendo o que estão fazendo.

10. Discuta conosco outras coisas que deveríamos fazer; acolhemos toda e qualquer ideia!

O que muitas destas sugestões têm em comum é que se trata de fazer um esforço significativo para conhecer os negócios e a indústria do cliente em grande profundidade, e ser proativo em oferecer sugestões de melhoria. Algumas delas podem ocorrer nos "bastidores" da empresa profissional (realizando estudos, benchmarking etc.). Entretanto, muito disso demandará um maior contato (não remunerado) com o cliente. É notável que, embora os clientes queiram mais contato, querem que ele ocorra em ambientes que permitam discussões mútuas e explorações das questões.

Também está claro que os clientes querem um parceiro de negócios, não um falso amigo. A boa notícia é que os clientes querem, claramente, que lhes apresentemos novas ideias e que *querem* um relacionamento.

238 *O Conselheiro Confiável*

MANTENHA CONTATO

Os comentários dos clientes indicam, claramente, que eles querem que nós permaneçamos em contato. Isto é contrário aos instintos de muitos conselheiros (como nossa amiga Rebecca no Capítulo 15), que se sentem como se incomodassem o cliente se ligarem quando não há um projeto "em andamento".

A verdade é que não há nada mais destrutivo para a confiança do que ligar apenas quando queremos algo. Grandes conselheiros confiáveis permanecem em contato de forma regular com seus clientes, mesmo que atualmente não estejam trabalhando em um projeto para aquele cliente.

Para manter a confiança quando o projeto termina, temos que reconhecer que ele nunca termina enquanto nos comunicarmos. O impacto de nosso trabalho continua muito depois da nossa partida, e de formas que muitas vezes não podemos imaginar. Nunca é tarde demais para restabelecer um relacionamento, mesmo que tenha decorrido um tempo significativo. Pode ser mais difícil com o passar do tempo, mas nunca é tarde demais!

CRIAR RELACIONAMENTOS INSTITUCIONAIS

Entre as grandes empresas, com grandes clientes, muitas vezes há um desejo de tentar construir relacionamentos institucionais. Como temos observado, a confiança é pessoal, não institucional, mas isso não significa que este objetivo seja impossível. Se uma empresa profissional deseja desenvolver um relacionamento institucional com um grande cliente, isso requer mais do que um único membro da empresa (o gerente de relacionamento) focando sua atenção em alguns importantes tomadores de decisão.

Um relacionamento adequado com uma grande "conta" (uma palavra que não nos agrada, pelo que esperamos ser razões óbvias) requer a participação plena de um grande número de pessoas que atendem ou lidam com o cliente. Todas as pessoas que participam do serviço ao cliente podem afetar o relacionamento, e o fazem. Devem ser estabelecidos múltiplos contatos, e *consistência* de serviço e atenção devem ser alcançados. Não é bom se cada fornecedor se comportar de maneiras diferentes, uma vez que a reputação de toda uma empresa somente é construída se cada pessoa confiar e puder ser confiável para operar de acordo com os mesmos padrões.

Claramente, os clientes *querem* que seus fornecedores externos reconheçam suas necessidades e oportunidades específicas e personalizem quaisquer sugestões de trabalho adicional. Isto também requer trabalho de equipe entre todos os funcionários externos da empresa, uma vez que o principal gerente de relacionamento está frequentemente mal posicionado para identificar as questões emergentes do cliente.

Muitas vezes, o CEO do cliente e outros funcionários da sede estão entre os últimos a saber sobre questões emergentes. Frequentemente, são os executivos juniores e o pessoal "externo" do cliente que estão mais conscientes das questões emergentes e mais dispostos a falar abertamente sobre elas. Assim, os profissionais de nível júnior da equipe do fornecedor, que têm maior contato com essas pessoas durante a atribuição atual, muitas vezes estão melhor posicionados para trazer novas necessidades.

Muitas empresas desenvolveram esses sistemas de gestão de relacionamento, que são responsáveis pelo relacionamento total da empresa com cada cliente-chave. Esses indivíduos têm a responsabilidade de gerenciar (e desenvolver) o relacionamento de sua empresa com os principais clientes, coordenando profissionais nas diversas áreas da empresa e muitas vezes além das fronteiras geográficas.

Para que esse sistema funcione, o gerente de relacionamento tem que agir como representante do cliente na empresa (talvez até advogado do cliente), assegurando que todos os recursos da empresa sejam utilizados para resolver os problemas do cliente. A lógica disso deve ser clara. Se garantirmos que as necessidades do cliente sejam atendidas, a firma será beneficiada.

240 *O Conselheiro Confiável*

Os gerentes de relacionamento são mais eficazes quando se concentram na questão (de longo prazo) do fortalecimento do *relacionamento*. Quando os gerentes de relacionamento se veem principalmente como vendedores, primeiramente focados em gerar mais comissões do cliente, são menos aceitos por ele e se tornam menos eficazes.

Muitos gerentes de relacionamento percebem seu papel como o de carregar o fardo principal de construir o relacionamento de confiança entre eles (como indivíduos) e vários executivos do cliente. Isso geralmente é um erro. A parte mais importante do trabalho de um executivo de relacionamento é *administrá-lo,* não tentar construí-lo sozinho. Ele deve ser ativo na criação de oportunidades para que outros membros da equipe profissional da empresa se encontrem com outros executivos dos clientes e iniciem novas relações de confiança.

Isso pode ser feito oferecendo seminários internos gratuitos (por exemplo, "almoce e aprenda") ou webinars para a organização, onde novos membros da empresa profissional têm a oportunidade de demonstrar seus conhecimentos e conhecer outros funcionários do cliente em um ambiente de baixa tensão (sem vendas). Uma abordagem alternativa é oferecer os serviços de um colega, de maneira que esse participe de uma reunião interna de um cliente (gratuitamente), como forma de investir no relacionamento (e ser visto fazendo-o) e abrir a porta para que novos relacionamentos se formem entre novas pessoas que se conheceram. Parte do trabalho do gerente de relacionamento é criar e energizar a equipe, que atende seu cliente em comum. Isso quer dizer dedicar um tempo significativo para ser um excelente coach.

A tarefa do gerente de relacionamento é fazer com que os membros da equipe *queiram* participar ativamente no serviço e no fomento do relacionamento (não da "conta"). Isto pode ser feito ao fornecer o que eles não encontram frequentemente em seu trabalho regular, como desafio e significado. Em princípio, o trabalho para clientes-chave deve ser estimulante e desafiador, ainda mais do que servir a outros tipos de clientes.

Entretanto, o significado e o desafio não devem ser menosprezados. Em meio à turbulência de vidas profissionais agitadas, é fácil perder de vista o significado daquilo em que se está trabalhando. Gerentes de relacionamento eficazes trabalham para ajudar os membros de sua equipe a encontrar o entusiasmo, o desafio e o drama nos problemas do cliente.

Os gerentes de relacionamento eficazes também trabalham duro para fazer com que as pessoas de sua equipe tenham boa aparência. Eles criam oportunidades para que outros membros da equipe participem de atividades de alta visibilidade, e que essas ajudem suas carreiras. Eles estão dispostos a suprimir seu próprio ego e trabalham duro para dar aos membros da equipe uma valiosa exposição ao cliente, para que eles possam começar a construir seus próprios relacionamentos de confiança. Grandes gerentes de relacionamento trabalham duro para criar novos contatos para os membros da equipe e os envolvem em atividades de desenvolvimento de novas competências e conhecimento que são fora do normal de suas vidas diárias.

Como a melhor maneira de conseguir que alguém coopere com você é fazer-lhes um favor primeiro, os grandes gerentes de relacionamento trabalham duro para servir sua equipe *antes* que precisem chamá-los. Eles trabalham com o princípio de que se eles servirem bem a sua equipe, a equipe servirá ao cliente.

Os gerentes de relacionamento excepcionais pensam em maneiras de facilitar o atendimento ao cliente por parte de sua equipe. Eles lhes dão ferramentas, pesquisas e informações sobre a indústria e o cliente, tudo de uma forma facilmente compreensível. Providenciam que alguém leia, resuma e faça circular *todas* as publicações de associações comerciais ou industriais, além de relatórios de analistas financeiros da área do seu cliente, para que todos os membros da equipe estejam atualizados sobre o que está acontecendo em seu mundo.

O fato mais importante a ser observado sobre a gestão de relacionamentos, fora da atribuição atual, é que se trata de uma atividade de investimento para todos os envolvidos. Orçamentos significativos (não reembolsados) devem ser reservados, e o programa de gerenciamento de relacionamento deve ser lançado com uma perspectiva de longo prazo maior do que os sistemas profissionais convencionais de "créditos fiscais" ou de "lançamentos" que a empresa normalmente permite.

A melhor notícia é que a gestão de relacionamento é do interesse de todos. Os clientes a desejam e ela beneficia a empresa, por meio de desenvolvimento de relacionamentos e de geração de novas taxas. Feito corretamente, ele também pode proporcionar oportunidades de melhoria de carreira para cada profissional envolvido. Estudos em muitos setores provaram que há uma clara ligação entre rentabilidade e sucesso no fomento de relacionamentos. É um trabalho árduo, mas é um caminho claro para o sucesso econômico.

PROPRIEDADE INTELECTUAL

Ao lidar com a confiança fora da atribuição atual, os profissionais muitas vezes se deparam com um problema específico: se devem ou não compartilhar propriedade intelectual. Por um lado, o antigo cliente pode não estar mais sujeito a um acordo de não-divulgação. Além disso, uma vez que ele não é mais um cliente atual, tendemos a cair no mau hábito de trabalhar com novos clientes em potencial — ficamos nervosos em compartilhar ideias "exclusivas" com clientes em potencial.

Você deveria compartilhar suas valiosas perspectivas com antecedência, como em um e-mail ou em seu site, ou você esperaria até obter uma venda para colocar sua propriedade intelectual em risco? Essa questão já existe desde antes da internet, mas a digitalização a ampliou.

Antes da era digital, um prestador de serviços poderia argumentar que sua propriedade intelectual, ou ideias brilhantes, eram complexas o suficiente para exigir uma reunião presencial para discuti-las em profundidade. Hoje, não há nenhuma barreira técnica para realizar essas reuniões remotamente: a decisão de reter um nível de informação é agora claramente revelada como uma decisão, não apenas uma supervisão.

Não apenas isso, mas os clientes podem agora procurar muito do "ingrediente secreto" de uma empresa por meio de uma infinidade de fontes na internet, de qualquer maneira. Se você se atrasar em fornecer algo, que se revele não ser secreto ou impressionante, para conseguir uma reunião, é provável que dê errado e cause ressentimento.

Nosso conselho: há uma oferta inesgotável de problemas esperando para serem resolvidos. Se disser, implicitamente, que seu conjunto de soluções é limitado, agarrando-se a ele, você parecerá menos competente. É melhor que você disponibilize livremente o que é descoberto (incluindo um ponto de vista na ocasião), porque você demonstra confiança de que, qualquer que seja o problema, terá algo construtivo a dizer sobre ele.

20

O CASO DA VENDA CRUZADA

A venda cruzada, por definição, refere-se à venda dentro de uma organização que já é, em algum nível, um cliente. Por necessidade, envolve uma mistura de novas pessoas como clientes individuais e/ou novas ofertas de serviços (e portanto, mais pessoas novas) do lado profissional da empresa. Consequentemente, *novos relacionamentos* estão no cerne da venda cruzada.

Uma vez que a venda cruzada começa com um conselheiro existente servindo um cliente já existente, parece, a princípio, ser perfeitamente adequado para promover relacionamentos. Na realidade (como veremos), temos dois estranhos tentando se conhecer, cada um carregando uma pesada carga de reputações e expectativas reais e presumidas. A venda cruzada é tanto sobre estranhos quanto relacionamentos. No entanto, os eventos críticos de vendas são entre aqueles que se conhecem melhor! Não é de se admirar que a venda cruzada seja difícil para ambos os lados. Não é o que parece ser.

A confiança é principalmente pessoal, não institucional, e não é transferível. Um conselheiro pode ajudar um colega ao fazer com que o seu cliente confie nesse colega, mas não é fácil. Quanto mais profunda a confiança entre conselheiro e cliente, é mais provável que o cliente aceite a palavra dele de que o colega é digno de confiança. Mas isso raramente será suficiente.

A venda cruzada é como conhecer seus futuros sogros pela primeira vez: eles provavelmente gostarão de você, mas é melhor não tomar como certo. Há mais do que apenas um relacionamento em jogo!

Na visão de algumas pessoas sobre a venda cruzada há expectativa de que uma relação institucional possa transmitir confiança. Ela não pode. A confiança é pessoal. Quando a presunção de transferibilidade institucional enfrenta a realidade da reunião com estranhos, todos ficam com um sentimento desconfortável.

TIPOS DE VENDA CRUZADA

Existe um modelo muito antigo, originalmente utilizado para mapear antigos/novos clientes em comparação a antigos/novos produtos. Esse modelo é facilmente adaptável para refletir situações típicas de venda cruzada, como mostrado na Figura 20.1.

A venda cruzada Tipo 1 (como mostrado no diagrama) refere-se à tentativa de introduzir uma nova oferta de serviço a um cliente atual; o novo agente é o novo profissional especialista em conteúdo da empresa. (Vamos chamar esse tipo de Expandir).

O Tipo 2 de venda cruzada é quando um serviço existente está sendo oferecido a uma nova pessoa na organização do cliente (talvez uma divisão diferente de um cliente existente); o novo agente é o novo cliente individual. (Vamos chamar esse de Ampliar).

A venda cruzada Tipo 3 envolve dois novos agentes, um de cada lado. A empresa profissional está tentando vender um novo serviço a uma nova pessoa na organização do cliente. (Esse será Diversificar).

Antes de iniciarmos a análise deles, vamos repetir aqui os cálculos da equação da confiança do Capítulo 8, que usamos como base para comparar os níveis de confiança em cada situação.

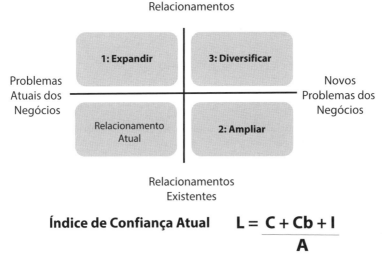

Figura 20.1 Os Três Tipos de Vendas Cruzadas

Índice de Confiança Atual $\quad L = \dfrac{C + Cb + I}{A}$

L = (5+3+2) / 8 = 1,25 novo cliente

L = (7+8+5) / 4 = 5 cliente atual

Para facilitar, vamos dar um passo de cada vez, olhando primeiro para o Tipo 1 de situação de venda cruzada.

TIPO 1 (EXPANDIR)

Suponha que Amy (conselheira atual) queira apresentar uma nova oferta de serviços (que envolverá sua colega, Barbara) para seu cliente existente, Curt:

248 *O Conselheiro Confiável*

Vamos ouvir alguns pensamentos típicos desses agentes principais em vendas cruzadas.

> **AMY:** Eu apenas *sei* que posso ajudar Curt com o novo serviço se apenas conseguir conectá-lo com Barbara, nossa especialista nessa área.

> **CURT:** Eu penso que na empresa de Amy tem funcionários que fazem o que eles estão fazendo para mim. Eu não os associo com essa nova área. E não conheço a Barbara.

Amy, a gerente de relacionamento de serviço existente, tem uma conversa com seu cliente atual, Curt, em um cenário chamado "Passando o Cartão de Visitas".

> "Curt, você e eu sabemos que você tem um novo problema por aqui. É um assunto importante e muito está em jogo. E eu sei que você falou com a Alter Associates sobre trabalhar nele.
>
> "A verdade é que também temos muita experiência nesta área, como você sabe". E sei que provavelmente há muitas pequenas razões pelas quais você não nos pediu para falar sobre a nova questão, mas há muito em jogo aqui para eu ser reservada ou ficar calada.
>
> "Tenho uma colega, chamada Barbara, que é ótima no que você precisa. Eu realmente acho que deveria falar com ela. Falei com ela sobre sua situação aqui, e ela tem algumas boas ideias. Aqui está o cartão dela. Você gostaria que ela ligasse para você ou prefere ligar para ela quando lhe for conveniente? De qualquer forma, por mim tudo bem; me avise."

Se você estivesse no lugar de Curt, ouvindo Amy falar, como se sentiria? Você provavelmente sentiria que está sendo colocado em uma posição difícil; estão pedindo algo sem dar muito em troca. Provavelmente, sentiria que algumas liberdades estão sendo tomadas.

Para vender com sucesso, a confiança deve crescer durante a venda. No entanto, aqui a confiança está sendo utilizada no limite. Curt sente que Amy está pedindo um favor (e ela está), enquanto oferece pouco em troca.

A Figura 20.2 avalia os componentes da equação da confiança para este cenário. É dada uma pontuação numérica, em uma escala de 1 a 10, com comentários qualitativos. Compare isto com o nível básico de confiança 5, que prevalecia no relacionamento preexistente. Uma queda e tanto! Na verdade, o índice de confiança aqui é ainda mais baixo do que a hipotética situação de novo cliente em nossa linha de base, uma pontuação de 1,25! (Como antes, se suas estimativas forem diferentes, insira seus próprios números).

Figura 20.2 Análise de Confiança de Amy, no Cenário "Passando o Cartão de Visitas"

Componente de Confiança	Comentário
Credibilidade: 4	A própria credibilidade de Amy no novo conteúdo é baixa; a única credibilidade de Barbara vem de Amy, cujas motivações parecem estar misturadas.
Confiabilidade: 2	Nenhum registro do trato em relação à nova área de serviço ou a Barbara, nenhum plano para obter um.
Intimidade: 3	Amy ampliou a pauta para assumir perspectivas compartilhadas sobre concorrentes, avaliação de Barbara e a nova área, mas tudo sozinha, sem envolver Curt.
Autodirecionamento: 8	A conversa de Amy é toda sobre ela mesma, sua empresa, sem indicação de foco na perspectiva do cliente ou dos problemas.
Quociente de Confiança: 1,13	$(C + Cb + I) / A =$ Lealdade $(4 + 2 + 3) / 8 = 1,13$

É de se admirar que Curt esteja desconfortável? Aqui está alguém com quem ele está acostumado a negociar, com um alto nível de confiança, e essa pessoa agora está fazendo com que ele se sinta como se estivesse comprando um carro usado. Que injustiça! Curt não tem nem mesmo uma saída amigável. Ele provavelmente desconsiderará o pedido, deixando Amy a imaginar o que aconteceu.

250 *O Conselheiro Confiável*

Mas a situação é ainda mais complicada do que isso, porque o relacionamento entre Amy e Curt não é o único que é relevante aqui. Amy deve lidar com Barbara para persuadi-la a se envolver. Chamamos isto de "venda interna de empresa profissional".

Considere as barreiras. Primeiro: em muitas empresas profissionais, Barbara recebe menos "crédito" (formal ou informalmente), por responder ao cliente de outra pessoa, do que receberia por conseguir que outra pessoa respondesse ao seu. Imediatamente, a atenção de Bárbara é solicitada.

Em segundo lugar: o tempo de Bárbara é precioso. Que garantia ela tem de que Amy colocou o tempo necessário para qualificar este cliente? Ela está perdendo tempo?

Terceiro: e quanto ao risco sempre presente de constrangimento? Suponha que Amy identificou mal o problema, prometeu muito em termos de resultados, subestimou em termos de preço. Não há fim para o número de maneiras pelas quais Amy pode ter "envenenado" o trabalho antes mesmo de ele começar.

Finalmente, tudo isso acontece em um ambiente em que Amy e Barbara são colegas. Elas podem ser mais ou menos próximas pessoalmente, mas cada uma delas sabe que deve trabalhar como uma equipe. Isto restringe sua linguagem; nenhuma delas pode reconhecer, abertamente, o interesse próprio.

Amy deve criar confiança em torno de três questões: (1) que a questão comercial é real e substancial; (2) que ela tem os interesses de Barbara em mente, assim como os seus próprios; e (3) que Barbara não está, de forma alguma, caindo em uma cilada. A melhor maneira de Amy fazer isso é simplesmente investir um pouco de tempo para instruir Barbara sobre o cliente antes de se aproximar dele (uma quantidade de tempo ligeiramente acima da média, apenas o suficiente para ser vista como um pequeno sacrifício). Isso fornece à Barbara a informação necessária para fazer um juízo fundamentado sobre se a questão comercial é real e se ela pode contribuir com ela. Isso aumenta a *credibilidade* de Amy.

O *Caso da Venda Cruzada* 251

Isso também mostra que Amy está disposta a operar a partir de algo que não seja interesse próprio de curto prazo. Ela está disposta a abrir mão de seu próprio tempo e a colocar em risco parte do conhecimento íntimo de seu relacionamento com o cliente. Assim, o investimento de tempo também compensa em uma intimidade mais profunda entre os dois.

Essa forma básica (supostamente mais simples) de venda cruzada *pode* se realizar, mas somente por meio de uma atenção extensiva à construção de confiança. Sem isso é uma tarefa árdua, senão impossível!

TIPO 2 (AMPLIAR)

Dessa vez Amy, a conselheira original, quer persuadir Don, um novo cliente executivo, a comprar o mesmo serviço que Amy tem prestado a Curt, seu cliente existente. O que eles estão pensando?

> **AMY:** Eu sei que podemos fazer um trabalho excelente para Don, se o Curt nos apresentar.
>
> **CURT:** Eu não tenho certeza se quero me envolver entre Amy e Don.

Aqui está Amy em: "Eu Apenas Preciso de Uma Apresentação."

"Curt, você e eu sabemos que o grupo de Don poderia usar exatamente o que temos feito aqui com você. Estamos no caminho certo para concluir aqui, e eu acho que podemos concordar que tem sido bastante bem-sucedido, então agora é a hora de pensar em como estender isso para Don.

"Agradeço toda a ajuda que vocês nos deram e sei que estão satisfeitos com o trabalho. Por isso, gostaria de perguntar se você poderia nos apresentar a Don. Ele o ouvirá. Não precisa ser algo grande, nenhuma propaganda nem nada, apenas uma boa recomendação. Tudo o que eu realmente preciso é que você nos apresente; a partir daí, nós assumiremos. Digam-me como você gostaria de proceder."

252 O Conselheiro Confiável

Mais uma vez, Amy está fazendo saques, não depósitos, no banco da confiança. Estão pedindo a Curt para interceder para um colega em nome de outra pessoa, além de presumir e julgar as necessidades de seu colega. Há um risco considerável de prejuízo para Curt nesta situação, e nenhum aparente lado positivo. É provável que ele se sinta subestimado. Vamos analisar o desempenho de Amy usando o modelo de confiança.

O índice de confiança de Amy é maior do que no Tipo 1, mas ainda não está próximo dos níveis de relacionamento preexistentes. Ambas as pontuações estão muito mais próximas do que o esperado em um cenário de cliente completamente novo. Novamente, devemos olhar para uma relação adicional em jogo: aquela entre Curt (o cliente original) e Don (seu colega).

É fácil assumir que a venda é de inteira responsabilidade dos consultores profissionais da empresa. Nesta versão de venda cruzada, no entanto, há um novo cliente envolvido. Neste caso, o cliente existente deve fazer parte da equipe de vendas. Por quê? Porque o primeiro cliente é aparentemente o mais objetivo e o mais provável de ter interesses alinhados com o cliente potencial. Há todos os motivos para incluí-lo, e não há uma boa maneira de excluí-lo. Sua ausência da venda enviaria sinais negativos.

Figura 20.3 Análise de Confiança de Amy, no Cenário "Apenas Preciso de Introdução"

Componente de Confiança	Comentário
Credibilidade: 6	Alta oferta de serviços, mas baixa nos negócios de Don.
Confiabilidade: 4	Registro de trato com Curt, mas não com Don e sem planos para conseguir um.
Intimidade: 2	Amy pede para Curt fazer julgamentos sobre as necessidades de negócios de Don e sobre as qualidades de Amy; Amy não se arrisca, Curt assume todos os riscos.
Autodirecionamento: 8	Tudo sobre Amy e sua empresa; sem evidência de atenção prestada em quais são os interesses de Don.
Quociente de Confiança: 1,5	(C + Cb + I) / A = Lealdade (6 + 4 + 2) / 8 = 1,5

Como, então, conseguimos que nossos clientes vendam e com menos gerenciamento ao fazê-lo? A verdade é que não precisa ser difícil. O que é necessário é compartilhar uma visão honesta de como os interesses das partes se entrelaçam mutuamente.

Para que um cliente concorde em vender ativamente a outro cliente dentro da mesma organização, certas questões devem ser abordadas. O mais importante entre elas é a questão: "o que eu ganho com isso?"

As respostas de conteúdo não são difíceis. Pode ser do interesse de Curt ajudar a vender ao Don por qualquer um dos seguintes itens:

- O conhecimento prévio do cliente da empresa profissional acrescenta muito à sua capacidade de conteúdo como forma de sucesso.
- Um bom desempenho para Don refletirá bem em Curt.
- As questões com Don que envolvem Curt serão tratadas a partir de uma perspectiva de conhecimento e relacionamento prévio.
- Pode haver economias de escala de trabalho entre Curt e Don.
- O trabalho conjunto oferece oportunidades políticas para melhorar os relacionamentos, aumentar a visibilidade, engendrar pontos de vista comuns.
- O trabalho feito para Don pode oferecer uma visão do trabalho feito para Curt.

Estas são razões racionais para convencer o cliente a ajudar com a venda, razões potencialmente muito boas. No entanto, se acreditarão nelas depende menos do conteúdo e mais da maneira como são levantadas.

Na verdade, as palavras são muito menos importantes do que a crença por trás delas. O conselheiro deve acreditar que a venda cruzada proposta é do melhor interesse da organização do cliente. O conselheiro deve acreditar que *não* tentar ajudar nos problemas adicionais do cliente seria pouco profissional. Finalmente, o conselheiro deve reconhecer que a ajuda do cliente existente é necessária para assegurar que a organização obtenha os benefícios significativos em risco.

254 *O Conselheiro Confiável*

Se não for verdade, o conselheiro não deveria falar nada. Se o conselheiro não acredita, por que o cliente deveria? Mas se ele acreditar, as palavras virão. A lição é concentrar-se honestamente nos benefícios para o cliente e não temer falar a verdade. Se falarem dessa maneira, os clientes venderão para outros clientes ou oferecerão uma boa explicação para o porquê de, inicialmente, não acreditarem na proposta de valor.

TIPO 3 (DIVERSIFICAR)

Finalmente examinamos a situação em que Amy quer apresentar uma nova oferta de serviços para Don, o novo cliente executivo. O que todos estão pensando?

> **AMY:** Eu sei que poderíamos ajudar Don com nossa nova experiência em serviços, se Curt apenas apresentasse Don e Barbara.

> **BARBARA:** Isto poderia ser uma perda de tempo. Amy não conhece o comprador. Por que eu deveria seguir as dicas dela se elas não são mais propensas a funcionar do que as minhas?

> **CURT:** Não tenho certeza se quero ser pego entre Amy e Don, muito menos com essa Bárbara envolvida.

> **DON:** Curt quer que eu me encontre com alguém que ele não conhece? Cai na real!

Neste cenário, você pode desenvolver seus próprios cálculos para a equação da confiança. Será claramente muito inferior aos dois anteriores! Se a venda for feita, a relação será entre Bárbara e Don.

Mas pense em todas as outras relações em funcionamento aqui, inclusive:

1. Amy e Curt
2. Amy e Barbara

O Caso da Venda Cruzada 255

3. Curt e Barbara

4. Curt e Don

Duas questões cruciais surgem dessa complexidade: o sequenciamento desta venda e lidar com seu componente emocional confuso.

Existe um sequenciamento correto desse movimento? Sim. Acontece iterativamente, e as vendas internas vêm em primeiro lugar. Pode ser necessária uma interação ou várias. Se você está nesta situação (como Amy), comece falando com seu especialista interno, a Barbara. Depois, obtenha mais informações de seu cliente, tendo coragem em definir o problema à medida que você for avançando. Interaja novamente.

O número certo de interações é uma questão de julgamento; uma regra geral pode ser quando você não consegue mais pensar em uma boa razão para *não* prosseguir com uma reunião completa, com três ou quatro pessoas.

Assim, a reunião "real" (aquela que envolve todas as partes) será muito fácil se, e somente se, tudo o que se segue for evidente para todos:

- Que todas as partes investiram um bom tempo;
- Que o problema é bem compreendido;
- Que a experiência é real e conhecida;
- Que o interesse de todos é genuíno;
- Que todos conhecem a todos.

Neste ponto, a promessa inicial de venda cruzada pode finalmente ser cumprida.

UMA RELAÇÃO FINAL (ESCONDIDA)

Não devemos esquecer que, em meio a toda essa atividade de venda cruzada, há mais um relacionamento que será significativamente afetado,

256 *O Conselheiro Confiável*

não importa o que aconteça: o relacionamento entre Amy e Curt, os dois indivíduos originais envolvidos.

Pense nas muitas coisas que a conselheira original (Amy) está pedindo ao cliente (Curt) para acreditar:

- Que Barbara é uma especialista;
- Que Amy sabe o suficiente sobre o novo serviço para saber que Barbara é uma especialista no mesmo;
- Que Amy sabe o suficiente sobre os negócios de Curt para saber que o novo serviço aborda um problema válido;
- Que Amy sabe o suficiente sobre os negócios de Don para saber que o novo serviço aborda um problema válido;
- Que Amy tem os interesses de Curt em mente, assim como os seus próprios;
- Que Amy sabe que a oferta de sua firma é competitiva;
- Que os componentes pessoais do relacionamento existente não são negados pela sugestão de um novo relacionamento empresarial.

Isso é muito para pedir a qualquer um que aceite. Ele reformula consideravelmente o relacionamento original. Repetimos o ponto-chave deste capítulo. *Pode* ser feito para acontecer, mas somente quando as habilidades de construção de confiança estão bem desenvolvidas.

A tendência habitual das pessoas na posição da Amy é focar na criação de credibilidade para o especialista de novos conteúdos, ou para o conhecimento empresarial relacionado. Mas as questões maiores concentram-se em torno da credibilidade pessoal de Amy e em torno dos níveis de intimidade e autodirecionamento que ela exibe.

Amy não pode confiar em garantias puramente subjetivas ("Barbara é realmente ótima; eu a conheço há muito tempo"). Estas se baseiam apenas na confiança. Essa é uma questão de credibilidade de Amy, não de Bárbara.

Da mesma forma, nós (assim como Amy) muitas vezes caímos na armadilha de pensar que ou somos tão bons especialistas em conteúdo quanto Barbara, ou não temos o direito de dizer nada. O fato é que o cliente não espera que Amy se torne uma especialista na nova área de conteúdo. Mas o cliente espera *sim* que Amy aprenda o suficiente sobre a questão comercial para poder afirmar que falar com um especialista vale o tempo do cliente. Mais uma vez, a questão maior não é o nível de confiança do novo especialista, mas o nível de confiança do conselheiro original.

Nosso uso destes cenários pode parecer simplista, mas julgue por si mesmo como eles são comuns. A questão da venda cruzada não é a qualidade e o acesso à informação; é a criação de confiança em novos e frágeis relacionamentos, nos quais as expectativas são altas e os obstáculos, grandes.

LIDAR COM EMOÇÕES COMPLICADAS DURANTE A VENDA CRUZADA

Lembre-se que a dificuldade emocional da venda cruzada surge do fato de que uma relação institucional pode ser útil, mas não pode ser explorada até que as relações pessoais sejam estabelecidas ou renegociadas, e devem ser feitas como se fossem novas em folha.

A chave é reconhecer (aberta e francamente) as questões não ditas em cada caso. Isto nos é familiar; é a habilidade chave de nomear e reivindicar. O que é necessário aqui é alguma versão desta habilidade.

Por exemplo:

- "Não sei quanto a você, mas se eu estivesse em seu lugar, me preocuparia em trazer alguém novo."

- "Só posso presumir que, como você me conhece do trabalho passado, não tenderia a me ver como um especialista nessa nova área."

- "Eu sei que é importante para você desempenhar um papel importante com seu próximo cliente, então deixe-me explicar como isso pode funcionar aqui."

- "É claro que precisarei ser muito clara aqui, devido ao risco potencial de parecer conflituoso sugerir que você veja Barbara."

- "Eu nunca aceito uma recomendação cegamente, mesmo daqueles que conheço e confio, portanto não espero que você também o faça."

As questões que precisam ser levantadas explicitamente são aquelas que se relacionam diretamente com a equação da confiança: credibilidade, confiabilidade, o nível e a natureza da intimidade compartilhada e a percepção de autodirecionamento por parte do conselheiro. A equação da confiança faz uma boa lista de verificação para o profissional, que procura garantir ser precavido.

Por fim, devemos notar a importância simbólica de os conselheiros investirem seu próprio tempo no relacionamento como *precursor* da atividade de vendas cruzadas. Não há melhor indicação de nossas intenções do que gastar nosso valioso tempo com alguém. Isso prova que levamos a sério nosso compromisso com uma agenda compartilhada, que nossa orientação não é apenas para nós mesmos e que estamos comprometidos em compreender a perspectiva do outro.

É por esses sinais que comunicamos nossa disposição de nos envolvermos em relacionamentos baseados na confiança.

21
A LISTA DE EFEITOS RÁPIDOS PARA CONQUISTAR CONFIANÇA

Quais são as coisas mais impactantes, ou que têm o retorno mais rápido, que as pessoas podem fazer para conquistar confiança? Regularmente, somos perguntados sobre isso. E isso é válido.

Então, aqui vai!

1. OUÇA TUDO

Obrigue-se a ouvir e parafrasear. Entenda o que eles estão tentando dizer. Se você não pode dizer de uma maneira que faça o locutor responder "Sim, é isso, é exatamente o que estou dizendo", você não ouviu.

2. TENHA EMPATIA (DE VERDADE)

Ouvir e parafrasear permite que a outra pessoa saiba que foi ouvida. Mas será que ela foi compreendida? Há essa dúvida incômoda até que alguma

260 *O Conselheiro Confiável*

forma de afirmação empática seja ouvida. Você não tem que concordar com o que a outra pessoa diz; você simplesmente tem que entendê-la.

Sempre que você se vê pensando: "Este cara é um idiota", imediatamente se pergunte: "Por que ele acredita nisso? De onde ele está vindo? O que aconteceu para que pense desta maneira?" Você tem que se *esforçar* para entender as outras pessoas. Tem que:

- Ouvir de onde eles estão vindo;
- Entender de onde eles estão vindo;
- Reconhecer que você entende de onde eles estão vindo.

Qualquer pessoa que nos entenda ganhou o direito de participar da discussão e de ser ouvido em troca, até mesmo de debater conosco. Qualquer pessoa que tenha empatia por nós ganha o direito de discordar de nós e ainda ter nosso respeito. Eles aumentaram muito as chances de mudar nossa opinião.

3. OBSERVE O QUE ELES SENTEM

Uma habilidade puramente emocional, que leva apenas um momento, mas o retorno é instantâneo. Seu único inconveniente é que parece arriscado. Mas o risco é muito menor do que pensamos.

Jeswald Salacuse, autor de *The Art of Advice* [A Arte do Conselho, em tradução livre], diz que para ser um bom conselheiro temos que prestar atenção a três coisas em cada conversa: as palavras e ações de nosso cliente (incluiríamos sentimentos), nossas próprias palavras e ações (e sentimentos) *e* a *reação* de nosso cliente a nossas palavras e ações.

Isto pode parecer complexo, mas pode ser fácil. Basta uma observação válida e algumas palavras sinceras. Exemplos: "Você parece realmente entusiasmado hoje! O que está acontecendo?" Ou, inclinando-se para frente, "Joe, você parece distraído; alguma coisa está acontecendo?"

As versões mais poderosas disto vêm de reconhecer um sentimento sobre a outra pessoa, assim como nossos próprios sentimentos, se for feito com cuidado. O mesmo é verdade, embora um pouco menos, na hora de observar os sentimentos em terceiros (por exemplo, "Joe parece um pouco apático ultimamente; sua opinião o chateou?").

4. CONSTRUA AQUELA PAUTA COMPARTILHADA

Não podemos pensar em nada mais fácil do que praticar a técnica de uma pauta compartilhada. Pode não render o pagamento mais alto, mas é a coisa mais fácil a se fazer. Quer você esteja em uma reunião formal ou informal, ao telefone, ou em um grupo grande ou pequeno, comece sempre compartilhando sua ideia de uma pauta para a reunião e pedindo abertamente (e sinceramente) ao cliente que ele acrescente suas ideias a ela. Isso lhe dá dados imediatos, modela para o cliente sua verdadeira atitude de "nós, e não eu" e gera a compra.

5. TENHA UM PONTO DE VISTA, PELO AMOR DE DEUS!

É muito arriscado sair com uma ideia ou perspectiva quando não se tem certeza absoluta disso, pois envolve um risco pessoal. A verdade é que, para nossos clientes, é extremamente útil podermos articular um ponto de vista, mesmo que ele acabe sendo rejeitado ou mesmo esteja errado! Há duas razões: ela estimula as reações e cristaliza as questões. Expressar um ponto de vista serve como um catalisador, uma forma de ajudar o cliente a pensar.

Aprenda a expressar um ponto de vista com uma frase de enquadramento simples e emocional, como: "Agora, deixe-me lançar uma ideia" ou "Provavelmente não é aqui que vamos parar, mas..." ou "Ei, quem sabe para onde isto pode ir, mas me ocorre que..."

262 *O Conselheiro Confiável*

6. ASSUMA UM RISCO PESSOAL

O risco pessoal é quando sentimos que estamos colocando um pedaço de nós mesmos "lá fora", revelando algo sobre nós mesmos, ficando, até certo ponto, emocionalmente nus. Tememos ser ridicularizados, falhar, perder o respeito ou qualquer uma das mil formas de perda emocional. A intimidade é o ato de se arriscar nessa perda pessoal. Não tem que ser privada. Apenas tem que ser pessoal. Arriscar algo pessoal é dizer que estamos dispostos a aumentar o nível de intimidade. Pode ou não ser recíproco, mas vale a pena tentar.

7. PERGUNTE SOBRE UMA ÁREA RELACIONADA

A maioria das profissões se especializa e tende a se concentrar nas questões e informações relevantes para a tarefa em questão. Mas, ao fazer isso, eles estão potencialmente falhando em sua obrigação profissional para com o cliente de perceber e apontar oportunidades de melhoria. Os conselheiros que estão dispostos a perceber coisas fora de seu domínio particular de especialização (e, naturalmente, a expressar esse interesse) causam uma impressão no cliente. A impressão é que esses conselheiros se importam, porque de fato se importam.

Se sua curiosidade sobre os negócios do cliente aumentou drasticamente, isso é um bom sinal; significa que você se importa. Você pode ter certeza de que a articulação de suas perguntas para o cliente será percebida como tal.

8. FAÇA ÓTIMAS PERGUNTAS

Perguntas abertas forçam você a não julgar antecipadamente o que está ouvindo, seja ao influenciar o locutor, seja ao impor categorias artificiais. O objetivo é ouvir o que ele tem a dizer em seus próprios termos. As entrelinhas emocionais das perguntas abertas são o respeito; o ouvinte presta uma homenagem ao locutor ao permitir que ele defina parâmetros de referência: sua visão de mundo, o sentido do que é importante e do que não é, o que veio primeiro e o que vem depois, o que é causa e o que é efeito.

9. DÊ IDEIAS

David Nadler, o famoso teórico organizacional, colocou dessa forma:

> Não sou apenas um psicoterapeuta reflexivo, que fica repetindo: "Eu compreendo, deve ser difícil." Essa é uma técnica útil, mas é preciso casá-la com soluções. Uma possibilidade é a técnica de responder com três a cinco ideias — um tipo de geração de ideias. Com uma introdução como "Essas ideias podem ser exageradas e fora do comum, mas vamos pensar em…"

As conclusões que muitos conselheiros tiram são que eles devem ser cuidadosos ao abrir mão de suas reservas. Primeiro, eles consideram que seu repositório é limitado por natureza. Em segundo lugar, dificilmente o cliente descobriria que existe um limite. O pior de tudo é que seria desastroso que o cliente descobrisse não apenas que seu repositório é limitado, mas que nós dominamos apenas uma parte dele!

A verdade é que o conhecimento é como o amor: não só é ilimitado, mas você também o destrói apenas por não dá-lo. O amor por uma criança não é cortado pela metade com o nascimento de uma segunda criança. E o conhecimento especializado não deve ser confundido com o que pode ser digitalizado em um banco de dados. A capacidade humana de redefinir problemas e a criatividade é o que um conselheiro bem-sucedido traz a cada situação. Ela é ilimitada; só melhora com a prática.

10. RETORNE LIGAÇÕES E E-MAILS INACREDITAVELMENTE RÁPIDO

A prontidão de resposta é uma vantagem em qualquer negócio; ela sugere que você está prestando atenção, é eficiente e bem organizado. Mas "inacreditavelmente" rápido parece acrescentar outra dimensão. Pedindo

264 *O Conselheiro Confiável*

uma página emprestada ao mundo das vendas, Andy Paul, autor de *Zero-Time Selling* [Venda em Tempo Zero, em tradução livre] e apresentador do conceituado podcast *Sales Enablement*, diz: "Os dados mostram que as chamadas retornadas aos contatos dentro de cinco minutos têm uma probabilidade maciçamente maior de serem atendidas. Apenas ao usar a disciplina para acompanhar todas as chamadas e perguntas dos clientes em trinta minutos, um cliente dobrou suas receitas em menos de três anos."

A maioria de nós não pode pairar sobre o telefone ou a caixa de entrada de e-mail de tal forma que possamos atingir uma janela de cinco minutos e pode parecer assustador fazê-lo. Mas esperar até o dia seguinte parece cada vez mais impessoal e burocrático. De fato, muitas vezes é possível acelerar o tempo de resposta de tal forma que o cliente ainda esteja na mesma xícara de café de quando ele lhe enviou um e-mail. Então, acrescentando apenas mais trinta segundos à sua resposta, você pode dizer: "A propósito, parece que você está tendo uma tempestade de neve aí em Minneapolis". Isso não é assustador: isso é pessoal e impressionante.

11. RELAXE SUA MENTE

Aqui está um exercício simples para acalmar o estresse antes de entrar em um ambiente indutor de estresse, como, por exemplo, uma reunião decisiva. O objetivo deste exercício é limpar temporariamente sua mente da distração interna, passando algum tempo concentrando sua atenção puramente em um pouco de sabedoria.

"Algum tempo" pode significar sessenta segundos na hora de dormir. Pode significar vários minutos na frente de um teclado ou com um lápis, escrevendo sobre o que significa a sabedoria. Ou pode significar falar em voz alta para você mesmo no carro por alguns minutos antes do telefonema ou da reunião do cliente.

Aqui está uma lista de "dizeres" construídos em torno dos preceitos chave deste livro.

Pense em apenas um de cada vez. Os outros esperarão por mais um dia.

1. Trata-se do cliente.

2. Em quem estou pensando?

3. Qual o sentimento do cliente sobre isso?

4. A resposta é uma pergunta melhor.

5. O problema, raramente, é o que o cliente disse que era no início.

6. Eu não sou o centro do universo.

7. A quem eu atendo com minha abordagem atual?

8. Atribuir culpa me prenderá; assumir responsabilidade me capacitará.

9. É um jogo "nós" e não "eu".

10. Do que tenho medo aqui?

11. Saber a verdade é melhor que não sabê-la.

12. Você pode esperar pelo que pode ser, mas não deseje pelo que não pode ser.

13. Um ponto de vista não o compromete por toda a vida.

14. Nunca, jamais conte uma mentira ou até mesmo encubra a verdade.

MAIS DICAS

1. Perceba um sentimento em você mesmo e comente sobre ele.

2. Assuma um compromisso e, em seguida, cumpra-o — não o cumpra em excesso ou em falta, apenas cumpra.

3. Não responda uma pergunta na primeira vez que o cliente a fizer; peça esclarecimentos.

4. Diga algo revelador sobre si mesmo, mas não de forma manipuladora.

5. Faça uma expressão facial de empatia, mesmo que seja apenas esfregando o rosto e dizendo "ai" em um ambiente apropriado.

6. Chegue e observe, reconheça algo que tenha prejudicado ou causado preocupação a outra pessoa.

COISAS PRINCIPAIS PARA SE LEMBRAR

1. Não preciso provar meu valor a cada dez segundos.

2. Tenho o direito de estar aqui nesta sala; posso agregar valor sem me preocupar com isso.

3. Cale-se e repita várias vezes: "Sério? E depois, o que aconteceu?"

4. Também repetidamente: "Uau, o que está por trás disso?"

5. Minha pulsação está acelerando? Por quê? Por que não dizer, e dizer por que, em voz alta?

6. Será que já ganhei o direito de dar uma resposta?

7. Estou tentando de alguma forma ganhar uma discussão? Transforme-a novamente em uma conversa.

8. Assuma a responsabilidade pelo resultado emocional.

9. Não culpe ninguém por nada em nenhum momento.

10. Mais valor é agregado por meio da definição do problema do que pela resposta ao problema.

11. Só porque o cliente faz uma pergunta, não significa que essa seja a pergunta certa a ser respondida.

12. Não fique inseguro. Diga a si mesmo: "Ei, se eu não sei a resposta e sou um profissional, então esta é uma pergunta muito legal; vamos nessa!"

13. O meu instinto está me dizendo que algo está errado? Meu instinto, normalmente, está certo. Vamos falar sobre isso.

DUAS SUGESTÕES FINAIS

1. Ligue para o seu cliente, agora!

2. Diga a alguém importante para você o quanto o aprecia — e faça-o hoje.

APÊNDICE:
UMA COMPILAÇÃO DE
NOSSAS LISTAS

Esse apêndice duplica as listas mais importantes e úteis apresentadas neste livro. Você pode usá-las em qualquer uma dessas três maneiras:

- Folheá-las para ter uma ideia do conteúdo do livro.
- Usá-las para identificar um tópico de interesse e ir direto para aquele capítulo.
- Usá-las como lembretes após ter lido o livro (e acrescentar a elas à medida que acumula experiências).

QUANTO MAIS OS CLIENTES
CONFIAREM EM VOCÊ... MAIS ELES IRÃO...
(Capítulo 1)

1. Recorrer aos seus conselhos;
2. Estar inclinados a aceitar e agir de acordo com suas recomendações;
3. Trazer a você questões mais avançadas, complexas e estratégicas;
4. Tratá-lo como gostaria de ser tratado;
5. Respeitá-lo;
6. Compartilhar mais informações, que o ajudem a ajudá-los, e melhorar a qualidade do serviço prestado;

270 *Apêndice: Uma Compilação de Nossas Listas*

7. Pagar seus honorários sem questionar;

8. Indicá-lo aos seus amigos e colegas de negócios;

9. Diminuir o nível de estresse em suas interações;

10. Dar-lhe o benefício da dúvida;

11. Perdoá-lo quando cometer um erro;

12. Protegê-lo quando necessário (mesmo de sua própria empresa);

13. Alertá-lo de perigos que possa evitar;

14. Estar confortáveis e permitir que você fique confortável;

15. Envolvê-lo desde o início quando seus problemas começarem a se formar, em vez de tardiamente no processo (ou talvez até contactá-lo primeiro!);

16. Confiar em seus instintos e julgamentos (incluindo aqueles sobre outras pessoas, tais como colegas de trabalho seus e deles).

CARACTERÍSTICAS COMUNS DOS CONSELHEIROS CONFIÁVEIS
(Capítulo 1)

1. Parecem nos entender facilmente e gostam de nós;

2. São coerentes (podemos depender deles);

3. Sempre nos ajudam a ver os fatos por novas perspectivas;

4. Não tentam nos forçar a nada (a decisão é nossa);

5. Nos ajudam a pensar;

6. Não substituem seu julgamento pelo nosso;

7. Não entram em pânico ou ficam sentimentais demais (eles permanecem calmos);

8. Ajudam-nos a pensar e separar a razão da emoção;

9. Nos criticam e nos corrigem delicadamente;

10. Não têm reservas (podemos confiar que nos contem a verdade);

11. Não é uma relação passageira (o relacionamento é mais importante que a questão atual);

Apêndice: Uma Compilação de Nossas Listas 271

12. Nos dão racionalidade (ajudam-nos a pensar), não apenas as suas conclusões;

13. Nos dão opções, aumentam a nossa compreensão dessas opções, nos dão sua recomendação e nos deixam escolher;

14. Contestam nossas premissas (nos ajudam a revelar as falsas premissas sob as quais trabalhávamos);

15. Nos fazem sentir confortáveis e intimamente despreocupados (ao mesmo tempo que levam as questões a sério);

16. Agem como uma pessoa real, não alguém desempenhando um papel;

17. Estão confiantemente no nosso lado e sempre parecem estar preocupados com nossos interesses;

18. Lembram-se do que dissemos a eles (sem anotar);

19. São sempre respeitáveis (não criam rumores sobre outras pessoas para nós, e confiamos em seus valores);

20. Ajudam-nos a contextualizar nossos problemas, muitas vezes com o uso de metáforas, histórias e anedotas (poucos problemas são completamente únicos);

21. Têm um senso se humor que dispersa (nossa) tensão em situações difíceis;

22. São inteligentes (algumas vezes de maneiras que não somos).

ATRIBUIÇÕES COMUNS AOS CONSELHEIROS CONFIÁVEIS
(Capítulo 2)

1. Têm predileção em focar no cliente em vez de em si mesmos. Eles têm

    - autoconfiança suficiente para ouvir sem prejulgar;
    - curiosidade o suficiente para perguntar sem supor uma resposta;
    - vontade de ver o cliente como igual em uma jornada conjunta;
    - autoconfiança suficiente para subordinar seu próprio ego.

272 *Apêndice: Uma Compilação de Nossas Listas*

2. Focam no cliente como um indivíduo, não como uma pessoa cumprindo um papel.

3. Acreditam que foco contínuo na definição e resolução do problema são mais importantes que domínio técnico ou de conteúdo.

4. Mostram um forte impulso "competitivo" voltado não aos concorrentes, mas em constantemente encontrar novas formas para ser de maior utilidade para o cliente.

5. Consistentemente focado em fazer a próxima coisa certa, em vez de aspirar por resultados específicos.

6. São motivados mais por um impulso internalizado a fazer a coisa certa do que nas próprias recompensas e dinâmicas da sua organização.

7. Veem metodologias, modelos, técnicas e processos de negócios como meios para um fim.

8. Acreditam que o sucesso na relação com o cliente está ligado ao acúmulo de experiências de qualidade.

9. Acreditam que tanto a venda quanto à prestação de serviços são aspetos do profissionalismo.

10. Acreditam que há distinção entre a vida empresarial e a vida privada, mas que ambas são muito pessoais (ou seja, humanas).

TRÊS HABILIDADES BÁSICAS QUE UM CONSELHEIRO CONFIÁVEL NECESSITA
(Capítulos 3–5)

1. Conquistar confiança;

2. Aconselhar efetivamente;

3. Construir relacionamentos.

Apêndice: Uma Compilação de Nossas Listas 273

ALGUMAS CARACTERÍSTICAS DA CONFIANÇA
(Capítulo 3)

1. Cresce, em vez de somente aparecer;
2. É tanto racional quanto emocional;
3. É uma relação bilateral;
4. É intrinsecamente sobre risco percebido;
5. É tão diferente para o cliente quanto é para o conselheiro;
6. É pessoal.

PRINCÍPIOS DA CONSTRUÇÃO DA CONFIANÇA
(Capítulo 5)

1. Seja o primeiro;
2. Demonstre, não fale;
3. Ouça o que é diferente, não o que é familiar;
4. Tenha certeza que seu conselho está sendo solicitado;
5. Conquiste o direito de oferecer conselhos;
6. Continue perguntando;
7. Diga o que quer dizer;
8. Quando precisar de ajuda, peça;
9. Mostre interesse na pessoa;
10. Use elogios, não bajulação;
11. Demonstre apreço.

IMPORTANTES FORMAS DE PENSAR
(Capítulo 6)

1. Habilidade de focar na outra pessoa;
2. Autoconfiança;
3. Força do ego;

274 *Apêndice: Uma Compilação de Nossas Listas*

4. Curiosidade;

5. Profissionalismo inclusivo;

6. Comportamento íntegro;

7. Uma perspectiva de longo prazo.

QUATRO ELEMENTOS ESSENCIAIS QUE GERAM CONFIANÇA
(Capítulo 8)

1. Credibilidade;

2. Confiabilidade;

3. Intimidade;

4. Um baixo nível de autodirecionamento ou foco em si mesmo.

ALGUMAS DICAS SOBRE MELHORIA DA CREDIBILIDADE
(Capítulo 8)

1. Descubra como dizer o máximo de verdade possível, exceto onde isso prejudicaria os outros.

2. Não conte mentiras, nem mesmo exagere. Nunca. Jamais.

3. Evite dizer coisas que outros possam interpretar como mentiras.

4. Fale com expressão, não monotonicamente. Use linguagem corporal, contato visual e extensão vocal. Mostre ao cliente que você está pondo energia no assunto em mãos.

5. Não cite apenas referências. Onde é genuinamente possível criar benefício mútuo, apresente seus clientes uns aos outros; eles aprenderão uns com os outros e você terá sido contemplado com bastante crédito para desfrutar.

6. Quando não souber, então diga, rápida e diretamente.

Apêndice: Uma Compilação de Nossas Listas 275

7. Sim, é importante que saibam suas referências. Só não fique se exibindo com todas aquelas iniciais e títulos antes do seu nome no cartão de negócios.

8. Relaxe. Você sabe muito mais do que pensa que sabe. Se, na verdade, lá não é seu lugar, então nem vá para lá.

9. Tenha certeza que fez absolutamente todo o seu dever de casa sobre a empresa do cliente, o mercado do cliente e o indivíduo cliente, e que esteja absolutamente atualizado.

10. Não há motivo para se exibir.

11. Ame a sua área. Isso se mostrará.

ALGUNS PENSAMENTOS SOBRE CONFIABILIDADE
(Capítulo 8)

1. Assuma compromissos específicos com seu cliente em torno de pequenas coisas: conseguir aquele artigo até amanhã, fazer a chamada, escrever o rascunho até segunda-feira, procurar uma referência. E então entregue-os, calmamente e na hora certa.

2. Envie materiais de reunião com antecedência, para que o cliente tenha a opção de revê-los com antecedência, economizando tempo de reunião para discussões substanciais.

3. Certifique-se de que as reuniões tenham objetivos claros, não apenas planos, e garanta que as metas sejam cumpridas.

4. Use a "percepção e ajuste" do cliente em torno da terminologia, estilo, formatos, horas.

5. Revise pautas com seu cliente antes das reuniões, ligações e discussões. Os clientes devem saber que podem esperar que você sempre solicite suas opiniões sobre como o tempo será gasto.

6. Reconfirme eventos agendados antes que aconteçam. Anuncie mudanças em encontros agendados ou confirmados *assim que* mudarem.

ALGUNS PENSAMENTOS SOBRE INTIMIDADE
(Capítulo 8)

1. Não tenha medo! Criar intimidade exige coragem, não apenas para você, mas para todos.

2. As pessoas em cargos superiores apreciam a franqueza, mas a franqueza não é necessariamente intimidade, e eles a valorizam ainda mais.

3. Encontre a diversão e o fascínio.

4. Teste se está chegando muito perto do limite ou se está se afastando, rápido demais.

5. Ensaie um pouco. Não, você não pode ensaiar espontaneidade, mas pode ensaiar se expressar.

6. Não superestime o risco de desvantagem.

7. Alguém tem que dar o primeiro passo. E é você!

"AMEAÇAS" AO FOCAR NO CLIENTE
(Capítulo 8)

1. Egoísmo;

2. Autoconsciência;

3. Necessidade de aparecer no controle das coisas;

4. Desejo de parecer inteligente;

5. Lista de afazeres que tem um quilômetro de comprimento;

6. Desejo de pular para a solução;

7. Desejo de ganhar que excede o desejo de ajudar o cliente;

8. Desejo de estar certo;

9. Desejo de ser visto como certo;

10. Desejo de ser visto como valor agregado;

11. Medos de vários tipos: de não saber, de não ter a resposta certa, de não parecer inteligente, de ser rejeitado.

Apêndice: Uma Compilação de Nossas Listas 277

PISTAS SOBRE AUTODIRECIONAMENTO EXCESSIVO
(Capítulo 8)

1. Tendência a relacionar suas histórias a nós mesmos;
2. Necessidade de muito rapidamente terminar suas frases para eles;
3. Necessidade de preencher espaços vazios nas conversas;
4. Necessidade de parecer esperto, promissor, espirituoso, etc.;
5. Inabilidade de fornecer uma resposta direta a uma pergunta direta;
6. Relutância em dizer que não sabemos;
7. Mencionar nomes de outros clientes;
8. Declamação de qualificações;
9. Tendência a dar respostas muito rapidamente;
10. Tendência a querer ter a última palavra;
11. Perguntas fechadas no início;
12. Propor hipóteses ou declarações de problemas antes de ouvir plenamente as hipóteses ou declarações de problemas dos clientes;
13. Escuta passiva; falta de sinais visuais e verbais que indiquem que o cliente está sendo ouvido;
14. Observar o cliente como se ele/ela fosse um monitor de computador (meramente uma fonte de dados).

SINAIS DE BAIXO AUTODIRECIONAMENTO
(Capítulo 8)

1. Deixar o cliente completar os espaços vazios;
2. Pedir ao cliente para falar sobre o que está por trás de um problema;
3. Usar perguntas abertas;

278 *Apêndice: Uma Compilação de Nossas Listas*

4. Não dar respostas até ganhar o direito a fazê-lo (e o cliente o deixará saber quando o ganhou);

5. Concentrar-se em definir o problema, não adivinhar a solução;

6. Escuta reflexiva, resumindo o que ouvimos para ter certeza que ouvimos corretamente o que foi dito e planejado;

7. Dizer que não sabe, quando não sabe;

8. Reconhecer os sentimentos do cliente (com respeito);

9. Aprender a contar a história do cliente antes de escrever a nossa;

10. Ouvir ao cliente sem distrações: porta fechada, telefone desligado, e-mail fora da linha de visão, contato visual frequente;

11. Resistir, com confiança, a um convite do cliente para fornecer uma solução cedo demais — permanecer nas fases de escuta e de definição conjunta de problemas da discussão;

12. Confiar em nossa habilidade de agregar valor após ouvir, em vez de tentar fazê-lo durante a escuta;

13. Assumir a maior parte da responsabilidade por falhas de comunicação;

OS CINCO PASSOS DO PROCESSO DE CONSTRUÇÃO DE CONFIANÇA
(Capítulo 9)

1. Envolver-se: usa linguagem de interesse e preocupação.

2. Escutar: usa a linguagem da compreensão e empatia.

3. Enquadrar: usa a linguagem da perspectiva e sinceridade.

4. Prever: usa a linguagem da possibilidade.

5. Comprometer-se: usa a linguagem da exploração conjunta.

HABILIDADES NECESSÁRIAS PARA O PROCESSO DE CONFIANÇA EM CINCO ETAPAS
(Capítulo 9)

1. Envolver-se exige a habilidade de ser notado (de forma credível).
2. Escutar exige uma habilidade de compreender outro ser humano.
3. Enquadrar exige perspectiva criativa e coragem emocional.
4. Prever exige espírito de colaboração e criatividade.
5. Comprometer-se exige a habilidade de gerar entusiasmo e, algumas vezes, a habilidade de gerenciar o excesso de entusiasmo.

ABORDAGENS PARA ENVOLVIMENTO
(Capítulo 10)

1. Abordagens que demonstram preocupação com desenvolvimentos da concorrência.
2. Abordagens que sinalizam uma compreensão dos desafios de carreira que um indivíduo em particular enfrenta.
3. Abordagens que podem oferecer uma solução para um problema gerencial específico.
4. Abordagens que demonstrem continuidade e desenvolvimento.

O QUE BONS OUVINTES FAZEM
(Capítulo 11)

1. Buscam por esclarecimento;
2. Ouve emoções não expressadas;
3. Ouvem a história;
4. Resumem bem;
5. Sentem empatia;
6. Tentam ouvir o que é diferente, não o que é familiar;

280 *Apêndice: Uma Compilação de Nossas Listas*

7. Levam tudo a sério (eles não dizem: "Você não deveria se preocupar com isso");

8. Identificam suposições ocultas;

9. Deixam o cliente "desabafar";

10. Perguntam: "Como se sente sobre isso?";

11. Mantêm o cliente falando ("O que mais você considerou?");

12. Continuam pedindo por mais detalhes que os ajudem a entender;

13. Livram-se de distrações enquanto ouvem;

14. Focam em ouvir a versão do cliente primeiro;

15. Deixam o cliente nos contar sua história à sua maneira;

16. Se colocam no lugar do cliente, pelo menos enquanto ouvem;

17. Perguntam ao cliente como ele acha que eles podem ajudar;

18. Perguntam o que o cliente pensou antes de dizer a ele ou a ela o que ele pensava;

19. Observam (não encaram) o cliente enquanto ele fala;

20. Procuram por congruência (ou incongruência) no que o cliente diz e como ele gesticula e se posiciona;

21. Fazem parecer como se o cliente fosse a única coisa que importa e que eles têm todo o tempo do mundo;

22. Encorajam ao acenar com a cabeça ou dando um leve sorriso;

23. Estão cientes e controlam seus movimentos corporais (não ficam circulando, balançando as pernas, brincando com um clipe de papel).

O QUE GRANDES OUVINTES NÃO FAZEM
(Capítulo 11)

1. Interrompem;

2. Respondem cedo demais;

3. Encontram correspondências com as situações do cliente ("Oh, sim, algo assim aconteceu comigo. Tudo começou…");

4. Fazem comentários no meio da conversa ("Bom, esse ponto de vista é inviável");

5. Tiram conclusões precipitadas (muito menos julgamentos);

6. Fazem perguntas fechadas sem motivo;

7. Apresentam suas ideias antes de ouvir as do cliente;

8. Julgam;

9. Tentam resolver o problema muito rapidamente;

10. Atendem ligações ou mensagens de texto no decorrer de uma reunião com o cliente (parece tão óbvio, mas veja quantas vezes isso acontece!).

CARACTERÍSTICAS DE NOMEAÇÃO E REIVINDICAÇÃO
(Capítulo 12)

1. Reconhecimento da dificuldade em levantar a questão;

2. Aceitação da responsabilidade de levantá-la;

3. Declaração direta da questão em si.

RESSALVAS QUANTO À RESPONSABILIDADE
(Capítulo 12)

1. Provavelmente sou só eu mas...

2. Eu devo ter me desconcentrado por um momento, desculpe-me, você dizia...

3. Tenho certeza que você cobriu isso antes, mas...

4. Desculpe interromper, mas não consigo tirar isso da cabeça...

5. Você, provavelmente, já pensou sobre isso...

6. Eu gostaria de saber, mas simplesmente não sei como lidar com esse problema...

7. Percebo que você tem uma forte preferência por XYZ, mas...

282 *Apêndice: Uma Compilação de Nossas Listas*

8. Provavelmente, estou pensando nisso tudo errado, mas...

9. Não tenho certeza se isso é relevante, mas me ocorreu...

10. Eu posso não ter entendido isso direito, então tenha paciência comigo...

11. Eu não sei exatamente como dizer isso, então espero que me ajude quando eu ponderar...

12. Eu não tenho certeza se não estou sendo inconveniente ao mencionar isso, mas...

13. Espero que me perdoe por não saber bem como dizer isso, mas...

TÓPICOS DE COMPROMETIMENTO
(Capítulo 14)

1. O que atrapalhará isso?

2. O que pretendemos fazer sobre isso?

3. Quem precisa ser trazido para o circuito?

4. Quem deve fazer que parte?

5. De que informações precisamos?

6. Quando devemos fazer contato?

7. Quais são os prazos principais?

GERENCIAR EXPECTATIVAS
(Capítulo 14)

1. Articular claramente o que faremos e o que não faremos;

2. Articular claramente o que o cliente fará e o que não fará;

3. Definir os limites das análises que realizaremos;

4. Verificar com o cliente quais áreas ele não quer que nos envolvamos ou com quais pessoas não quer que falemos;

5. Identificar mecanismos precisos de trabalho;

6. Acordar sobre métodos e frequência de comunicação;

Apêndice: Uma Compilação de Nossas Listas 283

7. Decidir quem deve receber quais relatórios;

8. Decidir com que frequência um relatório deve ser entregue;

9. Decidir como os relatórios serão utilizados;

10. Decidir quais marcos e revisões de progresso são necessários;

11. Decidir como o sucesso será medido, tanto no final quanto durante o processo.

CONSTRUIR CONFIANÇA QUANDO GERENCIA EXPECTATIVAS
(Capítulo 14)

1. Sempre diga a verdade exata sobre o que você pode (e não pode) fazer e quando puder (e não puder) entregar.

2. Comece o projeto antes de estar envolvido.

3. Mostre seu entusiasmo.

4. Faça as perguntas que o incomodam, antes cedo do que nunca.

PREOCUPAÇÕES SOBRE A ABORDAGEM BASEADA NA CONFIANÇA
(Capítulo 15)

1. Isso tudo é muito arriscado pessoalmente. As questões emocionais são embaraçosas, diferentes, irracionais.

2. Não é fácil deixar de se preocupar consigo mesmo e focar nos outros.

3. As empresas de serviços profissionais frequentemente criam uma cultura de conhecimento e domínio do conteúdo. (Nos ensinam que o conteúdo é tudo).

4. Não podemos superar nossos medos de parecer ignorantes, estúpidos ou desinformados, por isso agimos de forma assertiva.

5. É difícil se calar e ouvir antes de resolver o problema. Temos dificuldade em refazer nossos instintos ou hábitos.

284 *Apêndice: Uma Compilação de Nossas Listas*

6. É preciso muita coragem para falar sobre o indizível. Algumas coisas você simplesmente não diz; são muito pessoais, muito arriscadas, ou muito antiprofissionais.

7. Aproxima-se demais do limite de invasão da privacidade.

8. Essa abordagem desconsidera excessivamente o valor de um bom conteúdo ou conhecimento.

9. Tudo isso soa muito moralista.

10. Esse processo parece l-e-n-t-o! Meu orçamento não permitirá algo assim!

11. Meu cliente quer que eu foque no trabalho em questão; ele não quer me ver por mais nada.

12. É arriscado tomar uma posição sobre um assunto antes que eu esteja absolutamente seguro.

13. Tomei uma posição, e agora estou preso a ela. Mudar minha opinião destruiria minha credibilidade!

14. É difícil ser humilde assim!

POR QUE OS PROFISSIONAIS PARTEM PARA A AÇÃO CEDO DEMAIS
(Capítulo 15)

1. A tendência humana de focarmos em nós mesmos;

2. A crença de que vendemos apenas conteúdo;

3. O desejo por tangibilidade;

4. A busca da validação.

MEDOS COMUNS
(Capítulo 15)

1. Não ter a resposta;

2. Não ser capaz de obter a resposta certa rapidamente;

3. Ter a resposta errada;

4. Cometer alguma gafe;

5. Parecer confuso;

6. Não saber como responder;

7. Ter perdido algumas informações;

8. Revelar alguma ignorância;

9. Errar no diagnóstico.

OUTRAS EMOÇÕES QUE É PRECISO CONTROLAR
(Capítulo 15)

1. Querer (precisar?) levar o crédito por uma ideia;

2. Querer preencher o silêncio com conteúdo;

3. Agir segundo nossa insegurança e mostrar todas as nossas referências;

4. Querer ocultar um problema para podermos resolvê-lo depois, sem pressão;

5. Querer proteger nossas respostas, no caso de estarmos errados;

6. Querer (cedo demais) relacionar nossa própria versão da história ou do problema do cliente.

LIDAR COM DIFERENTES TIPOS DE CLIENTES
(Capítulo 16)

1. Trabalhe com antecedência sobre o que é diferente nesse cliente, e o que pode ser diferente em você nesta situação.

- Há algum tópico que eu deva evitar por serem delicados demais para serem discutidos em uma grande reunião?

- Há algum tópico sobre o qual as opiniões de seus colegas estejam significativamente divididas?

- Onde provavelmente encontraremos a maior resistência?

286 *Apêndice: Uma Compilação de Nossas Listas*

- Você já tem alguma iniciativa em andamento, que possa interagir com essa discussão?

2. Ao olhar para um cliente, force-se a fazer três perguntas:

  - Qual é a motivação pessoal predominante do cliente?
  - Qual é a personalidade do cliente?
  - Como o estado de sua organização afeta sua visão de mundo?

3. Ao pensar na motivação pessoal predominante de um cliente, qual das seguintes perguntas vem em primeiro lugar?

  - a necessidade de se sobressair?
  - a necessidade de agir e alcançar resultados?
  - a necessidade de compreender e analisar antes de decidir?
  - a necessidade de conduzir o consenso?

4. Descubra porque você pode realmente gostar deste cliente como pessoa.

5. Use a equação da confiança.

ALGUNS TIPOS DE CLIENTES DIFÍCEIS E COMO RESPONDER

(Capítulo 16)

Tipo 1. O cliente "Só os fatos, senhora"

Tipo 2. O cliente "Eu te ligo de volta"

Tipo 3. O cliente "Você é o especialista, imbecil"

Tipo 4. O cliente "Deixe-me cuidar disso"

Tipo 5. O cliente "Vamos passar por isso de novo"

Tipo 6. O cliente "Você não entende"

Tipo 7. O cliente "O inimigo do meu inimigo é meu amigo"

Tipo 8. O cliente "Assim como, você sabe, vamos lá"

Tipo 9. O cliente "Oh, a propósito"

FATORES QUE AFETAM O VALOR PERCEBIDO DO SERVIÇO AO CLIENTE
(Capítulo 18)

1. Compreensão;

2. Senso de controle;

3. Sentido de progresso;

4. Acesso e disponibilidade;

5. Capacidade de reação;

6. Confiabilidade;

7. Apreciação;

8. Senso de importância;

9. Respeito.

ESTRATÉGIAS PARA CONSTRUIR CONFIANÇA DURANTE A ATRIBUIÇÃO
(Capítulo 18)

1. Envolver o cliente no processo por meio de:

   - *sessões de brainstorm;*

   - *dar ao cliente tarefas para desempenhar;*

   - *dar ao cliente opções e deixá-lo escolher;*

   - *manter o cliente informado sobre o que acontecerá, quando e por quê.*

2. Fazer relatórios e apresentações mais úteis e fáceis de repassar:

   - *fazer com que o cliente nos instrua sobre o formato e apresentação;*

   - *fornecer um resumo para que o cliente possa utilizá-lo internamente, sem modificação;*

288 *Apêndice: Uma Compilação de Nossas Listas*

- *ter todos os relatórios revisados por uma pessoa externa ao projeto, para garantir legibilidade e compreensão antes da entrega;*

- *fornecer todos os gráficos, tabelas e resumos em cópia eletrônica para uso interno do cliente.*

3. Ajudar o cliente a usar o que entregamos:

   - *treinar o cliente para lidar com outros na empresa, capacitando-o com etapas de raciocínio;*

   - *aconselhar sobre estratégias/políticas de como os resultados devem ser compartilhados dentro da organização do cliente;*

   - *escrever resumos de progresso de uma forma que o cliente possa usá-los internamente sem modificação.*

4. Tornar as reuniões mais valiosas:

   - *estabelecer pauta específica e objetivos antes da reunião;*

   - *enviar informações e relatórios com antecedência, economizando tempo da reunião para discussão, não para apresentação;*

   - *descobrir os participantes com antecedência e pesquisar sobre eles;*

   - *estabelecer as próximas etapas para ambos os lados;*

   - *elaborar um resumo de todas as reuniões e interações significativas, e enviar uma cópia para o cliente no mesmo dia ou no dia seguinte;*

   - *verificar posteriormente para confirmar que as metas foram cumpridas.*

5. Estar acessível e disponível:

   - *notificar o cliente com antecedência quando soubermos que não estaremos disponíveis;*

   - *tornar mais fácil saber onde estamos e quando retornaremos;*

   - *garantir que nossas equipes saibam os nomes de todos os clientes e de todos os membros das equipes dos clientes envolvidos no relacionamento;*

   - *trabalhar para deixar os clientes confortáveis com nossos "novatos", para que eles possam estar disponíveis quando não estivermos.*

CONSTRUIR CONFIANÇA DURANTE O PROCESSO DE ENVOLVIMENTO
(Capítulo 18)

1. Devemos sempre manter os clientes informados em relação ao nosso progresso.

2. Devemos sempre dizer a verdade e não o que pensamos que o cliente quer ouvir.

3. Devemos amar nosso trabalho.

4. Devemos sempre tentar ter certeza de que nossa resposta não é puramente técnica.

5. Não peça um trabalho de acompanhamento muito rápido.

SUGESTÕES DO CLIENTE PARA A CONSTRUÇÃO DE RELACIONAMENTO
(Capítulo 19)

1. Cause um impacto em nossos negócios, não apenas seja visível.

2. Faça mais coisas "por conta própria" (ou seja, invista seu tempo em trabalhos preliminares em novas áreas).

3. Gaste mais tempo nos ajudando a pensar e a desenvolver estratégias.

4. Conduza nosso pensamento. Diga-nos como será nosso negócio daqui a cinco ou dez anos.

5. *Parta para* cima de quaisquer novas informações que tivermos, para que você possa se manter atualizado sobre o que está acontecendo em nosso negócio. Use nossos dados para nos dar um nível extra de análise. Solicite-os, não espere que nós os forneçamos a você.

6. Agende algumas reuniões fora do escritório conosco. Junte-se a nós para sessões de brainstorm sobre nossos negócios.

7. Faça um esforço extra para entender como nossos negócios funcionam; participe de nossas reuniões.

8. Ajude-nos a ver como nos comparamos aos outros, tanto dentro como fora de nossa área de atuação.

9. Diga-nos por que nossos concorrentes estão fazendo o que estão fazendo.

10. Discuta conosco outras coisas que deveríamos fazer; acolhemos toda e qualquer ideia!

A LISTA DE EFEITOS RÁPIDOS PARA GANHAR CONFIANÇA
(Capítulo 21)

1. Ouça tudo

2. Tenha empatia (de verdade)

3. Observe o que eles sentem

4. Construa aquela pauta compartilhada

5. Tenha um ponto de vista, pelo amor de Deus!

6. Assuma um risco pessoal

7. Pergunte sobre uma área relacionada

8. Faça ótimas perguntas

9. Dê ideias

10. Retorne ligações e e-mails inacreditavelmente rápido

11. Relaxe sua mente

DIZERES PARA RELAXAR SUA MENTE
(Capítulo 21)

1. Trata-se do cliente.

2. Em quem estou pensando?

3. Qual o sentimento do cliente sobre isso?

Apêndice: Uma Compilação de Nossas Listas 291

4. A resposta é uma pergunta melhor.

5. O problema, raramente, é o que o cliente disse que era no início.

6. Eu não sou o centro do universo.

7. A quem eu atendo com minha abordagem atual?

8. Atribuir culpa me prenderá; assumir responsabilidade me capacitará.

9. É um jogo "nós" e não "eu."

10. Do que tenho medo aqui?

11. Saber a verdade é melhor que não sabê-la.

12. Você pode esperar pelo que pode ser, mas não deseje pelo que não pode ser.

13. Um ponto de vista não o compromete por toda a vida.

14. Nunca, jamais conte uma mentira ou até mesmo encubra a verdade.

MAIS DICAS
(Capítulo 21)

1. Perceba um sentimento em você mesmo e comente sobre ele.

2. Assuma um compromisso e, em seguida, cumpra-o — não o cumpra em excesso ou em falta, apenas cumpra.

3. Não responda uma pergunta na primeira vez que o cliente a fizer; peça esclarecimentos.

4. Diga algo revelador sobre si mesmo, mas não de forma manipuladora.

5. Faça uma expressão facial de empatia, mesmo que seja apenas esfregando o rosto e dizendo "ai", em um ambiente apropriado.

6. Chegue e observe, reconheça algo que tenha prejudicado ou causado preocupação a outra pessoa.

292 Apêndice: Uma Compilação de Nossas Listas

COISAS PRINCIPAIS PARA SE LEMBRAR
(Capítulo 21)

1. Não preciso provar meu valor a cada dez segundos.

2. Tenho o direito de estar aqui nesta sala; posso agregar valor sem me preocupar com isso.

3. Cale-se e repita várias vezes: "Sério? E depois, o que aconteceu?"

4. Também repetidamente: "Uau, o que está por trás disso?"

5. Minha pulsação está acelerando? Por quê? Por que não dizer, e dizer por que, em voz alta?

6. Será que já ganhei o direito de dar uma resposta?

7. Estou tentando de alguma forma ganhar uma discussão? Transforme-a novamente em uma conversa.

8. Assuma a responsabilidade pelo resultado emocional.

9. Não culpe ninguém por nada em nenhum momento.

10. Mais valor é agregado por meio da definição do problema do que pela resposta ao problema.

11. Só porque o cliente faz uma pergunta, não significa que essa seja a pergunta certa a ser respondida.

12. Não fique inseguro. Diga a si mesmo: "Ei, se eu não sei a resposta e sou um profissional, então esta é uma pergunta muito legal; vamos nessa!"

13. O meu instinto está me dizendo que algo está errado? Meu instinto, normalmente, está certo. Vamos falar sobre isso.

DUAS SUGESTÕES FINAIS
(Capítulo 21)

1. Ligue para o seu cliente, agora!

2. Diga a alguém importante para você o quanto o aprecia — e faça-o hoje.

NOTAS E REFERÊNCIAS

Capítulo 2: O que é um Conselheiro Confiável?

7 "Geralmente começamos como fornecedores": Os diagramas dos "níveis de um relacionamento de negócios" foram inspirados, em parte, por Robert B. Miller e Stephen E. Heiman com Tad Tuleja, *Successful Large Account Management*, Henry Holt, 1991, p. 56.

10 "David Falk, agente da": História de David Falk e Michael Jordan: Henry Louis Gates, Jr., "Net Worth," *The New Yorker*, 1 de junho de 1998, p. 48.

11 "Bill Gates e Warren Buffett": História de Buffett-Munger: Transcrição de painel com Warren Buffett e Bill Gates, *Fortune*, 20 de julho de 1998.

13 "Regina M. Pisa:" Regina M. Pisa: entrevista com Rob Galford, 1999.

14 "Margery Ziffrin": Margery Ziffrin: entrevista com Rob Galford, 2020.

18 "O guru da indústria": Michael Kitces: entrevista com Charlie Green, 2020.

19 "Walt Shill": Walt Shill: entrevista com Charlie Green, 2020.

20 "Asheet Mehta": Asheet Mehta: entrevista com Rob Galford, 2020.

20 "Um estudo foi feito": Estudo de estudantes e do corpo docente: "Divergent Realities and Convergent Disappointments in the Hierarchic Relation: Trust and the Intuitive Auditor at Work" de Roderick M. Kramer, em *Trust in Organizations: Frontiers of Theory and Research*, editado por Roderick M. Kramer e Tom R. Tyler, Sage Publications, 1996.

Capítulo 3: Conquistar Confiança

30 "Mark Hawn": Mark Hawn: entrevista com Charlie Green, 2020.

34 "Quando você escreveu": Larry Murphy: entrevista com Rob Galford, 2020.

Capítulo 4: Como Aconselhar

37   "Aqui está Jo-Ann Feely": Jo-Ann Feely: entrevista com Charlie Green, 2020.

39   "Um jovem consultor de tecnologia": https://aylwinwong.wordpress.com/2020/06/11/the-trusted-advisor/.

42   "Alan Booth, sócio em consultoria": Alan Booth: entrevista com Charlie Green, 2020.

47   "Aconselhar é uma arte": O conceito do dueto emocional é de Jeswald W. Salacuse, *The Art of Advice*, Times Books, 1994.

Capítulo 5: As Regras da Construção de Relacionamento

59   "(Esse efeito é descrito)": Robert Cialdini, *Influence: The Psychology of Persuasion*, Quill, 1989.

Capítulo 6: A Importância das Formas de Pensar

66   "Como Dale Carnegie disse": Dale Carnegie, *Como Fazer Amigos e Influenciar Pessoas*, Pocket Books, 1982, p. 33.

66   "Charlie uma vez observou": História de Tim White: Observada por Charlie Green, 1998.

67   "O obstáculo principal para ter sucesso": Para mais informações sobre a distinção entre ser técnico e ser profissional, ver David H. Maister, *True Professionalism*, Free Press, 1997.

68   "A chave é a escuta empática' ": Citação de Stephanie Weathered: entrevista com Charlie Green, 1999.

70   "Andrea Howe, coautora": Andrea Howe: entrevista com Charlie Green, 2019.

77   Walt Shill: entrevista com Charlie Green, 2020.

Capítulo 7: Sinceridade ou Técnica?

81   "Como Gerald Weinberg disse": Gerald M. Weinberg, *The Secrets of Consulting*, Dorset House, 1985.

Notas e Referências 295

84 "No livro de David": Gostar ou tolerar os clientes: David H. Maister, *True Professionalism*, Free Press, 1997, capítulo 2.

88 "Omosede Ogiamien": Omosede Ogiamien: entrevista com Charlie Green, 2020.

Capítulo 8: A Equação da Confiança

93 "Oferecemos um modelo": O trabalho pioneiro na formulação de equações de confiança foi feito há mais de quarenta anos pela empresa de consultoria Synectics, Cambridge, Mass. No entanto, a formulação mostrada aqui é nossa.

103 "Margery Ziffrin": Margery Ziffrin: entrevista com Rob Galford, 2020.

105 "Aqui está Boaz Lahovitsky": Boaz Lahovitsky: entrevista com Charlie Green, 2020.

112 "Larry Murphy, educador executivo": Larry Murphy: entrevista com Rob Galford 2020.

112 "Será essa coisa de confiança tão suave?": Para uma discussão sobre a economia de clientes novos e já existentes, ver Frederick F. Reichheld, *The Loyalty Effect*, HBS Publishing, 1996.

115 "Algumas informações indiretas": https://news.gallup.com/poll /274673/nurses-continue-rate-highest-honesty-ethics.aspx.

Capítulo 10: Envolver-Se

127 "Asheet Mehta": Asheet Mehta: ibid.

128 *"You're Working Too Hard"*: William Brooks e Thomas M. Travisano, *You're Working Too Hard to Make the Sale!*, Richard D. Irwin, 1995.

131 "Stephen Covey fez uso": Stephen Covey, A. Roger Merrill e Rebecca R. Merrill, *Primeiro o Mais Importante*, Simon & Schuster, 1994.

Capítulo 11: A Arte da Escuta

135 "Jim Copeland foi": Jim Copeland: entrevista com Rob Galford e Charlie Green, 1999.

Capítulo 14: Compromisso

164   "Uma parte importante": A discussão sobre gerenciar expectativas baseia-se, em parte, no livro *Consultoria Infalível* de Peter Block, Jossey-Bass, 2nd edition, 1999.

Capítulo 15: O Que é Tão Difícil Nisso Tudo?

174   "Veja Alan Booth": Alan Booth: ibid.

182   "Mostrou o mesmo resultado": pesquisa do *New York Times*: Andrew J. Cherlin, "I'm OK, You're Selfish," *New York Times*, Sunday Magazine, 17 de outubro de 1999.

Capítulo 16: Diferenciar os Tipos de Clientes

196   "Motivação pessoal predominante": Principal motivação pessoal do cliente: LIFO and Life Orientations Training, Dr. Stuart Atkins, Stuart Atkins, Inc., Beverly Hills, Calif.

Capítulo 17: O Papel da Confiança no Desenvolvimento Empresarial

217   "Considere Yvonne Wassenaar": Yvonne Wassenaar: entrevista com Rob Galford, 2020.

Capítulo 18: Construir Confiança na Atribuição Atual

219   "No livro *Managing the Professional*": David H. Maister, *Managing the Professional Service Firm*, Free Press, 1993.

Capítulo 21: A Lista de Efeitos Rápidos Para Conquistar Confiança

252   "David Nadler, the famed": David Nadler: entrevista com Charlie Green, 1999.

ÍNDICE

A

Abordagens instintivas, 189

Abrasivos, 25

Aceitação da responsabilidade, 153

Aforismo, 66

Agregar valor, 139

Alan Booth, 43, 180

Ambiente emocional, 103

Ampliar, 246, 251

Amplitude dos problemas
empresariais, 9

Andrea Howe, 70, 177

Andy Paul, 264

Antiprofissional, 85

Aperfeiçoamento profissional, 38

Aproveitar os recursos, 18

Artigo técnico, 229

Asheet Mehta, 21, 127

Aspectos psicológicos
Insegurança, 195

Assegurar conclusões, 40

Atenção prestada, 81

Atendimento ao cliente, ii

Ativos, 27

Atuação
Atos de compreensão, 38
Atos de respeito, 38
Baseadas em necessidades, 10
Baseadas em produto/serviço, 10
Baseadas em relacionamentos, 10

Atuários, 36

Autoconfiança, 16, 65, 273

Autoconsciência, 71, 189

Autodirecionamento, 68, 70, 109, 155,
183, 202, 256

Autodisciplina, 189
Autodisciplina consciente, 189

Autoenganosa, 74

Autoimagem, 162, 212

B

Beatles, xxii

Benchmarking, 237

Bill Gates, 12

Boaz Lahovitsky, 105

298 *Índice*

Brainstorm, 69

Branding, xxiii

Brené Brown, 71

C

Cambridge, 140

Capacidade de reação, 225, 287

Captador de atenção, 128

Chat bots, 38

Cliente-chave, 232

Coaching, 43

Colaborar e coordenar, 15

Comportamento

    Comportamento íntegro, 65, 274

    Comportamentos de curto prazo, 76

    Comportamentos externos, 81

Compreensão

    Compreensão mútua, 43

    Compreensão profunda, 36

Comprometimento, 129

Compromisso, 163

Confiança, i, xxviii, 246

    Confiança Institucional, xxii

    Confiança Interpessoal, xxii

    Confiança Pessoal, xxiii

    Dinâmicas de confiança, xxv

    Processo de criação de confiança, 118

        Comprometimento, 123

        Enquadramento, 123

        Envolvimento, 123

Escuta, 123

Previsão, 123

Conselheiro confiável, 1

    Habilidades básicas

        Aconselhar efetivamente, 1

        Conquistar confiança, 1

        Construir relacionamentos, 1

Consenso, 286

Consultores financeiros, 27

Consultoria profissional, xxi

Continuidade, 131, 279

Contribuições e expertise, 15

Convencibilidade, 96

Credibilidade, xix, 93, 256

Curiosidade, 16

Customer success, xxi

D

Dados

    Dados emocionais, 139

    Dados racionais, 139

Dados demográficos, xxv

Dale Carnegie, 66

Dalton, 215

David Nadler, 263

Declaração de visão global, 169

Deloitte, 89, 135

    Deloitte & Touche, 135

Departamento de pesquisa, 127

Desafios de carreira, 131, 279

Desarmar a defesa, 41

Desenvolvimento, 131, 279

Digital, xx

Digitalização, 37, 242

Dinâmicas, xxi, xxv

Disrupção, i

Diversificar, 246

DuPont, 78

E

Editor associado, xiii

Educador executivo, xi

Efeito Dunning-Kruger, 21

Eficaz, 47

Eficiência e efetividade, 17

Ego, 65, 273

    Força do ego, 183

Egocentrismo, 160

Empatia, 102, 139

Enquadramento, 119, 129, 157, 203

    Culpa, 155

    Enquadramento eficaz, 155

    Enquadramento emocional, 152, 155, 203

    Enquadramento racional, 149

    Enquadramento revisado, 161

    Modelos de enquadramento, 149

Entusiasmo compartilhado, 81

Envolvimento, 118, 125, 129, 157

Epifania, 31

Escuta, 18, 119, 125, 129, 157, 203

    Defina uma pauta, 142

Escuta de apoio, 140

Escuta empática, 68

Escuta intensa, 38

Escuta passiva, 110

Escuta por possibilidade, 140

Escuta reflexiva, 111, 140, 278

Esforços falsos, 81

Estereotipar, 201

Estratégicas, xi

Etapas de raciocínio, 226

Executivos de aquisição, 18

Expandir, 246, 247

Expectativas

    Domínio do conteúdo, 178

    Domínio técnico, 186

Experiências de qualidade, 17, 272

Expert, xxix, 39

F

Falta de intimidade, 102

FedEx, 100

Ferramenta de autoavaliação, 116

Fronteiras geográficas, 239

Fundo de investimento, 212

Fusões e aquisições, 103

G

Gallup, 116, 211

Ganhar confiança, 37

Gerente de relacionamento, 239

Gestão de ativos, 105

Google, xx

300 *Índice*

Gutenberg, 63

H

Habilidades, 35

   Habilidades emocionais, 84

   Habilidades externas, 81

   Habilidades sociais, 84

Habilidades e poderes individuais, 18

Habilidades interpessoais, 9

Habilidades organizacionais, 9

Habilidades técnicas, 23

I

Imaginação, 18

Indizível, 284

Instintos, 4, 270

Insumos industriais, 26

Integridade, 96

Interesse demonstrado, 81

Internet, 242

Intimidade, 94

Investimento substancial no cliente, 15

iPhone, xx

J

Jeswald Salacuse, 48

Jim Copeland, 135

Jim Sharpe, 79

Jo-Ann Feely, 38

Jornada conjunta, 16

L

Larry Murphy, 34, 113

Leads, 215

Linguagem corporal, 138

M

Margery Ziffrin, 15, 103

Marketing, 222

   Marketing "um a um", 221

Mark Hawn, 30, 121

Mary Doyle, 112

Massachusetts, 140

Mentor, 12

Merchandising, 170

Michael Jordan, 11

Michael Kitces, 19, 186

Modos de aconselhamento, 37

N

Networking, 87

Nomear e reivindicar, 152

Novas iniciativas, 18

O

Objetivos conflitantes, 48

Ofício do profissional, 37

Omosede Ogiamien, 89

Ouvir, 135

P

Padrões de desempenho, 149

Palestrante, xi

Parâmetros de referência, 262

Pensamento blue sky, 203

Performance, 76

Índice 301

Perspectiva, 44

Perspectiva transacional, 76

Podcast, 264

Prestação de serviços profissionais, xxi

Princípios, xxi

Princípios do cliente, 47

Problema gerencial, 131

Problemas de confiança, 69

Processo de Confiança, 118

Processo de criação de confiança, 149

Processos de negócios, 17, 272

Profissional de sucesso, 119

Profissionalismo, 73

Profissionalismo inclusivo, 65, 274

Profissões de assessoria, xxviii

Programas de treinamento, ix

Propriedade intelectual, 242

Q

Questões

Questões emocionais, 151

Questões políticas, 151

R

Raciocínio Socrático, 48

Racionalidade, 18

Reciprocidade, 34

Recrutamento, 37

Rede, xxiii

Rede digital, xxiii

Segurança de dados, xxiii

Segurança de rede, xxiii

Rede social, 87

Facebook, xx

LinkedIn, 133

Mídias sociais, 86

Referência profissional, 16

Regina M. Pisa, 13

Regra de Ouro, 6

Reivindicação, 210

Relacionamentos, i

Construir relacionamentos, 65

Profundidade do relacionamento pessoal, 9

Programas de gerenciamento de relacionamento, 235

Relacionamento baseado em confiança, 11

Relacionamento pessoal, xxii

Relacionamentos empresariais, xxi

Relacionamentos empresariais horizontais, xxi

Relacionamentos institucionais, 238

Relatório de status, 230

Reputação, xxiii, 83

Requalificação, 38

Resolução do problema, 16, 272

Responsabilidade pessoal, 70

Ressalvas, 155

Revolução digital, xx, 129

Robert Burns, 44

Robert Cialdini, 60

S

Segredos comerciais, 139

Seminários, ix

Senso comum, xvii

Senso de importância, 225, 287

Sentido de progresso, 225, 287

Serviço produtizado, 20

Serviços profissionais, xi

Sino pavloviano, 162

Situações de aconselhamento, 47

Socializar, 86

Solução conjunta, 154

Solução de problemas, 18

Stephen Covey, 132

Sucesso a longo prazo, 77

T

Taxas de encolhimento, 169

Técnicas de confiança, 82

Tenente Columbo, xxii

Tensão, 139

Termos importantes

Confiabilidade, 201

Confiança, xxv

Confiança interpessoal, xxiii

Conselheiro, xxxi

Conselheiro confiável, xviii

Credibilidade, 201

Equação da confiança, xviii, 201

Inteligência emocional, 178

Intimidade, 202

Previsão, 203

Quociente de confiança, 95

Relacionamento, 10

Resistência emocional, 41

Trabalho realizado, 81

Trabalhos preliminares, 236

Transferibilidade institucional, 246

Tratamentos, 18

U

Unidade de negócios, xxi

Unidades organizacionais, xxi

V

Venda casada, 245

Vendas casadas, xxix

Vendas cruzadas, 136, 173

Vínculo adicional, 154

Visão conjunta, 120

Vocação honrosa, xxix

W

Walt Shill, 20, 77

Warren Buffett, 12

Webinars, 240

Workshops, ix

Y

Yvonne Wassenaar, 222

Projetos corporativos e edições personalizadas
dentro da sua estratégia de negócio. Já pensou nisso?

Coordenação de Eventos
Viviane Paiva
viviane@altabooks.com.br

Assistente Comercial
Fillipe Amorim
vendas.corporativas@altabooks.com.br

A Alta Books tem criado experiências incríveis no meio corporativo. Com a crescente implementação da educação corporativa nas empresas, o livro entra como uma importante fonte de conhecimento. Com atendimento personalizado, conseguimos identificar as principais necessidades, e criar uma seleção de livros que podem ser utilizados de diversas maneiras, como por exemplo, para fortalecer relacionamento com suas equipes/ seus clientes. Você já utilizou o livro para alguma ação estratégica na sua empresa?

Entre em contato com nosso time para entender melhor as possibilidades de personalização e incentivo ao desenvolvimento pessoal e profissional.

PUBLIQUE SEU LIVRO

Publique seu livro com a Alta Books.
Para mais informações envie um e-mail para: autoria@altabooks.com.br

 /altabooks   /alta-books   /altabooks   /altabooks

CONHEÇA OUTROS LIVROS DA **ALTA BOOKS**

Todas as imagens são meramente ilustrativas.

Este livro foi impresso nas oficinas gráficas da Editora Vozes Ltda.,
Rua Frei Luís, 100 – Petrópolis, RJ.